बिसनाथ का बलरामपुर

विश्वनाथ त्रिपाठी

राजकमल प्रकाशन

ISBN : 978-93-94902-35-0

मूल्य : ₹695

पहला संस्करण : 2022

प्रकाशक : राजकमल प्रकाशन प्रा. लि.
1-बी, नेताज़ी सुभाष मार्ग, दरियागंज
नई दिल्ली-110 002
शाखाएँ : अशोक राजपथ, साइंस कॉलेज के सामने, पटना-800 006
पहली मंज़िल, दरबारी बिल्डिंग, महात्मा गांधी मार्ग, प्रयागराज-211 001
36 ए, शेक्सपियर सरणी, कोलकाता-700 017

वेबसाइट : www.rajkamalprakashan.com
ई-मेल : info@rajkamalprakashan.com

मुद्रक : बी.के. ऑफसेट
नवीन शाहदरा, दिल्ली-110 032

BISNATH KA BALRAMPUR
Memoirs by Vishwanath Tripathi

बिस्कोहर

के मौलवी, शायर, भाई जैसे

ज़ुकरुल्ला साहब 'ज़ाक़िर' नदवी

की याद में

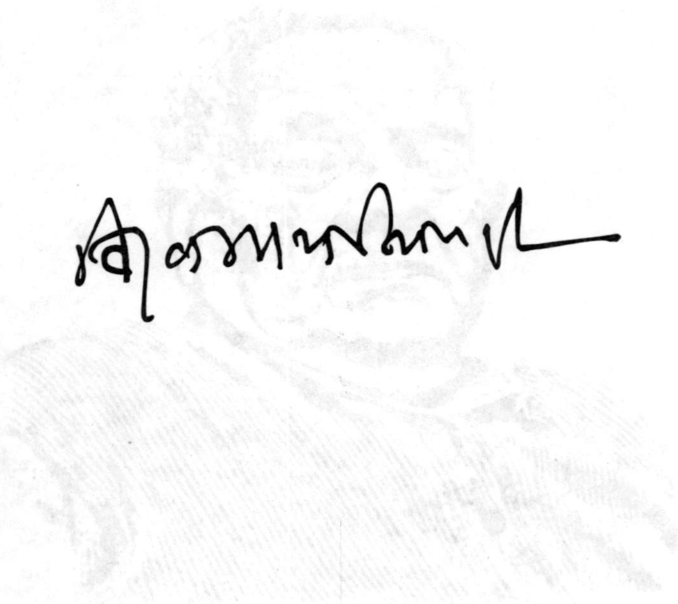

क्रम

सृजनात्मक गद्य की यादगार कृति 'नंगातलाई का गाँव' में प्रख्यात आलोचक, गद्यकार, कवि विश्वनाथ त्रिपाठी ने अपने बचपन के गाँव के मार्फत अवध के समाज को सजीव किया था। बाद में वे 'बिस्कोहर' से चलकर बलरामपुर आ गए। अब आप पढ़ सकेंगे अवध के एक कस्बे के ज़रिये तत्कालीन समाज और त्रिपाठी जी का जीवन।

निवेदन

गाँव में मिडिल स्कूल पास करके आगे की पढ़ाई के लिए बलरामपुर गया, बड़ी बहन के यहाँ। और कोई रास्ता नहीं था। वहाँ 1944 से 1949 तक रहा—तेरह वर्ष की आयु से अठारह वर्ष तक। फिर किसी तरह कानपुर पहुँचा। इंटर और बी.ए. विक्रमाजीत सिंह सनानत धर्म कॉलेज से किया।

बलरामपुर का मुझ पर बहुत असर है। मेरी शैक्षिक, राजनीतिक, साहित्यिक दीक्षा वहीं हुई। जीवन की विषमता और अध्यापकों, मित्रों, सहचरों की उदारता का अमिट प्रभाव पड़ा। बलरामपुर मेरा प्रस्थान बिन्दु है।

इस किताब में बलरामपुर पूर्वी अवध के शतमुख सामाजिक जीवन-रूपों के साथ वर्णित है—गद्यगर्दी में। बातचीत के ढंग से कोई बात अनेक बातों, स्मृतियों के मेल में—निर्बन्ध कही गई है। आशा है, पाठक झेल लेंगे।

कथाकार मित्र अखिलेश का प्रोत्साहन न मिलता रहता तो, यह लिखी न जाती। डी.ए.वी. स्कूल, बलरामपुर के सतीर्थ श्री उदयभानु पांडेय और प्रो. प्रकाश चन्द्र गिरि ने बहुत सहायता की।

मर्मज्ञ अनुभवी बंधु श्री उपेन्द्र झा ने पुस्तक को त्रुटिहीन बनाने में बहुत सहायता की है।

श्री अशोक महेश्वरी रुचिपूर्वक इसे प्रकाशित कर रहे हैं—हार्दिक आभार।

—विश्वनाथ त्रिपाठी

बी-5, एफ-2, दिलशाद गार्डन
दिल्ली-110095
2 फरवरी, 2022

गाँव—बलरामपुर से पहले

दादा और अम्मा (पिता और माँ), दोनों दरवाजे की चौखट पर बैठे बातें कर रहे थे। क्या बातें कर रहे थे, मेरी समझ में नहीं आ रहा था। छोटा भाई चलने की कोशिश में गिर पड़ता था। फिर उठकर चलने की कोशिश करता था। उसके सिर के बड़े-बड़े बाल सिर पर और मुँह पर फैले थे। अभी उसका मुंडन नहीं हुआ था। मेरा मुंडन हो चुका था। घर के पीछे फुलवारी के पुश्तैनी मकान में। वह ध्वस्त हो चुका था, सिर्फ खँडहर या टीला रह गया था। अपने मुंडन में बाल उतरवाते समय रोना चुप कराने के लिए जो लड्डू मुझे खिलाए गए थे, उसके स्वाद की याद मुझे अब भी 90 वर्ष की वय में भी है। मिठाई के स्वाद की सबसे पहली याद उसी की है। छोटा भाई बहुत तेज था; उसे लोग बहुत चाहते थे। हम दोनों भाइयों को लोग साथ-साथ देखते तो तारीफ करते : 'क्या जोड़ी है!' फिर अक्सर कुश्ती करा देते। कुश्ती में उसको जिता देते। मैं हारकर भी खुश होता। वह शरारती और झगड़ालू भी था। वह गालियाँ और अपशब्द जल्दी सीख लेता और धड़ल्ले से तुतलाता हुआ उनका प्रयोग करता। मुझे लोग सीधा या उल्लू समझते।

पड़ोस में बहादुर नाऊ का मकान था। उनका लड़का घिराऊ मेरा हमजोली था। उसने एक दिन मुझे पीट दिया। मैं रोता हुआ घर आया। छोटा भाई कुछ-कुछ चलने लगा था। आवेश में बोल रहा था—'धउआ बाबू मारा'। घिराअ ने बाबू को मारा और दौड़ता हुआ घिराऊ को मारने उसके घर की ओर दौड़ा। लोग हँसने लगे और उसे रोक लिया। मेरी इस घटना पर भर्त्सना हुई—'ई बुद्धू पिटकर घर आइ गए!'

मैं रात को कसेरिन दाई के साथ सोता था। माँ के साथ छोटा भाई सोता था। कसेरिन दाई पड़ोस में रहती थी। उनके परिवार से हमारे घर की बहुत आत्मीयता थी। बचपन में बहुत दिनों तक जब तक स्कूल नहीं गया, मैं अक्सर वहीं रहता।

चाँदनी रात में उनके सादे लेकिन साफ-सुथरे बिस्तर पर सोना, सोने से पहले चन्द्रमा को एकटक देखते रहने का अनुभव मैं कभी भूल नहीं सकता। जिद में चाहे जितना रोऊँ, चीखूँ, चिल्लाऊँ, कसेरिन दाई मुझे चुप करा देतीं। मना लेतीं। घर पर खाना न खाऊँ। कसेरिन दाई के यहाँ सूखी रोटी पानी में भिगोकर मैं मगन होकर खा लेता।

कसेर बाबा काँसे के बर्तन बनाते थे। घर में ही कारखाना था। पीतल, काँसे के टूटे-फूटे बर्तन लोग बेच जाते। उन्हें छोटे-छोटे टुकड़े करके कूट लिया जाता। उन्हें कारखाने की भट्ठी की गहरी आँच में पिघलाकर द्रव कर लिया जाता। फिर मिट्टी के पहले से बनाए हुए साँचों में ढाल लिया जाता। द्रव सूखकर फिर बर्तन बन जाता। माल अभी उचित मात्रा में द्रवीभूत हुआ या नहीं, कसेर बाबा देखा करते। मुझे याद है, मैं भी तीन-चार साल का उनकी नकल करके, घुटने के बल झुककर आँच लपलपाती हुई आग की लपटों को झाँकता—लोग हँसते। वह मजबूत हाथों में सडंसी से द्रव बर्तन में ढालते। पिघला हुआ द्रव लाल, पीला, सफेद रंगों में दिखलाई पड़ता। द्रव ढालने के बाद प्रसाद बँटता—भीगा चावल और गुड़ मिलाकर। पता नहीं क्यों, यह मान्यता थी कि ब्राह्मणों को उस समय वहाँ नहीं रहना चाहिए। मैं बच्चा था इसलिए रहने दिया जाता था। कसेर वर्ण-व्यवस्था में निम्न थे या बाहरी थे, शिल्पी थे। शायद इसलिए।

कसेर रामशंकर बाबा मुझे बहुत प्यार करते थे। एक बार कसेरिन दाई ने मुझे झिड़क दिया। मैंने रूठकर उनके यहाँ जाना छोड़ दिया। एक दिन सड़क पर रूठा-रूठा उनके घर के सामने खेल रहा था। कसेर बाबा जबरदस्ती मुझे उठाकर घर ले गए। कसेरिन दाई को डाँटा। कसेर बाबा के यहाँ एक मजदूर भी काम करता था—रामटहल। वह रेती से बर्तनों को रगड़कर चमकाता और बिकने के लिए तैयार करता। काम करते हुए वह गाता—'चितवनवा मा नैनवा लगाय आई।'

उन्हीं के यहाँ सबसे पहले मैंने गांधी जी की फोटो देखी। मुँह को मुट्ठी बाँधकर दबाए, गांधी जी। केसरिन दाई गांधी जी के बारे में बतातीं—गान्ही बाबा को अँगरेज जेल भेज देता है, लेकिन यह बाहर निकल आते हैं। चरखा चलाते हैं। अबकी बार नीम में कपास का फूल इन्हीं के जोर से लगा है।

परिवार मांसाहारी था। खाने-पीने का शौकीन। शराब नहीं। कसेर बाबा के साथ मैं भी ढक्कन चिकवा के यहाँ जाता। वे रूमाल में मांस बँधवाकर लाते। दरवाजे से नहीं लाते। पिछवाड़े से ही आँगन में फेंक देते। मैं चाव से मांसाहार करता। उनके घर का मांस-स्वाद आज तक मेरे लिए प्रतिमान है। आम के दिनों में आम चूसते।

तब कलमी आम कम, लगभग नहीं मिलता था। गाँव में सिर्फ रस्तोगी भइया के बगीचे में था। जाड़े में एक दिन कसेर बाबा के यहाँ चूड़ा-दही विधिपूर्वक खाया जाता। उनका घर उत्सवधर्मी था। समय ने उनके साथ अन्याय किया। एक पुत्र था, वह जवानी में ही मर गया। पौत्र बचपन में ही। पुत्रवधू भी। मेरी भौजी मुझे चिढ़ाती। एक घटना मुझे अक्सर याद आती है। भौजी को लड़का हुआ तो बरही के (12वें) दिन मुझे बुलाया। वह सौरी में थीं। उन्होंने मुझे नंगा करके मेरा शिश्न चूम लिया। मैं तीन-चार साल का रहा हूँगा। मैं घबराया हुआ बाहर भाग आया।

कसेर बाबा रामशंकर का बुढ़ापा अच्छा नहीं गुजरा। उनकी सन्तान नहीं बची। अकड़ उनमें पहले जैसी थी लेकिन शरीर में शक्ति नहीं रह गई थी। ऐसे में रिश्तेदार पुराना बदला लेते हैं। मोहल्ले वाले भी उनकी अकड़ को बुरी निगाह से देखते थे। मौका पाकर वे सब एक हो गए। घर के सामने वाली जमीन पर कब्जा कर लिया। पच्छू टोले के पटीदार बड़कनू कसेर के भाइयों ने उन्हें मारा-पीटा। दादा को खबर मिली। उनके आने पर सब भाग गए। मुझे याद है—कसेरिन दाई अपनी घायल टाँग को दबाते हुए रो रही थीं।

बाबा की एक पोती थी। दुलारी—यही उसका नाम था। हमसे दो-तीन साल छोटी रही होगी। चौदह-पन्द्रह साल की होने पर उसकी शादी उतरौला में कर दी गई। बड़कनू कसेर ने कहा—'बेच दी गई।'

मुझे प्रारम्भिक लगभग शैशवकालीन सपने याद हैं—सपने में माँ से बिछड़ने का सपना आता। देखता कि एक दूसरी औरत मेरी माँ हो गई है। उसका चौड़ा चिपटा चेहरा, दोहरी देह मुझे अभी भी याद है। मैं चीखने लगता। एक दूसरी औरत कहती—'तुम्हारी माँ मैं हूँ।' मैं रोने लगता। वजह यह है कि बचपन में औरतें मुझे यह कहकर चिढ़ातीं। पच्छू टोला की एक बेड़िन यह कहकर मुझे बहुत चिढ़ाती। मैं कहता—'मेरी माँ घर के अन्दर है।' सब हँसते।

बचपन में माँ के साथ ननिहाल गनेशपुर जाता। वह परसा स्टेशन के उत्तर दो किलोमीटर पर है। बैलगाड़ी से गैसड़ी स्टेशन जाता। वहाँ से रेल से परसा उतरता। गाँव से रात को ही चल देते। गैसड़ी स्टेशन पहुँचने को होता तो गाड़ीवान अक्सर कहता—'सुकउवा निकल आवा।' शुक्रवार उदित हो गया यानी सवेरा होने को है। स्टेशन के पहले एक गाँव और उसका बाग पड़ता—सुगाँव। चाँदनी रात में

धीमे-धीमे बैलगाड़ी की शान्त यात्रा करना, माँ की गोदी में लेटे या उससे लिपटकर सोते हुए—मुझे इन यात्राओं में छोटे भाई की याद नहीं आ रही है। हो सकता है, उसके पैदा होने के पहले की याद हो या वह इतना छोटा रहा हो कि याद नहीं आ रहा है। पैदा होने पर साथ में रहा जरूर होगा क्योंकि छोटे होने के कारण माँ उसे छोड़कर ननिहाल नहीं जा सकती थीं। बड़ा होने पर कभी-कभी मुझे छोड़कर उसे साथ लेकर जरूर चली जाती थीं।

याद आता है कि एक बार रास्ते में किसी ने पूछा : 'कहाँ से आवत हो?' बैलगाड़ीवान ने बताया : 'बिस्कोहर बाजार से।' मुझे पहली बार अपने गाँव के नाम का बोध हुआ। लगभग जैविक उल्लास जैसा अनुभव हुआ—इसी तरह जब मुझे पहली बार पता चला कि मेरा नाम बिसनाथ है, मानो कोई अपूर्व राशि मिल गई हो! बिसनाथ—यह मैं हूँ। जरूर अपनी टोपी, कुर्ता, धोती, या लंगोटी को उलट-पुलटकर मैंने देखा होगा, जाँचा-परखा होगा कि मैं यही बिसनाथ ही हूँ न! कुछ और बड़ा होकर सुनता : 'हिन्दुस्तान'।

गैसड़ी स्टेशन जैसी बिल्डिंग गाँव में नहीं थी—पक्की ईंट की। प्लेटफार्म, सिग्नल, लोहे की पटरियाँ, रेल के डिब्बे, रात में तेज दूर से आती इंजन की रोशनी का गोला—मुझे लगता, यही हिन्दुस्तान है। इसी को हिन्दुस्तान कहते हैं।

सिग्नल गिरने पर रेल आने की प्रतीक्षा—दूसरी ट्रेनों का, उनके डिब्बों का एक-एक कर सामने से गुजरना। बिजली की रोशनी मेरे लिए सबसे बड़ा कौतूहल था और यह कि ट्रेन में इतने लोग पता नहीं, कहाँ से कहाँ आते-जाते हैं! यह ट्रेन बड़ी दूर से आती है और इतनी दूर जाती है—वह दूरी अरूप न रहकर कोई जीवित वस्तु बन जाती। रेल की आवाज बहुत आत्मीय ध्वनि लगती, जैसे हमारे यानी बच्चों के खेल में चीखी-चिल्लाई जोर से गायी जानेवाली कोई गेय ध्वनि हो! रेल के चलने, इंजन की सीटी देने की ध्वनि-लय, हम फौरन पकड़ लेते। कभी-कभी स्पष्ट और कभी अस्पष्ट तौर से गुनगुनाते गाते थे। रेल से जुड़ा नगर कलकत्ता था। तब हमारे क्षेत्र में मिथकीय नगर दिल्ली नहीं था। कलकत्ता था। रेल का खेल खेलते हुए गाते :

छक छक चल कलकत्ता चल
पैसा दे कलकत्ता चल

माँ गनेशपुर (ननिहाल) जाने के लिए गैसड़ी स्टेशन पर ट्रेन में बैठतीं और

परसा उतरतीं। यह यात्रा कुल मिलाकर एक घंटे से ज्यादा की नहीं होती थी। मैं ट्रेन में बैठा बाहर देखता रहता—एक-एक पेड़, खेत, गाँव, पशु-पक्षी, खेत, खेत की मेंड़, घास, सनई, छपरैलों पर फैली लौकी, कोहड़ाँ, तरोई की लताएँ, लतरें, फूल। ये सब कौतूहलपूर्ण और आत्मीय भी लगते। चेतना में धँस जाते। उतरने पर जैसे किसी दूर की दुनिया से वापस आ जाता! मन करता कि यात्रा में कहीं दूर देर तक जाएँ। ननिहाल में इतना स्वागत होता, इतना आदर होता कि वह इंद्रासन था। नाना नहीं रह गए थे। सगे मामा नहीं थे। मौसी थीं। वह मेरी माँ से बड़ी थीं। रिश्तेदारी के मामा थे। कई थे। वे सब एक ही घर में रहते। ऐसे कि कभी पता ही नहीं चलता कि मेरे सगे नहीं हैं। एक ममेरे भाई जोखन बाबू की पत्नी—भौजी थीं। मुझे बहुत अच्छी लगतीं। मुझे बहुत चाहतीं। मुझसे खूब दिल्लगी-मजाक करतीं। मैं उनकी दिल्लगी का मतलब नहीं समझ पाता। विधवा नानी सिर मुँड़ाए रहतीं। साल में एक बार जाड़े में अयोध्या रहतीं, कल्पवास करतीं। ननिहाल से बहुत चीजें उपहार में मिलतीं। कपड़ा, जूता, खिलौना। मैं शरारत करता तो भी मुझे सजा नहीं मिलती। मैं अपने संगी-साथी ममेरे भाइयों पर रोब गाँठता रहता। वे शालीनतावश रिश्तेदारी निभाते हुए कुछ नहीं कहते।

धान काटने के दिनों में गनेशपुर से बहुत बड़ी मात्रा में सुरका चिउरा और गुड़ आता। सुरका का चिउरा, धान की बालियाँ पक जाती हैं, तब उन्हें काटकर नहीं, हाथ से सुरककर धान उतार लिया जाता और थोड़ा-थोड़ा कच्चा और पका धान का चिउरा बनाया जाता है। उसमें धान के दूध की गंध और हरापन बना रहता है। यह चिउरा गनेशपुर की एक लम्बी, हृष्ट-पुष्ट साँवली औरत लाती थी। गैसड़ी स्टेशन तक ट्रेन से लाती फिर गैसड़ी से बिस्कोहर; सिर पर एक बहुत बड़े मूँज से बने ढकोले में। औरत का नाम लमगोड़ा था। उसके गोड़ (पैर) बहुत लम्बे थे।

तब की रातों, बिहान, साँझ, सूर्यास्त, सूर्योदय, सावन, भादों की—उससे ज्यादा आषाढ़ की पहली वर्षा, जेठ का ताप, बाढ़, सूखा, कुएँ की दूब, पोखर में नहाना, तालाब, बाग की अनजान अनगिनत वनस्पतियों और उनकी गंध की जो यादें हैं, अभी भी सजीव हैं। लगता है, जो कुछ सौंदर्य देखा है, वह शैशव और निपट बचपन में ही देखा है। बाद में जो कुछ देखा है, वह इतना स्मरण भी नहीं है और स्मरणीय भी नहीं। दृश्य सजीव होते थे। वे सहचर हो जाते थे। सुख-दुख के साथी। वे दृश्य मात्र नहीं रह जाते थे। मौसम यों ही नहीं आते और चले जाते थे। ॠतुओं के पर्व थे। ॠतुओं के विभिन्न वर्ग थे। उनका व्यक्तित्व

था। एक ऋतु होली की थी, तो एक दिवाली की। आकाश नीला था। चाँदनी रात में जो झनक थी, उसे हम सुन लेते थे। भादों की गहरी घनी बरसात की झमाझम आवाज थी। फिल्मी गाने नहीं थे। लेकिन सावन, कजली, आल्हा, फाग, तुलसी, मरसिया के गानों की लहरें थीं। वह रक्त में घुल जातीं। जाड़ों में हम कानों में गाँती बाँधे धूप में कुत्तों के बच्चे पिल्लों को खिलाते, बकरी के बच्चों को गोदी में उठाए रहते। गाय के बछड़े से दोस्ती होती। हर बच्चे का अपना प्रिय पालित फरमाबरदार कुत्ता था। मोहल्ले के बच्चों की मंडली में उन्नूस, कनाथे, लाले, टेढ़े, शिवपरसाद, जमुना, सूई, घिराऊ थे। घिराऊ जबरदस्त। सबको पीटता। उन्नूस शौकीन, कनाथे कंचा अचूक खेलता। लड़कियाँ साथ नहीं होतीं। खेल के नियमों का सख्ती से पालन होता। सब कुछ खेल में होता। हर खेल का कोई गाना होता। खेल हो रहा है, किसी को पेशाब लग गया; वह पेशाब करते हुए कहता—'हम मूतीं ते सब मुतौं, जे न मुतै तेकरे घर माँ साँपै साँप।' (मैं मूतूँ तब सब मूतें। जो न मूते, उसके घर में साँप ही साँप।)

बस, सब मूतने लगते। अक्सर खड़े-खड़े पिचकारी छोड़ने की तरह। ज्यादा गम्भीर और महत्त्वपूर्ण अवसर पादने का होता—खेल रहे हैं या बैठे हैं। पादना लगभग अपराध जैसा था। परम् हास्यास्पद। इसलिए हम पाद को सघोष नहीं होने देते। आवाज को दबाकर पादते। इसे हमारे गाँव में 'ठुसकी' पाद मारना कहा जाता। अब किसी ने ठुसकी मार दी, गंध तो फैल गई, पदैया का पता नहीं चलता। पता लगाने का मंत्र था। सब लोग पदैया भी गाते :

अदन पदन मुँह लीटा
पदवइक बहिन के टीटा

[यह भयंकर गाली है पादने वाली की बहन को।]

हम बोली तो सब बोलै
बड़की पसरिया धम्म

अब चुप रहने की कठिन प्रतिस्पर्धा शुरू होती। आख़िर कब तक चुप रहते? कोई न कोई बोल ही पड़ता। इस मौके पर फौरन दंडविधान था। विधान को ढीला करने का भी नियम था। न बोलने का या जरूर मूतने की शर्त रख दी। बीच में कुछ ऐसा हो गया कि शर्त जारी रखने का अवकाश नहीं रह गया। किसी का बाप या

बड़ा भाई आता दिखाई पड़ा तब तो बोलना ही पड़ेगा। तब कहा जाता है—'हियाँ का लकड़ी बल्लामपुर का बाँस, किरिया धरौनी होइ गैय नास।' किरिया माने कसम।

इसके बाद सब पूर्ववत सामान्य। हमारी उम्र से बड़ी उम्र के लड़कों के कई खेल थे। चिक्का, कबड्डी, खो-खो आदि। हम ज्यादातर छिपा-छिपउवल खेलते। एक लड़का छुप जाता। उसे ढूँढ़ने का प्रयास किया जाता। तब हम दूसरों के खेलों के विषय ज्यादा थे। कोई उछालता। कोई तरह-तरह के सवाल करता। अक्सर लोग सवाल करते, हम कुछ जवाब देते तो वे हँसते।

रिश्तेदारी में कई लोग मेरी माँ के देवर लगते। वह हमसे कहते—'पढ़ो बिसनाथ पहाड़ा, मौसी एक मौसिया अट्ठारह।' खेल-कूद, हँसी-मजाक। दैनिक जीवन में अश्लील शब्दों का व्यवहार सामान्य ढंग से होता। वे बोली में घुल-मिलकर सहज हो गए थे। नौकर-चाकर, मेरे घर के हलवाहे अलग से मिलने पर तमाम तरह की अश्लील बातें करते। बात-बात में हमारी ठुन्नी पकड़कर कितनी बातें करते। हम आशंकित, चकित अपनी इंद्रिय को छिपाए घूमते। सयानी लड़कियाँ भी इस विषय में हमें अक्सर चकित करतीं।

मुझे सँभालने की जिम्मेदारी बड़ी बहन की थी। बड़ी बहन का नाम चन्द्रप्रभा था। हम बड़की बहिनी कहते। वह हमारा उबटन-तेल करती। रोने पर फुसलाती, बहकाती। उससे हमारा बहुत झगड़ा होता। वही हमें रात को चिपकाकर सुलाती—किस्से-कहानियाँ सुनाती हुई। मुझसे करीब दस साल बड़ी होगी। अपनी सहेलियों के यहाँ जाती तो मुझे भी ले जाती। मैं छोटा-सा उसके मनोविनोद का विषय भी होता। वह मुझे चिढ़ाती। मेरे दाँत टूट गए थे। दूध के दाँत। वह अपने मुँह के सामने उँगलियों से दाँत बनाकर मुझे तंग करती। मैं खीझता, रोता, उसको पीटता। उसे मेरे मारने से चोट तो लगती नहीं, वह हँसती। उसने मेरा नाम रख छोड़ा था—टिड्डहवा। उसे जब झगड़ा करना होता, मजा लेना होता तो मुझे टिड्डहवा कहती। मुझे कोई कुछ नहीं कहता—उसे चाहे जितना मारूँ-पीटूँ। मैं 'र' नहीं बोल पाता, 'ड़' कहता—'हम तुम्हें माड़ डालब' (मैं तुम्हें मार डालूँगा)। वह हँसती।

लेकिन एक बार मामला ज्यादा बढ़ गया। वह शीशे की चूड़ियाँ पहनती। इतनी गोरी थी कि मुझे याद है, उसकी काया ही में शीशे की चूड़ियों का प्रतिबिम्ब बनता। वह मुझे बहुत अच्छा लगता। एक बार झगड़ा हुआ, मैंने गिलास उठाकर

उसे इतनी जोर से फेंका कि उसकी चूड़ियाँ टूटकर टुकड़े उसकी कलाई में धँस गए। लब-लब खून टपकने लगा। बहन रोने लगी। मुझे कुछ नहीं कहा। लेकिन माँ ने इतने जोर से थप्पड़ मारा, जैसे पहले कभी नहीं मारा था। दादा ने देखा तो कहा—'पटक दो सारे को, हाथ-पैर टूट जाए!'

इसी तरह एक और घटना में पिटाई हुई, बहन के ही प्रसंग में। मोहल्ले में एक लड़के से नई-नई गाली सीखी थी। चकार की। नया-नया उत्साह था। बहन ने पूछा, कहाँ गए थे? मैंने उसी गाली का उपयोग वीरोचित भाव से किया। बहन ने मुझे ताज्जुब से देखा, फिर एक झापड़ कसकर जमाया। मुझे क्रोध से ज्यादा आश्चर्य हुआ। बहन मुझे कभी नहीं मारती थी। मैं उसके कपड़ों पर पेशाब भी कर देता तो भी कुछ नहीं कहती। एक बार वह अच्छे नये कपड़े पहनकर बैठी थी। मुझे सुन्दर लगी। तब मेरे लिए सुन्दरता का प्रतिमान पच्छू टोला की वेश्याएँ थीं, जो साफ सुन्दर कपड़े पहनकर बाज़ार आती थीं। मैंने कहा—'बहिनी, आज तो तुम रंडियों जैसी सुन्दर लग रही हो।' चपाटा फिर पड़ा। लेकिन हँसी के साथ। छोटके काका ने सुना तो बोले—'कलजुगी है सार।' मेरी समझ में दोष आ ही नहीं रहा था। बहन मेरी निर्दोषता समझती थी।

रात को मुझे भूख लगी होती, माँ खाना बना रही होतीं। तब मुझे तरह-तरह के किस्से सुनाकर बहलाती रहती। कहती—'बाबू, देख रहे हो, डेहरी के नीचे क्या चमक रहा है?' अम्मा ने रुपया छुपा रखा है, वही चमक रहा है। मैं बहल तो जाता ही, आश्वस्त होता कि माँ के पास पैसे हैं।

वह स्कूल जाती थी। एक प्राइवेट स्कूल में, गाँव के पूरब एक पुरवा में एक विधवा ठकुराइन चलाती थीं। वे सम्भवत: नेपाल की थीं। उनकी शादी बिस्कोहर के किसी ठाकुर से हुई थी या उनके पति ही नेपाल से बिस्कोहर आ बसे थे? वह चालीस वर्ष की रही होंगी। लम्बी कद-काठी थी। वहाँ लड़कियाँ प्रार्थना गातीं :

पितु मातु सहायक स्वामि सखा तुमही एक नाथ हमारे हो
जिनके कछु और अधार नहीं तिन्ह के तुमही रखवारे हो

प्रतिपाल करो सिगरे जग को अतिशय करुणा उर धारे हो
तुम सों प्रभु पाइ प्रताप हरी केहि के अब और सहारे हो

प्रताप नारायण मिश्र का यह छंद मैंने बचपन में वहीं सुना था। बहन मुझे अपने साथ स्कूल ले जाती थी। सम्भव है, मुझे जान-बूझकर भेजा जाता हो, निगरानी के खातिर! बहन जहाँ भी जाती, मुझे उसके साथ भेजा जाता। मुझे उसकी सहेलियाँ खिलातीं। कभी-कभी अजीब व्यवहार करतीं। तब समझ में नहीं आता था।

बहन के साथ मैं एक मुस्लिम परिवार में भी जाता। वह घर से बहुत दूर नहीं था। पैदल दस मिनट का रास्ता था। वहाँ बहन की मुस्लिम सहेली मिलती। उसका घर बन्द रहता। उसके साथ घर में बूढ़ी माँ रहती और कोई नहीं। वह अपने घर से बाहर कहीं नहीं निकलती। पर्दे में रहती। उसके घर में मैंने किसी और को देखा ही नहीं। वह कुर्ती और चूड़ीदार पाजामा पहनती। लम्बी छरहरी थी। मुस्कराती रहती। मुझे बहुत सुन्दर लगती। उसके यहाँ जाना मुझे बहुत अच्छा लगता। वह साफ-सुथरी (तब तक मेरी समझ में आनेवाली) खड़ी बोली बोलती। उसकी माँ पान खाती। लेकिन उसके यहाँ जाना बहुत कम। साल में मुश्किल से दो बार होता। मेरे पिता के मित्रों में मुस्लिम लोगों की तादाद काफी थी। हो सकता है, उसके परिवार के किसी व्यक्ति से पिता की मित्रता रही हो, जिसका मुझे पता न हो।

बहन की शादी के लिए दादा बहुत तंग हुए। लड़का पसन्द नहीं आता था। जो पसन्द आता था, उसके घरवाले पैसा बहुत माँगते थे। बहन अठारह-उन्नीस की हो रही थी। 'जेकर बिटिया ब्याहै लायक, तेका कइसे आवइ नींद!'

जो लड़का बलरामपुर देखने गए थे, उसने ऐन वक्त पर ज्यादा पैसा माँगा।

दादा निराश हुए ही, बीमार भी पड़ गए। उनकी आँतें सूजती थीं। हर्निया था। तंग आकर उन्होंने पूरब टोला खलवा मोहल्ले के आटा चक्की मशीन वाले जे.पी. तिवारी बच्च बाबू के सबसे छोटे भाई राजमणि तिवारी से बहन की शादी तय कर दी। फलदान कर दिया।

खानदान मध्यम आय का था। बच्च बाबू पाँच भाई थे। चार विवाहित थे। फ्लोर मशीन चलती थी। बस चलती थी। जमीन थी; एक बाग भी था। लेकिन यह केवल जे.पी. तिवारी बच्च बाबू का था। बाकी लोग निम्न मध्यवर्गी थे। राजमणि तिवारी पढ़े-लिखे नहीं थे। यह दादा को बाद में पता चला। कद-काठी के ठीक थे, चेहरा-मोहरा भी ठीक था। लेकिन दाहिने पंजे की मध्यमा उँगली टूटकर टेढ़ी हो गई

थी। दादा को दिखाया गया तब उँगली धोती में लपेटे थे। वे फौज में कोई नौकरी करते या बड़े भाई की बस में ड्राइवरी करते यानी उन्हीं के आर्थिक आश्रय में रहते।

हमारे परिवार का सम्मान था। गाँव वालों ने बड़ी सहायता की। पकड़ी गाँव के गुलम अहीर ने चारपाई पर लेटे रुग्ण दादा को चुपके से रुपये अपने-आप दिये। दादा जीवन भर उसकी प्रशंसा करते रहे।

किसी ने उड़ा दिया कि लड़के की उँगली तो टूटी है ही, वह जे.पी. तिवारी का सगा भाई नहीं, उनका नौकर है। बड़के काका शादी में नहीं आए थे। वह इस शादी के पक्ष में नहीं थे। छोटके काका आए थे। उन्होंने योजना बनाई थी कि बारात को मार-पीटकर भगा देंगे। वह बहुत क्षुब्ध और परेशान थे। अम्मा ने रो-रोकर उन्हें रोका।

लावा परछन के समय—भँवरे पड़ते समय—मुझे समझा दिया गया कि जब सातवाँ फेरा हो जाए तब तुम दूल्हे का चुम्मा ले लेना।

मैं तत्परतापूर्वक मुस्तैदी के साथ भँवरे गिनता रहा। सातवाँ फेरा खत्म हुआ नहीं कि नाऊ ने मुझे कंधे पर उठा लिया और मैंने जीजा का चुम्मा ले लिया। वे मुझे देखकर मुस्कराए। राजमणि यानी मेरे सगे जीजा स्वभाव से अच्छे थे। खुशदिल थे। मेरी बहन सुन्दर थी और थोड़ी-बहुत पढ़ी-लिखी थी। राजमणि उनसे दबे रहते। लेकिन अपना घर-परिवार चलाने भर की ताकत और अक्ल उनमें थी। जीजा और बहन में झगड़ा बहुत कम होता। बहन, एक और बहू अपनी जेठानी के साथ बच्च बाबू की रसोई में खाना बनाती। रसोई सबकी एक थी। लेकिन खाने-पीने का खर्चा बच्च बाबू ही चलाते थे।

शादी के दिन के बाद हंगामा हुआ। दादा ने शिकायत की, बरात के घर के अगुआ बच्च बाबू से—'आपने धोखा दिया। बताया नहीं कि राजमणि आपके भाई नहीं, नौकर हैं।' बच्च बाबू और उनके घर वाले बहुत बिगड़े। बोले, 'अभी उसका हिस्सा अपनी जायदाद में लिखवाकर तब लड़की विदा कराऊँगा।' मामला शान्त हुआ।

मैं शादी में भँवरे पड़ने, जीजा जी का चुम्मा लेने के बाद बीमार पड़ गया। सख्त बीमार। मुझे बहन की विदाई की खबर नहीं। वह मुझे पकड़कर रोई—इसका मुझे पता नहीं चला। लगता है कि बिना जाने-बूझे ही (तब मैं सात-आठ साल का रहा होऊँगा) मेरे मन पर गहरा धक्का-सा लगा—बहन दूसरे की हो गई, चली जाएगी, यह समझकर।

फिर कुछ दिनों बाद मैं ठीक हो गया। माँ कहती, कोई विपत्ति थी, सो टल गई।

बचपन में मैं बेहोश दो बार हुआ हूँ अपनी याद में। स्वभाव में शायद गहरी भीरुता या जैविक मानसिक तनाव का शिकार रहा हूँ। अब तक।

लक्खा बुआ और बड़के काका फुलवारी में आम के पेड़ के नीचे बैठे थे। जेठ की दुपहरी तप रही थी—आषाढ़ भी हो सकता है। लेकिन बादल नहीं थे। मैं पाँच साल का रहा हूँगा। लक्खा बुआ की बकरी खेत में चर रही थी। बड़के काका कहते—'बकरी हाँक आओ।' लक्खा बुआ कहती—'बाबू, मत हाँकना। दोनों में प्रेमालाप चल रहा होगा।' लेकिन तब मैं यह नहीं समझता था। आखिर में बड़का काका का कहना मानकर मैं बकरी को हाँकने चला। थोड़ी दूर चला कि लगा, अँगूठे के नीचे आग लग गई है। चीखा। काका दौड़े तो देखा कि बड़े काले बिच्छू ने काट लिया है। उन्होंने अंगोछे से काटने की जगह के ऊपर कस करके पट्टी बाँध दी। मुझे लेकर घर दौड़े। घर में माँ अपनी कुछ सहेलियों के साथ लोड़ी का उत्सव मना रही थीं। हमारे तरफ की लोड़ी खास तरह की होती है। कोहराम मच गया। मैं बेहोश हो गया। आँखें उलट गईं। इतना याद पड़ता है कि दवा पिलाते थे तो दवा अन्दर नहीं जाती थी। जबान पर उसके थरथराने के स्वाद का बोध होता था। कुछ देर के बाद गाँव के किसी जानकार ने काटने की जगह पर संखिया लगाया। मैं होश में हूँ या बेहोश, यह जानने के लिए कसेर बाबा ने पूछा—'बाबू, हम कौन हैं?' मैंने कहा—'कसेर बाबा।' मुझे घर के अन्दर ले जाकर लिटा दिया गया।

सवेरे जब मुझे होश आया, मुँहअँधेरे ही तब मैं कसेर बाबा के यहाँ गया, जहाँ मेरा मन लगता था। मुझे याद है—पैर में दर्द हो रहा था। बिच्छू काटने की जगह पर।

दूसरी घटना साँप काटने से सम्बन्धित है। घर के सामने नाथे बाबा की पत्नी को साँप ने काट लिया। [नाथे बाबा के बारे में नंगातलाई ने काफी लिख रखा है।] वे बनिया थे। अनाज, गुड़ थोक में किसानों से सस्ता खरीदते और फिर महँगे दामों में बेचते। गुड़ के बोरे घर में ही पड़े रहते। रात को चूहे उन्हें खाने आते। फिर चूहों को खाने साँप आते। बिस्कोहर में यह आम बात थी। नाथे बाबा की पत्नी खटिया पर लेटी थीं। साँप सरका तो उन्होंने जोर से सोते में ही फटक दिया। साँप ने काट लिया। वह साँपिन थी। सब लोग देखने गए। वे खटोले पर मरी पड़ी थीं। पास ही में जमीन पर साँपिन पड़ी थी। ललछौंही, लम्बी। लोग लाश फूँकने के लिए तैयारी करने लगे। पता नहीं क्यों, मरी हुई औरत के घुटनों को तोड़कर शरीर को छोटा कर दिया गया। घुटनों को ऐसे तड़ाक से तोड़ा गया मानो लकड़ी हो! मैं हक्क-सा रह

गया। मेरे मन में पता नहीं, कैसा खौफ समा गया। और फिर जब लाश को जलाने के लिए घर से लकड़ी लाने लगे तो एक और साँप के फुँफकारने की आवाज आने लगी। वह क्रुद्ध साँप, साँपिन के मारे जाने से क्षुब्ध था। उसे भी मार डाला गया। सो साँप, साँपिन और नाथे बाबा की पत्नी, तीनों एक साथ मरे।

करीब दस दिन बाद मैं माँ के साथ आँगन में बैठा था। एकाएक मुझे जूड़ी आई। मैं चिल्लाने लगा—'साँप...साँप...!' मेरी जेब में साँप है, मेरी पीठ पर साँप, मेरे चारों ओर साँप ही साँप। मुझे बुखार आ गया और मैं बेहोश हो गया। फिर दो-तीन दिन में ठीक हो गया। बचपन में ऐसा कई बार हुआ है।

साँप को लेकर कई रोमांचक कँपा देनेवाली घटनाओं का साक्षी रहा हूँ। मेरे मौसेरे भाई के पुत्र का टीका-समारोह था। शादी के दो-तीन हफ्ते पूर्व अतिथि भोजन कर चुके थे। वह बड़ा काम करता था। वह कुएँ से गगरा भरकर पानी घर में ला रहा था कि ऐन टीका की शाम उसे साँप ने काट लिया। उत्सव महाशोक में बदल गया।

क्षमा कीजिए, मैं साँप से सम्बन्धित दो घटनाओं का उल्लेख और करूँगा। कानपुर में पढ़ते समय मैं उद्योगपति भरतिया के विकलांग पुत्र के लिपिक का काम करता था। वह लिख नहीं पाते थे। परीक्षाकक्ष में वे उत्तर बोलते जाते, मैं लिखता जाता। कभी-कभी उनके घर भी जाता। एक दिन बैठा था कि पता चला—गैरेज में साँप निकला है। एक आदमी बन्दूक लेकर वहाँ गया। मैं भी देखने साथ हो लिया। साँप कोने में बैठा था। हमें देखा तो फन तानकर सीधा बैठ गया। बन्दूकधारी ने फन के कटोरे में निशाना बाँधकर गोली मारी। साँप दो-तीन मिनट तक लोटपोट कर निश्चेष्ट हो गया। मुझे डर भी लगा और साँप के प्रति सहानुभूति भी हुई। मेरे घर में माँ साँप मारने नहीं देती थीं। वह कहतीं, कोई देवता या घर के पूर्वज हैं जो दर्शन देते हैं। साँप आया कि वह एक पाँव पर हाथ जोड़कर खड़ी हो जातीं। साँप सरक जाता। संयोगवश हमारे घर में किसी की मौत साँप काटने से नहीं हुई है अब तक।

साँप से सम्बन्धित जो घटना अब कहने जा रहा हूँ, वह दूसरी तरह की है। काशी विश्वविद्यालय में पढ़ता था। एम.ए. फाइनल की परीक्षा की तैयारी का समय यानी मार्च-अप्रैल। गुर्टू हॉस्टल से पंडित जी के यहाँ जा रहा था। देखा कि बिरला बड़ौदा के सामनेवाले विस्तृत मैदान में लोग खड़े पता नहीं क्या देख रहे हैं। मैं भी जाकर खड़ा हो गया। जो देखा, उस पर विश्वास नहीं हो रहा था। साँप-साँपिन केलि-क्रीड़ा कर रहे थे। उनमें से एक शायद साँपिन भागती, जोड़ीदार उसके पीछे दौड़ता। देर तक वे आगे-पीछे दौड़ते रहे। फिर दोनों खड़ी हुई रस्सी की तरह होकर

एक-दूसरे को चूमने लगे। मुँह में मुँह डालकर। काफी देर के बाद वे दोनों कटी हुई दो रस्सियों की तरह आपस में गुँथकर गिर पड़े और निश्चेष्ट हो गए। बेसुध। लोग बड़ी देर तक प्रतीक्षा करते रहे उनके फिर जग जाने की। लेकिन बेसुध वे पड़े ही रहे। उस समय कोई भी उन्हें मार सकता था, लेकिन देखने वालों में से किसी ने ऐसा नहीं सोचा।

संस्कृत में साँप को भोगी भी कहते हैं।

हम बच्चे गाँव में श्वान-केलि के प्रसंग में ऐसे सहानुभूति वाले नहीं होते; बल्कि अकथनीय ढंग से क्रूर होते। युग्मबद्ध कुत्तों की जोड़ी के सन्धिस्थल को डंडों से पीटते। कभी-कभी वहाँ घोड़े का बाल रख देते। घोड़े का बाल तेज चाकू की तरह काटकर उन्हें अलग कर देता। इस प्रक्रिया में वे घोर पीड़ा से कराहते। बच्चे इसी तरह खेल-खेल में क्रूर कर्म पक्षियों, कीड़ों आदि से भी करते। गाँव में कहा जाता है—'चिरिया की जान गही, बच्चों का खिलौना।'

गाँव में रामलीला नहीं होती थी। लेकिन हम बच्चे अपनी ओर से ही रामलीला पार्टी बना लेते। अपने छोटे भाई शेरसिंह को हम लक्ष्मण बनाते। किसी लम्बे-चौड़े लड़के को रावण। *रामचरितमानस* का पाठ हमारे मोहल्ले में घर के सामने ही मिजाजी बाबा के घर पर शनिवार और मंगलवार को होता। रात को आठ बजे के करीब लोग खा-पीकर आ जाते। ढोल-मजीरा ठनकने लगता। हम सब पहुँच जाते। हर व्यक्ति गाता। मानस की पोथी खोल ली जाती। गाकर दोहराते। करीब दो घंटे तक रामायण होता। फिर अन्त में 'हमारे राम जी से कहियो राम-राम हनुमान जी' गाकर 'आरती श्री रामायण जी की' यानी मानस ग्रंथ की आरती उतारकर समापन होता। गुड़ का, बताशे का प्रसाद बाँटा जाता। रामायण की इस गायक-मंडली में एकाध बहुत अच्छे गायक थे, जो होली, चैती, कजली, गजल आदि बहुत अच्छा गाने के लिए प्रसिद्ध थे। मुझे याद है, एक था सलाहू बनिया। बहुत अच्छा कंठ था उसका। होली में 'पल्ला के आगे पतंग एक डोलैं' बहुत मोहक स्वर में गाता था। व्यक्ति रूप में भी बहुत शिष्ट और मिलनसार था। शहर में होता तो उसका अच्छा नाम होता।

मैं गीता प्रेस के *रामायण* में राम, सीता, भरत, लक्ष्मण, दशरथ, कौशल्या, हनुमान, रावण, विभीषण आदि के चित्र देखता। राम और सीता की छवि देखने में

तन्मय हो जाता। वे मेरे मन पर छाए रहते। घर में अँधेरे में कभी लगता कि यहीं अभी राम-सीता-भरत दिख जाएँगे। उनके आचरण से शिक्षा लेने का प्रयास करता।

तुलसीदास के साथ हमारे मन पर मरसिया की लय और तान का बहुत गहरा असर था। हसन हुसैन की कथा बहुत करुण है। मन बहुत अजीब हो जाता, यह सोचकर कि प्यास से तड़पते हुए वे कैसे मरे होंगे। उनके विरोधियों पर बहुत क्रोध आता। गाँव में माने ठठेर मरसिया निहायत करुण स्वर में गाते। वह देखने में बहुत सुन्दर भी थे।

आल्हा हमारे बचपन में बहुत गाया जाता था। हम मरसिया पसन्द करते थे लेकिन गाते नहीं थे। आल्हा अकेले नहीं गाया जाता। दो-तीन लोग मिलकर गाते हैं। सेमरी के ठाकुर शम्भूसिंह आल्हा बहुत अच्छा गाते थे। हमारे जवार में अच्छा आल्हा गाने के लिए बरगदवा (गाँव) के पठान मशहूर थे। हमारे मोहल्ले में उन्नूस के बाप आल्हा बहुत शौक से गाते थे। मुझे आल्हा सुनने का बहुत चाव था। मैं आल्हा गाने की कोशिश भी करता, छोटे भाई को पछुआ बनाकर। वह भी आल्हा का रसिक था। आल्हा में उदल आल्हा को दादा कहते हैं। छोटा भाई आल्हे के मूड में मुझे भी दादा कहता। हालाँकि दादा मेरे परिवार में पिता को कहा जाता था। आल्हा में दादा बड़े भाई को कहा गया है। यह दृश्य रात-रात भर चलता। आल्हा गाने की कई विधियाँ हैं। अच्छा गानेवाले उसमें अनेक कवित्त, सवैया और अन्य छंद जोड़ते जाते हैं। आल्हा सुनने के अलावा आल्हा की छपी हुई किताबें भी लाकर पढ़ता था और सुनाता था। अभी भी मुझे आल्हा की कई पंक्तियाँ याद हैं। मैं उन्माद में अपने को आल्हा का ही कोई पात्र समझता। कहते हैं कि आल्हा अमर हैं। मैं सोचता, यदि आल्हा अमर हैं तो कहीं अगर मुझे मिल जाएँ तो? मैं राम-कथा, कृष्ण-कथा के अनेक पात्रों से भी कल्पना में मिलने की सोचता और कभी-कभी दिवास्वप्न में मिलता भी।

जिस किताब का दिमाग पर सबसे ज्यादा असर पड़ा, वह थी *चन्द्रकांता*।

मैं दर्जा दो-तीन में पढ़ने लगा तो अम्मा-दादा मुझसे किताबें पढ़-पढ़कर सुनाने के लिए कहते। दादा गाँव के जमींदार या किसी अन्य व्यक्ति के यहाँ से किताब लाते और मुझसे पढ़वाकर सुनते। वे निरक्षर नहीं थे। दर्जा एक या दो तक पढ़े थे। तुलसीदास पढ़ लेते थे। वे एक किताब लाए *सहस्र रजनीचरित*। वह अलिफ लैला का हिन्दी अनुवाद था। गाँव में कांग्रेसी सरकार स्थापित होने पर 1938 के आसपास पुस्तकालय खुला। मैं स्कूल से किताबें लाता। मुझे याद है,

राखलदास बंद्योपाध्याय के उपन्यास *शशांक* का हिन्दी अनुवाद दादा-अम्मा को मैंने पढ़कर सुनाया था। अनुवाद पंडित रामचन्द्र शुक्ल ने किया था। राखाल बाबू और शुक्ल जी का महत्त्व तब मैं नहीं जानता था। लेकिन उपन्यास दिलचस्प था। दादा को तो सुनने में अच्छा लगता। अम्मा को पात्रों के संवाद याद हो जाते। कभी-कभी मैं पढ़ने से ऊब जाता, मन नहीं होता या नींद आती तो दादा कहते—'छोड़-छोड़कर पढ़ रहे हो। जाओ, सो जाओ।'

इसी तरह पढ़कर सुनाने के क्रम में देवकीनन्दन खत्री के *चन्द्रकांता* उपन्यास के चारों खंड सुनाए। यह उपन्यास उन्हें पढ़कर सुनाता और खुद भी पढ़ता। अम्मा को पात्रों के नाम याद रहते। उपन्यास में बीच-बीच में कविताएँ भी हैं। अम्मा को वे पंक्तियाँ याद रहतीं। सुनातीं :

गए चुनाव क्रूर बहुरंगी लाए चार चितारी
संग में उनके पंडित देवता, जो हैं सगुन बिचारी
क्या बैठे हो तुम बेफिकरे, काम करो कोई भारी

मुझे ये पंक्तियाँ अभी तक याद हैं।

मेरा बचपन का साथी था हरिराम। वह एम.पी. जिज्ञासु का लड़का था। एम.पी. जिज्ञासु जाति के सुनार थे। पढ़ने-लिखने का शौक था। साधु हो गए थे, लेकिन गृहस्थी नहीं छोड़ी थी। वह रसिक सम्प्रदाय में दीक्षित हो गए थे। नाम था महादेव प्रसाद। 'जिज्ञासु' उपनाम धारण कर लिया था। हारमोनियम बजाकर भजन गाते। दूर-दूर तक उपदेश करने जाते। उनकी एक पंक्ति हमें अभी याद है :

तिरहुत की तरह दार तरुणियों ने छकाया

यह राम के प्रति वाक्य है।

एक बार वे उपदेश देने बर्मा गए थे। इस प्रसंग में उन्होंने एक किताब छपवा दी—*मेरी बर्मा-यात्रा*। पंडित जगदम्बा प्रसाद पांडे 'जगेश' बर्मा के 'ब' में स्वर परिवर्तन करके अश्लील पढ़ते।

हरिराम उन्हीं के पुत्र थे, मेरे सहपाठी। वह भी *चन्द्रकांता* पढ़ते। हम दोनों पढ़ते और उससे इतने प्रभावित हुए कि सुरंग बनाकर उसमें मुसलमानों को पकड़कर कैद करने की योजना बनाई। तिलिस्म बनाने की भी। फुलवारी में हम दोनों ने एक गड्ढा भी खोदा। लेकिन शीघ्र ही समझ में आ गया कि यह असम्भव है। हम दोनों

अन्य सहपाठियों से डींग हाँकते कि तुम क्या जानो, हम बुद्धिमान हैं। हम *चन्द्रकांता* पढ़े हैं। *चन्द्रकांता* उपन्यास के चार भाग हैं। *चन्द्रकांता सन्तति* के उन्नीस भाग हैं। *भूतनाथ* के भी कई भाग हैं। जब बी.एच.यू. में पढ़ने लगा तब देखा—'लहरी बुक डिपो'—देवकीनन्दन खत्री का प्रेस।

हमारे मोहल्ले में सती माई का चौरा था। सीमेंट से बना हुआ एक चबूतरा जो करीब बीस फीट लम्बा और उतना ही चौड़ा। कहते हैं कि पुराने जमाने में यहाँ कोई स्त्री पति की लाश के साथ सती हो गई थी। चौरा उसी की स्मृति में सतीत्व का प्रतीक-स्थल बन गया। वहाँ कभी-कभी गाँव की औरतें व्रत करने आतीं और अभुआतीं। अभुआतीं यानी उनके सिर पर—ठीक कहें तो व्यक्तित्व में—देवी का प्रवेश हो जाता। फिर वह जो कुछ कहतीं-करतीं, माना जाता कि देवी कर रही हैं। देवी यानी वह औरत प्राय: आवेश में, क्रोध में रहती। दोनों हाथ जमीन पर पटकती। बाल खुले होते। वह शिकायत करती—मेरा चढ़ावा नहीं चढ़ा। मैं गाँव को पटरा कर दूँगी। एक बार मेरी पड़ोसन बड़की दीदी के सिर पर देवी आईं तो वे बाहर सड़क पर घूम-घूमकर चिल्लाने लगीं। हम बच्चे देखते। मेरे ऊपर इसका इतना स्नायविक असर पड़ता कि एक बार अकेले माँ के सामने घर में मैं भी अभुआने लगा। कहता कि मुझे पाटन देवी के मन्दिर में क्यों नहीं भेजा गया? माँ एक पैर पर खड़ी होकर प्रार्थना करने लगीं। अगली बार मुझे पाटन मेला भेज दिया गया।

बच्चों की टोली थी। नाना प्रकार के खेल खेलते थे—चिक्का, कबड्डी, गुल्ली-डंडा, कंचा। ज्यादा लोकप्रिय गुल्ली-डंडा था। हम सबसे ज्यादा तन्मय और मस्त इन्हीं खेलों में होते। कई बच्चे स्कूल नहीं जाते थे। वह इन्हीं खेलों में मस्त रहते। बच्चों की टोली में जात-पात, ऊँच-नीच का कोई सवाल ही नहीं था। अक्सर खेलकूद में कुंजड़े, नाऊ, बेड़िया जाति के बच्चे ज्यादा तेज होते। वह बनियों और ब्राह्मणों के बच्चों को पदाते। सुई (नाऊ) कंचा पटाक से दागता—निशाने पर मार देता। सुक्खा (बेड़िया) ताश में सबको हरा देता। करीम शरीफ कुश्ती में। कबड्डी में सबसे तेज खेलावन कहार था। उसका दम नहीं टूटता। खेल का मैदान बेड़ियों के घर के पास था। वहाँ एक तालाब, कदम का पेड़ भी था। वहाँ कभी-कभी बेड़ियों की छोटी-छोटी लड़कियाँ आ जातीं। एक बार बच्चों ने पर्दा तानकर उसमें एक बेड़िन बच्ची का नाच भी कराया। हम तब बेड़िन वेश्या का अर्थ नहीं समझते थे। हममें सिर्फ

जमुनाप्रसाद कुछ रहस्यमय ढंग से समझाते—'ए लोग मर्दों को अपने पास बुलाती हैं, पैसा लेती हैं और मजा देती हैं।' हम मजा लेने का मतलब ज्यादातर गुड़ की पट्टी खाना या लड्डू-पेड़ा खाना ही समझते थे। हाँ, आगे-पीछे के अंगों का खुला रहना शर्म की बात समझते थे। लेकिन पेशाब-टट्टी सामूहिक रूप से करना और हाजत तालाब के पानी से धोना ज्यादा आराम से करते।

हम ब्राह्मण तो थे लेकिन पंडिताई-पुरोहिताई नहीं करते थे। किसानी करते थे। किसानी माने हलवाहा रखकर उससे और उसके साथ खेत में काम करते थे। दादा तीन भाई थे। खेत में ज्यादातर काम दो भाई करते। दादा रोबदाब से रहते। उनका रहन-सहन ठाकुर या ब्राह्मण जमींदारों जैसा था। सम्पत्ति वैसी नहीं थी लेकिन रहने की वैसे ही कोशिश करते। दादा साफा बाँधते। ऊँचे घोड़े की सवारी करते। जाड़े में लम्बा गलाबन्द ऊनी कोट पहनते। मैले-फटे कपड़े नहीं पहनते। गाँव-जवार के ऊँचे खानदानी जबर्दस्त लोगों के बीच उठना-बैठना था। दादा के दोस्तों में मुसलमानों की अच्छी संख्या थी। उनका इलाज खान साहब—अज़ीमुल्ला ख़ान साहब करते थे। दादा जवानी के दिनों में मांसाहारी थे। भाँग भी खाते थे। भनवापुर के जमींदार बाबू लाखनसिंह से अच्छी पटती थी। फौजदारी में कुछ लठैत लेकर उनकी मदद को भी कभी-कभी जाते थे। लखनऊ के मशहूर पहलवान सादिक एक बार मेरे घर आए हैं। रेशमी कुर्ता और तहमद पहने। हमारे घर में आदमी ज्यादातर पहलवानी करते थे। मेरे बाबा ब्रह्मानन्द तिवारी के सगे भाई बिन्दा बाबा जवार के मशहूर पहलवान थे।

मेरे बचपन के दोस्तों में और बाद में भी मुसलमान लड़कों की तादाद काफी थी। इस विषय में मेरा घर बहुत सेक्यूलर था। हिन्दू-मुसलमान का भेद नहीं किया जाता। छुआछूत का पालन होता था लेकिन मुसलमानों के प्रति वैमनस्य बिलकुल नहीं था। मुझे याद है कि कई गाँवों के मुसलमान चौधरियों, महतो से हमारे यहाँ शादी-ब्याह में नेवते का आदान-प्रदान होता, जैसाकि रिश्तेदारों में होता है।

हालाँकि परिवार में एक ऐसी घटना हुई थी कि हमारा मुसलमानों से दुश्मनी का भाव होना चाहिए था। मेरे पितामह के पिता के सगे भाई की तीसरी पत्नी एक पठान के घर रहने लगी थीं। वह हमारे बचपन में जीवित थीं। वह तिवराइन दाई कहलाती थीं। एक बार मेरे पेट में दर्द हुआ। अम्मा ने कहा—'नारा उखड़ गया होगा, तिवराइन दाई से ठीक करा लाओ।' मैं गया। तिवराइन दाई ने पेट की मालिश करके ठीक कर दिया। वे पास ही में रहती थीं। पठान काला-

कलूटा, अधेड़, गाँजा पीता था। दाई ने मुझे चुपके से खाना भी खिलाया। कहा, कहना मत किसी से।

तिवराइन दाई के विवाहित पति के पुत्र का नाम शोभा था। वे भी मुसलमान हो गए थे। ड्राइवरी करते थे। हम अन्त तक उन्हें शोभा बाबा ही कहते रहे। एक बार शोभा बाबा की किसी डफाली से मारपीट हो गई। मुझे याद है कि तिवराइन दाई ने मेरे घर के सामने आकर दादा को ललकारकर कहा—'अरे तेज बहादुर (दादा का नाम), तोहरे देखत खानदान के आदमी को एक डफाली मुसलमान मार रहा है और तू देख रहा है?' दादा ने उस डफाली को पीटा।

लेकिन दादा पठान से बदला अपने ढंग से लेते थे। हर साल उसका घर फुँकवा देते। कहते—'जिस घर में उसने हमारे खानदान की औरत को रखा है, उसे खपरैल का नहीं बनने देंगे, छप्पर ही रखेंगे।'

मैं खेलता हिन्दू-मुसलमान, दोनों लड़कों के साथ किन्तु औरंगजेब के नाम से, नमाज पढ़ने वालों की भीड़ से, शेरवानी की पोशाक से, लाल तुर्की टोपी से, जिस पर काला गुच्छा लटकता रहता, डरता या उन्हें विरोध की चीज समझता। गाँव के जिस मोहल्ले में ज्यादातर मुसलमान रहते, वहाँ जाते हुए डर लगता—कहीं औरंगजेब या कोई मुसलमान पकड़ न ले! डाकखाने में चिट्ठियाँ डालने का बक्स लगा रहता। लिखा रहता लेटर बक्स। मैं समझता, लेटर बक्श है तो मुसलमान होगा। गाय-बैल को हिन्दू समझता और बकरी, बकरे, भेड़ को मुसलमान।

अजीब हालत थी। मुसलमान लड़के प्रिय साथी, मुसलमान लड़कियाँ सुन्दर और आत्मीय पारिवारिक जैसी, और मुसलमानों के इतिहास, उनके रहन-सहन, पोशाक से डर या नफरत।

फजलुल्लाह की मुसलमानी हुई। आप जानते हैं कि मुस्लिम बच्चे के लिंग के ऊपरी हिस्से की खाल काट दी जाती है। इसे 'खतना' कहते हैं। मैं इससे डरता। सोचता—अच्छा ही है कि मैं मुसलमान नहीं हुआ, नहीं तो मेरा भी काटते।

दोस्ती में करीम ने हजरत मोहम्मद के बारे में कुछ बातें ऐसी बताईं कि बहुत अच्छी लगीं। बताया कि हजरत चालीस घरों का पड़ोस मानते थे। गोश्त पकाते तो कहते, शोरबा ज्यादा डालो कि गोश्त सबके घर पहुँचा दें।

हाजत करने बहुत दूर जाते—इतनी दूर मानो सफर पर गए हों!

'खाना खाओ तो निवाला मुँह में डालने के पहले सोचो कि यह निवाला तुम्हें क्या काम करके मिला है।'

गरीब मुसलमान लड़के मुस्लिम लीग, जिन्ना, पाकिस्तान आदि के बारे में अपरिचित थे। खाते-पीते घरों के लड़के उनकी बात करते। ज्यादातर मुस्लिम लीग की तारीफ करते।

मेरे घर के सामने लाल बहादुर बनिया—जिन्हें हम बड़का दादा कहते थे और जो मुझे बहुत खिलाते थे, के पोते शिवपरसाद स्कूल पढ़ने जाते थे। मकतब में उर्दू पढ़ने। लेकिन उनके घर के जमुनापरसाद 'गयाप्रसाद शिवाला' में पढ़ने जाते थे। वहाँ पंडित रच्छाराम पढ़ाते थे। वह पढ़ाई की बातें करते तो मेरा मन भी करता। एक दिन मैं घर में किसी से बिना पूछे जमुनापरसाद के साथ गयाप्रसाद शिवाला में पढ़ने चला गया। गयाप्रसाद शिवाला दिवंगत सेठ गयाप्रसाद द्वारा बनवाया गया शिव का पूजालय था। एक गोसाईं वहाँ का पुजारी था। शिवाला वस्तुत: कई कमरों का दोतल्ला विशाल भवन था, जिसमें बाहर के व्यापारियों के ठहरने की व्यवस्था थी। अब वह बेकार पड़ा था क्योंकि सेठ गयाप्रसाद नहीं रह गए थे। उनका व्यापार उनके पुत्र जग बहादुर ने चौपट कर दिया था। उसी भवन में पंडित रच्छाराम ने पाठशाला खोल दी थी। उनकी कोई नियमित तनख्वाह नहीं थी। पूजा-पाठ या अपनी ओर से विद्यार्थियों के यहाँ से जो आ जाता, उन्हें मिल जाता। इस पाठशाला की कोई मान्यता नहीं थी, न कोई परीक्षा ली जाती थी। कुछ दिनों के बाद दादा ने फजल मुंशी साहब से कहा कि 'इसे प्राइमरी स्कूल में ले जाइए।' मैं उनके क्लास में पहुँचा। दर्जा तीन का क्लास। वे कुर्सी पर बैठे थे। लड़के जमीन पर। सामने की मेज पर उबले सिंघाड़े रखे थे। वह छील-छीलकर खा रहे थे। प्राइमरी स्कूल सरकारी था। वहाँ के हेड मास्टर जवाहर पंडित थे। दूसरे मास्टर पंडित रामसहज थे, तीसरे नन्दगोपाल जी, चौथे मास्टर कोई मुस्लिम थे। पंडित नन्दगोपाल कांग्रेसी थे। कभी-कभी विद्यार्थियों को लेकर प्रभातफेरी निकालते। 'विजयी विश्व तिरंगा प्यारा, झंडा ऊँचा रहे हमारा' का गायन कराते। स्कूल में लाइब्रेरी के लिए पुस्तकें आईं तो उत्साहपूर्वक बंडल उन्होंने खोला। एक-एक किताब का नाम बताते, फिर पूछते—'यह किताब कौन लड़का पढ़ेगा?' एक किताब का नाम था—*वीरभूमि मेवाड़*। मैंने कहा—'इसे मुझे दे दीजिए।' उन्होंने किताब मुझे दे दी। इस तरह किताब पढ़ने का शौक मुझे उनकी कृपा से लगा। वहाँ की लाइब्रेरी से मैंने दर्जा तीन-चार में ही प्रेमचन्द, सुदर्शन, सुभद्रा कुमारी चौहान, भगवतीचरण वर्मा, राखालदास

बंद्योपाध्याय का 'शशांक' (अनुवाद) पढ़ लिया। कई बातें समझ में नहीं आती थीं। लेकिन पढ़ने में आनन्द आता था। एक किताब थी *शिकार*। लेखक थे श्रीराम शर्मा। वह किताब मैंने बड़ी तन्मयता से पढ़ी थी।

दर्जा चार की परीक्षा का केन्द्र कमसार में था। कमसार जवाहर पंडित का घर था।

संयोगवश उसी साल बिस्कोहर में जमींदार बाबू साहब ने मिडिल स्कूल खुलवा दिया अपनी ओर से। बिना सरकार की अनुमति के। योजना बनाई गई कि स्कूल चल निकलेगा तो कुछ दिनों बाद सरकारी करवा लिया जाएगा। अध्यापक नियुक्त किए गए। मौलवी महबूब अली खाँ। मौलवी महबूब अली खाँ को स्कूल के ही एक कमरे में ठहरने दिया गया। वे वहीं खाते-बनाते थे।

बिस्कोहर में एक रईस थे लाला बाबू। कायस्थ थे। बिस्कोहर के पास के किसी गाँव के जमींदार। वह किसी सरकारी नौकरी में थे। उन्होंने बिस्कोहर में अपना विशाल मकान बनवाया। पढ़े-लिखे थे। मकान के ही पिछवाड़े हिस्से में बगीचा लगवाया। मकान के सामने एक इमारत थी, ऊँचे चबूतरे पर दो-तीन लम्बे-लम्बे कमरे वाली। इमारत के पीछे तालाब था। उसी इमारत में मिडिल स्कूल खुला। छात्र तालाब में नहाते-धोते। बगीचे में ढेला फेंककर फल खाते। हमने अमरूद, फर-फर रेवरी (छोटे-छोटे दानों का खट्टा फल) वहाँ खूब खाए। अगले वर्ष एक और अध्यापक पंडित गजाधर आ गए। गजाधर पंडित बहुत मेहनत और रुचि से पढ़ाते। दोनों अध्यापक रिटायर्ड थे। मामूली तनख्वाह पर नियमित कर लिये गए थे। बहुत छात्रों ने दाखिला लिया। हम पढ़ते, मौज-मस्ती करते। गजाधर पंडित पिटाई करते। मुर्गा बनाते। पीठ पर मुक्के लगाते। गाँव के लड़के रात को भी पढ़ने आते। लालटेन लेकर नहीं; सरसों के तेल के दीये की रोशनी में पढ़ते। नम्बर लगा था। हर लड़के की दो पैसे के तेल में रात की पढ़ाई हो जाती। मेरी क्लास में एक लड़का शम्भूनाथ गणित में बहुत तेज था। पास के गाँव के लड़के दोपहरी के लिए भूजा लाते। उसके साथ आलू का चोखा। आपस में बहुत स्पर्धा होती। मुसलमान लड़के मौलवी साहब के लिए घर से मांसाहारी खाना सौगात में लाते। बेलवा के ठाकुर लड़के गजाधर पंडित के लिए—पूड़ी, तरकारी, मिठाई। श्राद्ध के दिनों में जिसके यहाँ श्राद्ध होता, वह पारुस (भोजन का उपहार) पंडित जी के लिए लाता। मौलवी साहब के लिए भी। मौलवी साहब बुड्ढे थे। पिटाई करते। उनका ढंग यह था कि लड़के के दोनों कान पकड़कर इधर-उधर खींचते और लंगड़ी मारते।

परीक्षा हुई तो पहले साल क्लास में अव्वल विश्वम्भर नाथ रस्तोगी आए। वह गाँव के सबसे बड़े रईस रस्तोगी परिवार के थे। दूसरे नम्बर पर निरहू पंडित। उनको हम इसी नाम से जानते थे। नाम कुछ दूसरा रहा होगा। परीक्षाफल बाबू साहब के दरवाजे पर घोषित किया गया। अव्वल नम्बर वाले को मिठाई खिलाई गई।

दूसरे वर्ष यानी जब मैं छठी में था तो अव्वल मैं आया। लेकिन मिठाई नहीं मिली। वस्तुतः मिडिल स्कूल में खर्चे की कमी पड़ गई थी। पंडित जी को और मौलवी साहब को तनख्वाह नहीं मिल पाती थी। पंडित जी पहले चले गए। मौलवी साहब बाद में। लेकिन मौलवी साहब ने आखिरी परीक्षा की सरकारी व्यवस्था करवा दी। हममें से कुछ लोगों को बस्ती में फॉर्म भरवाया। वहीं परीक्षा हुई और बाद में रिजल्ट निकला। और हममें से कुछ—मैं भी—प्राइवेटली मिडिल पास हो गए।

रिजल्ट निकला तब मैं शोहरतगढ़ में था। रिजल्ट निकल गया, यह सुना, लेकिन रिजल्ट देखने कहाँ जाऊँ? मिडिल स्कूल में तो स्कूली बच्चों का रिजल्ट निकला होगा। दिमाग में आया कि राजा साहब के यहाँ चलें। हिम्मत बाँधी और चला गया महल में। वहाँ लाल साहब मिले। वह किशोर वय के खुशमिजाज नौजवान थे। उन्होंने मुझे देखा तो बोले—'तुम तो बहुत छोटे लगते हो। तुमने मिडिल का इम्तहान सचमुच दिया है?' मैंने 'हाँ' कहा तो रिजल्ट पत्र ले आए। मैंने अपना नम्बर बताया; उन्होंने देखा, बोले—'तुम सेकंड डिवीजन पास हुए हो। मिठाई खिलाओ।' मैंने कहा—'इतने बड़े आदमी आप हैं, मिठाई आपको खिलानी चाहिए।' उन्होंने पास खड़े नौकर से पूछा—'घर में मिठाई है?' उसने कहा—'इस समय नहीं।' उन्होंने कहा—'चलो, फिर कभी आना तो मिठाई खिलाएँगे।' पूछा—'यह बताओ, फेल हो जाते तो क्या करते?' मैंने कहा—'आत्महत्या कर लेता।' लाल साहब ने कहा—'ऐसा नहीं करना चाहिए।' उन्होंने शेर पढ़ा :

गिरते हैं शहसवार ही मैदाने-जंग में
वो तिफ्ल क्या गिरे, जो घुटनों के बल चले!

मिडिल पास हो गया। अब आगे क्या हो? आगे कहाँ पढ़ूँ? वह मेरे परिवार के लिए बहुत बुरा समय था।

मैं पढ़ना चाहता था। पढ़ने में ठीक था। दादा बीमार, असहाय थे। पढ़ाना चाहते थे। बिलकुल साधनहीन थे। कुछ और बातें थीं जिनके कारण वे लगभग दयनीय हो गए थे।

दादा लम्बे-चौड़े जवान थे। तब उनकी उम्र चालीस वर्ष की रही होगी। लगभग आजानुभुज थे। जवार के छोटे-मोटे रईसों के साथ उठना-बैठना था। दो छोटे भाई थे। खेती में जाँगर वही तोड़ते थे। उन्हीं के बल पर अनाज होता था। गाय-बैल थे, रुतबा था। पता नहीं क्या हुआ कि बड़के काका रामकिशोर बिंदा बाबा के साथ शोहरतगढ़ चले गए। बिंदा बाबा बर्तनों की दुकान करते थे। जवार के सबसे बड़े पहलवान थे। तीसरी शादी की थी। उन्होंने बड़के काका की शादी अपनी साली से करा दी और बढ़नी में नेपाल-भारत की सीमा पर स्थित बढ़नी रेलवे स्टेशन पर दुकान खुलवा दी। दुकान चल निकली और बिस्कोहर की सारी खेती टूट गई। दादा मझोले भाई की तरह मेहनत नहीं कर सकते थे। दुकान थी, वह भी बड़के काका ही सँभालते थे। वह भी टूट गई। खेती का काम हलवाहे को सौंपा गया, फिर भी दादा की जिन्दगी पूर्ववत यानी रईसों जैसी चलती रही। रईसों की रसिकता की प्रवृत्ति भी दादा में थी। बिना एक-दो विवाहेतर सम्बन्धों के कैसी रईसी! अम्मा देर तक दादा के घर लौटने की प्रतीक्षा करतीं। उनकी सुबकी हमें सोते-सोते सुनाई पड़ती। एक दिन दादा लौटे तो अम्मा पकड़कर रोने लगीं—'वह इतना बड़ा आदमी है। तुम ओकरे घर में घुसे हो। ओकरे बन्दूक है, गोली मार देगा। हमारे बच्चों का क्या होगा?'

हम सुनते रहते आँखें बन्द किए, मानो सो रहे। फिर सुना, दादा डर के मारे शोहरतगढ़ चले गए हैं। हिस्ट्रीशीटर हो गए हैं। थाने में नाम लिख गया है। बड़ी बहन विवाह योग्य थी। उसे भी शोहरतगढ़ भेज दिया गया। अब दादा शोहरतगढ़ बिंदा बाबा के आश्रित रहने लगे। अपनी विवाह-योग्य पुत्री और नौ-दस साल के पुत्र बिसनाथ के साथ। उनकी एक काँख में फोड़ा हो गया, असह्य वेदना होती। दुबले-पतले, पीले होते जाते। बुखार आता। बिंदा बाबा की नई तीसरी पत्नी दादा को और उनकी किशोरी लड़की और बच्चे को अपमानित करतीं।

पता चला कि दादा का लीवर खराब हो गया है। एक दिन जब मैं दादा के साथ कहीं जा रहा था, देखा—एक पुलिस वाला साइकिल पर कहीं जा रहा था। उसने दादा को देखा—दादा ने उसके पैर छुए।

मैं अवाक्, सन्न रह गया। कुछ वर्षों पहले ही दादा ने कुर्सी पर बैठे हुए एक पुलिस वाले को कुर्सी समेत उठाकर जमीन पर दे मारा था।

वर्षों बाद मेरी एक कविता छपी—'परिवार', जो अंग्रेजी, जर्मन में अनुवादित हुई। अज्ञेय और विद्यानिवास मिश्र ने उसे एक संकलन में शामिल किया। जैसोफीन

मील्स ने उसे उद्धृत किया। जर्मन सौंदर्यशास्त्री लोथर लुत्जे ने उस पर एक लेख लिखा। उस कविता की पहली पंक्ति है—'मेरा बाप विजित एवरेस्ट।'

बड़के काका अपने बड़े भाई और भतीजे बिसनाथ को अपने पास बढ़नी ले आए। दादा बिस्तर से लगे थे। बड़ी बहन की शादी जैसे-तैसे एक निरक्षर व्यक्ति से कर दी गई थी। और मैं मिडिल पास हो गया था।

डी.ए.वी. हाईस्कूल, बलरामपुर—जिला गोंडा

जुलाई में स्कूल खुलने और दाखिला शुरू होने के ऐन पहले एक रात करीब तीन बजे दादा ने बिस्तर पर लेटे-लेटे ही खाँसते हुए कहा—'ये पाँच रुपये लो। पढ़ना हो तो चनपरभा के यहाँ बलरामपुर चले जाओ। मैं इससे ज्यादा कुछ नहीं कर सकता।' और मुँह फेरकर लेट गए। चनपरभा—मेरी बड़ी बहन चन्द्रप्रभा। हमसे करीब दस साल बड़ी। बहन से ज्यादा माँ की तरह। इसी बीमारी में दादा ने उसकी शादी कर दी थी। मेरे जीजा राजमन तिवारी समृद्ध घर के थे। उनके बड़े भाई बच्चू बाबू—जे.पी. तिवारी के पास जमीन थी, मोटर लारी चलती थी। आटा मशीन थी। राजमन बाबू मोटर लारी में ड्राइवर थे। बहुत कम पढ़े-लिखे थे। बहन की शादी तीन साल पहले ही हुई थी। एक बच्ची हुई थी, मर गई थी।

गाड़ी सवेरे पाँच बजे मिलनी थी, गोरखपुर से छोटी लाइन की गोंडा तक जाने वाली रेलगाड़ी। मैं स्टेशन पहुँचा। थोड़ी देर बाद छोटके काका—जो मुझे सबसे ज्यादा प्यार करते थे—स्टेशन मुझे देखने आए। पहुँचा स्टेशन या नहीं—यह देखने।

इसके पहले मेरे हाथ में पाँच रुपये एक साथ नहीं आए थे। मैं पढ़ाई के खर्चे से वाकिफ नहीं था। पाँच रुपये की धनराशि मुझे असामान्य लगी थी। हाथ में पाँच रुपये और मैं अकेला। तब तक मैंने चाय नहीं पी थी। चाय का स्वाद नहीं जानता था। स्टेशन पर मुसाफिरखाने में छोटा-सा टिन का रंगीन पोस्टर-विज्ञापन लगा रहता। एक किसान पगड़ी बाँधे हुए चाय पी रहा है। चाय के प्याले से भाप उड़ रही है। लिखा रहता—'यह आदमी और इसका भाय, पीता है हमेशा चाय।' बढ़नी स्टेशन पर चाय मिल रही थी। एक आदमी पीतल की करीब दो फीट ऊँची टंकी के नीचे लगी टोंटी में से चाय मिट्टी के कुल्हड़ में ढालकर चाय बेच रहा था। टंकी के ऊपर ढिबरी जल रही थी। मेरा मन चाय पीने के लिए ललक रहा था। कैसा होता

होगा चाय का स्वाद? चाय का दाम एक आना कुल्हड़ था। दिक्कत यह थी कि चाय वाले के पास पाँच रुपये का छुट्टा नहीं था और मेरे पास एक आना फुटकर नहीं था। चाय बेचने वाले ने मुझे गौर से देखा, कहा—'तुम टिकट तो खरीदोगे न! उसमें छुट्टा मिल जाएगा, तब मुझे दे देना।' मैंने मन-ही-मन उसका अहसान माना। उसने गरमागरम चाय ढाली और कुल्हड़ मुझे पकड़ा दी। कुल्हड़ पाते ही मैंने सुड़कना शुरू किया और जबान जल उठी। यह नहीं जानता था कि चाय धीरे-धीरे ठंडी करके फूँक-फूँककर पी जाती है। जबान में छाले पड़ गए। वे छाले दो-तीन दिन तक रहे। सो जीवन में पहली बार चाय का मजा यों मिला। टिकट कटाया। किराया बलरामपुर का आठ आने या उससे कम ही रहा होगा। मेरा आधा टिकट लगता। टिकट आधा फाड़कर आधा टिकट दिया जाता था। चायवाले को पैसा पकड़ाया और गाड़ी का इंतजार करने लगा।

छोटे स्टेशन पर गाड़ी का इंतजार करना और सिग्नल डाउन होने पर दूर से आती हुई गाड़ी को देखना—रात हो तो दूर से आती हुई गाड़ी आग या रोशनी का गोला जैसी दिखलाई पड़ती है। तेजी से आती हुई धीरे-धीरे आवाज आती है। रेल के दौड़ने का संगीत हमारे लिए एक खास तरह का रोमांस होता था। तब मैंने इतनी दूर की, वह भी अकेले रेल की यात्रा भी नहीं की थी। अकेले किसी शहरनुमा कस्बे में गया भी नहीं था। थोड़ा अनजान-सा भय भी था। लेकिन वह रहस्य, रोमांच, औत्सुक्य, लालसा और उत्साह शरद ऋतु के आगमन की सिहरन की तरह लगता था। चलने के पहले गाड़ी ने सीटी दी—थोड़ी देर बाद दुबारा सीटी दी और तीसरी सीटी देने के बाद चल पड़ी। बढ़नी स्टेशन की एक-एक जगह धीरे-धीरे पीछे छूटती गई। रेल की गति का संगीत—छक छक पैसा चल कलकत्ता—कानों से ज्यादा मन में गूँजने लगा। पहले पचपेड़वा पड़ा—फिर गैंसड़ी स्टेशन तक मैंने देखा था—उसके आगे नहीं गया था। स्टेशन से एक अलग लाइन जरवा स्टेशन जाती थी—नेपाल की सीमा के निकट। वहाँ से नेपाल शुरू हो जाता था। हमारी लाइन तुलसीपुर जाती थी। तुलसीपुर से कउवापुर और कउवापुर से बलरामपुर।

बलरामपुर तक सवेरा हो गया। सवेरे शौच, दतुअन, कुल्ला, नाश्ता करने का कोई नियम, अभ्यास, आदत या जरूरत नहीं थी। ज्यादातर जरूरत के अनुसार कुछ नहीं होता था। जब सुविधा मिलती—मौका होता, तब जरूरत लगती। स्टेशन पर इक्केवाले आवाज लगा रहे थे। एक अधेड़ इक्केवान आवाज लगा रहा था—पुरुब टोला—खलवा मोहल्ला।

मैंने इक्केवाले से पूछा—'पुरुब टोला, खलवा मोहल्ला में बच्च बाबू की आटाचक्की मशीन पर जाना है, पहुँचा दोगे?'

उसने कहा—'बैठ जाओ, दो आना पड़ेगा।'

इक्के में तीन-चार सवारियाँ थीं, मैं भी बैठ गया।

और यह देखिए!

बढ़नी से बलरामपुर तक की रेलयात्रा का एक अनुभव तो बताना मैं भूल ही गया। गोरखपुर से गोंडा तक की यह लूप लाइन भारत-नेपाल की सीमा-रेखा को स्पर्श करती हुई चलती है। यह तराई का क्षेत्र है। तराई यानी हिमालय की तलहटी का क्षेत्र। तराई जल से तर भी है। कदम-कदम पर बरसाती नदी-नाले हैं। अधिकांश बरसाती हैं। बरसात में उग्र रूप धारण कर लेते हैं। गर्मी में सूख जाते हैं—धूल धूसरित हो जाते हैं। इस क्षेत्र में दो राप्ती हैं—राप्ती और बूढ़ी राप्ती। कहते हैं कि असली राप्ती बूढ़ी राप्ती ही है। पहले वही थी, बाद में धारा बदलती गई और बूढ़ी राप्ती राप्ती बन गई और दो राप्तियाँ हो गईं। बूढ़ी राप्ती—पूर्वजा बुड्ढी राप्ती है। बूढ़ी राप्ती मेरे गाँव बिस्कोहर के पास है। राप्ती बलरामपुर के पास। राप्ती को हमारे गाँव में बड़की नदिया कहते हैं। राप्ती का बौद्धकालीन नाम अचिरवती है।

तो बरसात का मौसम था। राप्ती की असीम जलराशि फैली थी। मैं सवेरे की नींद के झोंके खा रहा था कि तेज गड़गड़ाहट की आवाज सुनाई पड़ी। ऐसी तुमुल घर्षण की आवाज मैंने पहले कभी नहीं सुनी थी। लगता था, रेल का डब्बा अभी फट जाएगा। वह भूकम्प के हिचकोले खा रहा था और सामने केवल जलराशि नीचे नदी में—अनेकानेक तरंगें खाती हुई नदी। ऐसी स्थिति में रेल की गति प्रायः धीमी कर दी जाती है। और इसी के सामने दूर बिजलीपुर के देवी मन्दिर का शिखर—शाक्त मन्दिर—जहाँ मैंने सुना, बलि दी जाती है—सिसवा गाँव है। वहाँ प्रतिवर्ष कार्तिक पूर्णिमा का मेला लगता है। नदी तट पर ही श्मशान है। बिजलीपुर का यह मन्दिर बलरामपुर से पाँच किलोमीटर पर होगा।

राप्ती मेरी स्मृति में कई कारणों से बसी है। कहते हैं, विरुद्धक की पूरी सेना राप्ती की बाढ़ में बह गई थी। मेरे साथ जो हुआ, उसमें राप्ती ने मुझे बचा लिया। मैं बलरामपुर पहुँचा तो मेरे सगे बहनोई के चारों भाइयों ने स्वागत किया। चारों में से किसी को कोई लड़का नहीं था। मुझे उन लोगों ने लड़के की तरह माना। भाइयों में सबसे समृद्ध बच्च बाबू—जे.पी. तिवारी मुझे स्कूल में दाखिला दिलाने ले गए। मेरा दाखिला कराया। किताब खरीद दी। किताब पर कवर चढ़ा दिया और

कहा—'तुम मेरे पास ही रात को सोया करो।' मैं उनकी पत्नी—जिन्हें मैं मशीनवाली बहिन कहता था—के साथ रात को सोता। मेरे पास सर्टीफिकेट नहीं था। दाखिला कराया वहाँ के संस्कृत अध्यापक पं. राजकिशोर जी ने। उन्होंने दाखिला तो करा दिया, लेकिन कहा, सर्टीफिकेट परसों तक जमा करा दो। डी.ए.वी. स्कूल नया-नया खुला था। तब उसकी कोई बिल्डिंग भी नहीं थी। इसीलिए यह राहत यानी बिना सर्टीफिकेट के प्रवेश मिल गया।

सर्टीफिकेट गाँव बिस्कोहर में था—जहाँ माँ छोटे भाई के साथ रहती थीं। बरसात के दिन करीब तीस किलोमीटर कच्ची सड़क का रास्ता। रास्ते में नाले-गड्ढे। कौन जाए—बिसनाथ किसके साथ जाए गाँव से सर्टीफिकेट लाने—दर्जा चार पास की सनद?

काम आए सगे जीजा राजमन बाबू। चारों भाइयों में सबसे छोटे थे। वे शाम को चार बजे साइकिल की डंडी पर बिठाकर मुझे गाँव ले चले। पूरे रास्ते इतनी तेज साइकिल चलाई, पानी से भरे गड्ढों में भी साइकिल चलाते कि हम आठ बजे बिस्कोहर पहुँच गए। वे परले सिरे के जिद्दी थे, मूर्खता की हद तक। माँ ने बहुत रोका, लेकिन ठीक बारह बजे रात को सर्टीफिकेट लेकर हम फिर साइकिल पर चले। राजमन बाबू की जिद थी कि सूरज निकलने के पहले बलरामपुर पहुँच जाएँ। हम ठीक पाँच बजे सिसवा बिजलीपुर राप्ती घाट पर पहुँच गए। रेलवे पुल पर साइकिल हाथ में लेकर राजमन बाबू और हम रेलवे पुल पार करने लगे। चौकीदार ने डाँटकर कहा—'अरे बेकूफो, मरने जा रहे हो? टेसन से जरवा वाली गाड़ी छूट चुकी है। सालो, हाँड़-मांस का पता नहीं चलेगा।' लेकिन राजमन बाबू की जिद थी, हम सूरज निकलने के पहले घर पहुँचेंगे।

वे नहीं माने—मैं भी उनके पीछे-पीछे चला। तीस सेंकड बाद ही आती हुई रेलगाड़ी की रोशनी चमकने लगी। हम पीछे लौटकर भागने लगे। गाड़ी पूरी स्पीड पर थी। हम कहाँ तक भागते! मैंने महसूस किया कि पीठ पर गर्म भाप धुएँ का झोंका पड़ रहा है। कुछ नहीं सूझा—नदी में कूद पड़ा। राजमन बाबू साइकिल रेलपटरी पर ही छोड़कर कूद पड़े। नदी पूरी उफान पर थी। रेल झन्नाटे से निकल गई। मैंने देखा कि मैं कीचड़ में हूँ और जिन्दा हूँ। पुल पर हम बहुत दूर नहीं गए थे। नदी के कगार ही थे, जब कूदे थे। राजमन बाबू सूखी जमीन पर कूदे थे। उनकी हड्डी-पसली चकनाचूर हो गई। साइकिल इंच-फुट में टूट गई। वे बिलख रहे थे। उठ नहीं सकते थे। चौकीदार ने क्रोध नहीं किया। चाहता तो हवालात भेज सकता

था, लेकिन हमारी दशा देखकर बेचारा बिजलीपुर गया। इक्का लाया। इक्के पर राजमन बाबू को सँभाले मैं बलरामपुर घर पहुँचा। सर्टीफिकेट स्कूल में दाखिल हो गया। मैं मिडिल कर चुका था, लेकिन सनद नहीं मिली थी। तब मिडिल पास करने वालों को अंग्रेजी पढ़ाने के लिए साल भर स्पेशल क्लास में रखा जाता था। सिर्फ अंग्रेजी पढ़ाई जाती थी। बाद में छठे में रखा जाता था। मिडिल पास करके अंग्रेजी स्कूलों में दाखिला लेने वालों को मिडिलची बाँगड़ू कहा जाता था।

यह सन् 1944 की बात है। बलरामपुर में आर्यसमाज, कांग्रेस और मुस्लिम लीग का जोर था। मुहल्ले में भी आर्यसमाज का मन्दिर था। रविवार को सवेरे हवन होता। वेद मंत्र पढ़े जाते। मुझे कई मंत्र बिस्कोहर में ही याद हो गए थे। लगभग सारे आर्यसमाजी कांग्रेसी थे। कुछ कट्टर हिन्दू भी थे। वे महासभाई कहलाते। आर्यसमाज के नेता पं. सुन्दरलाल अग्निहोत्री थे। रोबदार व्यक्तित्व वाले। रियासत में छोटे-मोटे अफसर थे। उनके पुत्र सन्तशरण अग्निहोत्री और भतीजे अनंत शरण अग्निहोत्री मित्र और कानपुर के वी.एस.एस.डी. कॉलेज में जाकर क्लास फेलो हुए। आर्यसमाज में आनेवाले कई लोग समाजवादी भी थे—वे जयप्रकाश नारायण, आचार्य नरेंद्र देव और डॉ. लोहिया का नाम लेते। इन्हीं में एक जगन्नाथ उपाध्याय थे। मँझोले कद के गोरे आकर्षक व्यक्तित्व वाले। बहुत सुलझी-शान्त बातें करते। वे बलरामपुर के सर्वाधिक सम्पन्न जमींदार परिवार अनिरुद्ध मिश्र के यहाँ अक्सर मिलते। वे अनिरुद्ध मिश्र के ज्येष्ठ पुत्र लालजी के मित्र थे।

बलरामपुर में मैं चाय पीने लगा, लेकिन एक दिन लालजी के यहाँ चाय अजीब ढंग से आई। कुल्हड़ में नहीं, चीनी के प्याले में और ट्रे में। चाय की केतली अलग, चीनी अलग, दूध अलग, साथ में नमकीन और लड्डू। मैं हक्का-बक्का हो गया। अब क्या होगा? गनीमत हुई कि चाय लाल जी ने बनाई। उस दिन नमकीन, मिठाई के साथ चाय पीकर उस बड़े मकान में—शहर के समृद्ध परिवार में—मैं रोमांचित हो उठा। अपने-आप पर ही रोब गाँठने लगा। सोचा, गाँव में जाकर जमुनापरसाद और शेरसिंह को बताऊँगा। अम्माँ को भी। लालजी के घर के सामने लॉन था। वहाँ बैडमिंटन खेला जाता था। शटल को चिड़िया कहते थे। बैडमिंटन खेलने को लालजी ने मुझसे भी कहा और मैं खेला भी। दाँव खत्म होने पर 'लव वन, लव टू' क्यों कहते हैं, यह समझ में नहीं आया।

सो बलरामपुर डी.ए.वी. हाईस्कूल में दाखिला लेते ही मैंने पाया कि बलरामपुर मेरे लिए एक नई दुनिया है। नई दुनिया की सबसे बड़ी और प्रभावित करने वाली बात कि वहाँ बिजली थी। सीमेंट की सड़कें थीं। सड़कों पर बिजली के खम्भे थे। रात को उनमें लट्टू जलते थे। खम्भों के तारों को छूकर तरों पर कभी-कभी बन्दर मर जाते। तारों को छूने से कभी-कभी बिजली के झटके लगते। कभी-कभी तो आदमी भी मर जाते। बिजली के खम्भे पर चढ़नेवाला कर्मचारी पहले ही कह देता—'पर्देवाली पर्दे में हो जाओ। हम खम्भों पर चढ़ने जा रहे हैं।'

मेरे दो मित्रों—श्री उदयभान पांडे और श्री पी. सी. गिरि ने बताया है कि महाराजा के पूर्वज लगभग 12वीं शताब्दी में लोदी वंश के शासनकाल में गुजरात से आए थे। वे जनवार वंश के क्षत्रिय थे। 1857 में अंग्रेजों का साथ दिया था।

बलरामपुर अवध की सबसे बड़ी रियासत थी। वहाँ महाराजा थे। महाराजा का महल—बीच शहर में—पूरब टोला में आर्यसमाज मन्दिर के पास ही था। राजमहल के सामने नौबत खाना था। उसमें छोटे कमरे थे। शाम-सवेरे नौबत बजती थी। शहनाई की। एक तोप रखी थी। ठीक बारह बजे उसमें से गोला दागा जाता था—बारह बज गए, यह बताने के लिए। उसकी आवाज दूर-दूर तक जाती। बिस्कोहर में कहते—बलरामपुर में गोला दगा, बारह बज गए। दशहरे में विजयादशमी के दिन महल के सामने दरबार लगता। उस दिन महाराजा पाटेश्वरीप्रसाद सिंह—दोहरे बदन के लम्बे गोरे युवक सिंहासन पर विराजमान होते। अमला उन्हें नजराना देते। यात्रा निकलती। महाराजा हाथी की सवारी—सोने-चाँदी के हौदे—में बैठकर चलते। दिवाली में महल का कोना-कोना मिट्टी के जलते दीपों से प्रकाशित होता। मिट्टी के दीपों में सरसों का तेल रखा जाता। अनुपम प्रकाशित, मनोरम दृश्य होता।

बलरामपुर रियासत के मैनेजर अंग्रेज हुआ करते थे। असली शासक वही थे। कोई बेट्स नामक अंग्रेज मैनेजर था। उसने बलरामपुर की काया पलट दी थी। बलरामपुर को यथासम्भव साफ-सुथरा आधुनिक नागरिक सुविधाओं से लैस कर दिया था। बिजली-टेलीफोन की व्यवस्था कर दी। नगर में कई पार्क बन गए। फूल-पौधे लगवाए पार्कों में। बलरामपुर के लोग इन्हें रमना कहते थे। एक पार्क बेट्स के नाम पर भी था। हाईस्कूल लायल कॉलेजिएट की, जिसे एल.सी. कहा जाता, शानदार विशाल इमारत थी। गवर्नमेंट गर्ल्स हाईस्कूल था, जिसकी प्रिंसिपल

ज्यादातर—ईसाई महिला होती। सिविल हॉस्पिटल था। बलरामपुर में बौद्ध यात्रियों के लिए एक अतिथि निवास था। बुद्धिस्ट रेस्ट हाउस। रानी देवेन्द्र कुँवर की बनवाई हुई एक बहुत अच्छी धर्मशाला थी। बलरामपुर जैसी छोटी जगह पर हर वर्ष हॉकी का टूर्नामेंट होता था, जिसमें प्रतियोगिता करने उत्तर भारत की हॉकी टीमें आतीं। बलरामपुर के नागरिक उसमें बड़ी संख्या में उत्साह से भाग लेते। रामलीला कई जगहों पर होती। लेकिन महल के साथ लगी हुई खाली जगह परेड पर होनेवाली रामलीला सबसे मशहूर थी। उसमें राम का अभिनय करनेवाले व्यक्ति का नाम कालीप्रसाद था। कालीप्रसाद बहुत अच्छे अभिनेता थे। राधेश्याम कथावाचक के नाटक 'वीर अभिमन्यु' में वे अभिमन्यु बनते थे। उसका गीत 'प्रेमदेव जब रीझ जाएँगे तब होगा उजियाला' बहुत अच्छा गाते थे। राम का अभिनय कभी-कभी स्थानीय प्रसिद्धि के कवि सिपाही जी भी करते थे। सिपाही कवि भी थे। कवि-सम्मेलनों में उनका परिचय साहित्य के सिपाही कहकर दिया जाता। दशरथ का अभिनय रामरंग करते, जो मोटे थे। गला इतना भर्राता था कि मुँह से आवाज नहीं निकलती थी। अच्छे परिवार के थे, किन्तु घर-फूँक तमाशा देखने वाले थे, सो इक्का चलाते थे और रामलीला में अभिनय करते थे। गांधी जी, जवाहरलाल नेहरू और सुभाषचन्द्र के दीवाने थे। विरोधी को पीट देते थे। तब समारोहों में भीड़ उमड़ती थी। लोग डरते भी थे। लेकिन हर पार्टी की सभा में भाषण सुनने जाते थे। कांग्रेस की सभा में सबसे ज्यादा भीड़ होती। कांग्रेस के कई स्थानीय नेता थे—रामशंकर, बलदेवप्रसाद सैलानी, श्यामलाल पथरकट्ट पत्थर काटनेवाली जाति के थे। हर मोहल्ले में एक-दो ऐसे कार्यकर्ता होते, जो नेतागीरी करते। पुरुब टोला के एक वृद्ध नेता थे भगवतीप्रसाद। भगवतीप्रसाद लम्बे दुबले-पतले थे। तब आर्यसमाज के प्रभाव में मिलने पर नमस्ते कहने का रिवाज चल पड़ा था। गांधी-टोपी पहने नमस्ते कहनेवाला कांग्रेसी या राजनीतिक विचारों वाला माना जाता था। एक बार कांग्रेसी भगवतीप्रसाद ने बलरामपुर के महाराजा भगवतीप्रसाद सिंह को नमस्ते कहा। कहते हैं कि महाराजा ने कोड़े से अपने हमनाम को इतना पीटा कि वे लहूलुहान हो गए। भगवतीप्रसाद गांधी जी के अनुयायी थे। महाराजा से कुछ नहीं कहा—कोड़ा पड़ता तो फिर नमस्ते कहते। महाराजा साहब कोड़े से पीटते-पीटते जब थक गए, तब मारना बन्द किया। मैं कुछ दिनों तक उनके पास वाले एक घर में रहता था। रात को ग्यारह बजे होंगे। हल्ला मचा कि किसी मोहल्ले में हिन्दू-मुस्लिम दंगा हो गया है। भगवती बाबू सो रहे थे। मैंने देखा कि वे हड़बड़ी में शरीर पर कुर्ता डालते हुए

दंगाग्रस्त मोहल्ले में जा रहे थे। घरवाले रोक रहे थे, लेकिन वे जा रहे थे। कुछ ही वर्षों पहले गणेशशंकर विद्यार्थी की कानपुर में साम्प्रदायिक दंगे में हत्या हो गई थी। भगवती बाबू उन्हीं के आचरण पर चल रहे थे। सौभाग्य से दंगा शान्त हो गया और भगवती बाबू घर लौट आए।

सभी शिक्षित लोग कार्यकर्ता नहीं थे। लेकिन नगर में राजनीतिक वातावरण सरगर्मी से, बहस-मुबाहिसे, नारों, जुमलों, वाद-विवाद प्रतियोगिताओं, कवि-सम्मेलनों, मुशायरों, हिन्दी-उर्दू के अखबारों से गुँजायमान था। क्लास में विद्यार्थी से अक्सर अध्यापक प्रश्न करते—'तुम्हारे जीवन का उद्‌देश्य क्या है? किसलिए पढ़ना चाहते हो?'

स्पेशल क्लास में मेरे क्लास फेलो स्वामीप्रसाद थे। मैं तेरह वर्ष का था। स्वामी भी ऐसे ही रहे होंगे। अंग्रेजी के अध्यापक बाबू श्यामनारायण लाल श्रीवास्तव ने स्वामीप्रसाद से पूछा—'स्वामीप्रसाद, तुम पढ़-लिखकर क्या करोगे? तुम्हारे जीवन का उद्‌देश्य क्या है?'

स्वामीप्रसाद सीट से खड़े हुए, दोनों हाथ मीच करके मुट्ठियाँ बाँधकर अटेंशन की मुद्रा में आकर गम्भीरता से बोले—'श्रीमान जी, मैं अपने बाल-बच्चों की परवरिश करने के वास्ते पढ़ना-लिखना चाहता हूँ।'

पूरी क्लास हँसने लगी लेकिन स्वामीप्रसाद की समझ में नहीं आया कि इसमें हँसी की क्या बात है। उन्होंने अपने पिता को अपने बाल-बच्चों की परवरिश के लिए इतनी बार सुना था कि उन्हें यही उत्तर सूझा।

अंग्रेजी के मास्टर साहब ने एक वाक्य तख्ता स्याह (ब्लैक बोर्ड) पर लिख दिया था, प्रैक्टिस करने के लिए रोमन लिपि में—'द कुइक ब्राउन फॉक्स जम्प्स ओवर द लेज़ी डाग।'

इस वाक्य में अंग्रेजी के सभी वर्ण आ गए हैं। लड़के इसे गा-गाकर मजाक बना-बनाकर पढ़ते। अंग्रेजी के मास्टर साहब जो जूते पहनते थे, वे चलने पर बहुत मचमचाते थे। एक दिन खाली क्लास में वह क्लास के सामने से जा रहे थे। अनोखेलाल कहार के बेटे थे। मजाकिया थे—गा-गाकर पढ़ने लगे—'द मचमच जम्प्स ओवर द मचमच डॉग।' मास्टर साहब रुके, अनोखेलाल को देखा—अन्दर आए—अनोखेलाल को पीटने लगे। करीब-करीब बीस थप्पड़-घूँसे लगाए होंगे। अनोखेलाल बिलबिलाने लगे।

बाबू झगरू सिंह थे तो हमारे ही क्लास में लेकिन उन्नीस-बीस साल के थे।

लम्बी चोटी थी। उन्हें मास्टर साहब अक्सर क्लास में खड़ा कर देते। तब बाबू झगरू सिंह पता नहीं, किस तरह अपनी चोटी को सीधी खड़ी कर लेते मानो कोई लाठी खड़ी हो! सब लड़के हँसने लगते। पिटाई के डर के बावजूद हँसी नहीं रोक पाते।

बाबू झगरू सिंह ठाकुर थे। पास के ही गाँव में रहते थे। उनकी शादी हो गई थी। उनके गाँव के दूसरे लड़के उनसे पूछते—'झगरू बाबू, भौजी का क्या हाल है? वे तुम्हें अपने पास सुलाती हैं या नहीं?' तब बाबू झगरू सिंह शरमा जाते। एक दिन मैंने भी उनसे मजाक किया। बाबू झगरू सिंह गुस्से में बोले—'बिसनाथ, ई ठीक नाही है। आगे से मजाक किया तो ठीक नाही होगा।'

मैंने कहा—'और लड़के तो मजाक करते हैं।'

झगरू सिंह बोले—'उ तौ हमारे गाँव के हैं। वे करिहैं तो तुम भी मजाक करोगे?'

मैं निरुत्तर हो गया।

हमारे क्लास टीचर बाबू बम बहादुर सिंह थे। बहुत शरीफ। धीमे स्वर में बोलने वाले। क्लास में मेरी उम्र भी कम थी। कद का छोटा था। कॉपी पर धब्बे पड़ जाते। मैं हाफ पैंट पहनना जानता ही नहीं था। गाँव में धोती पहनता था। वही यहाँ स्कूल में भी। बाबू बम बहादुर सिंह ने एक दिन मुझे समझाया—'कॉपी साफ रखा करो। धोती तुम सँभाल नहीं पाते हो। हाफ पैंट पहना करो।'

जाड़ा आया। और सब टीचर गर्म कोट, ऊनी कोट पहनकर आने लगे। बाबू बम बहादुर सिंह बिना कोट के। बिसनाथ के मन में छोह होता। हमारे मास्टर साहब को कोट नहीं है। योजना बनाई कि लड़कों से चन्दा करके एक ऊनी कोट मास्टर साहब के लिए बनवा दिया जाए। गनीमत हुई कि अगले हफ्ते बाबू बम बहादुर सिंह चमकदार ऊनी गर्म कोट पहनकर क्लास में आए। बिसनाथ की जान में जान आई।

डी.ए.वी. स्कूल में निम्न मध्यवर्गीय वातावरण था। लेकिन वातावरण में राजनीतिक चेतना पर्याप्त थी। फुटबॉल-हॉकी खेली जाती। बैंतबाजी, अन्त्याक्षरी होती। वाद-विवाद प्रतियोगिता, कविता प्रतियोगिता होती। लड़के नाटक भी खेलते। राजनीतिक बहसें होतीं। कुछ हिन्दू लड़के हाजिरी में 'यस सर' कहने के बजाय 'जय हिन्द' बोलते। जवाब में कुछ मुसलमान लड़के 'तकसीम हिन्द' बोलते। 'तकसीम हिन्द' सुनकर हिन्दू लड़कों को बहुत गुस्सा आता। लेकिन झगड़ा-फसाद नहीं होता।

बलरामपुर लखनऊ और गोरखपुर के बीच की सबसे बड़ी जगह थी। ऐसा कस्बा, जो शहर था। चौड़ी सड़कें, आलीशान भवन। चमचमाता, दबंग

सामन्ती वातावरण। ऐसे जमींदार जिनके कपड़े लखनऊ में सिले जाते। सड़कों पर रियासत की कारें दौड़ती दिखलाई पड़तीं। फिटन कलारास बग्घियाँ तो खूब दिखलाई पड़तीं, जिन्हें घोड़े खींचते। शहर में मन्दिरों-मस्जिदों की बहुतायत थी। दोनों सम्प्रदायों के धार्मिक उत्सव-पर्व उत्साह से मनाए जाते। जन्माष्टमी में पूरब मोहल्ला में पं. अनिरुद्ध मिश्र और माधुरी सरन की झाँकी देखने लोग जाते। मोहर्रम बहुत धूमधाम से मनाया जाता। बलरामपुर धार्मिक उत्सव-पर्वों पर फूलों से महमहा उठता।

बलरामपुर की याद आते ही मुझे बेला मोगरा और जूही की गंध आने लगती है। वहाँ की मिठाइयाँ—खास तौर पर कलाकंद, पेड़ा और इमरती सिंधी हलवाई की दुकान पर बहुत अच्छी मिलती थी। पेड़ा पूरब मोहल्ले में मास्टरजी की दुकान पर दो पैसे का एक पेड़ा—जो बीच में चिपटा रहता। बलरामपुर चौक में नुक्ती पहलवान की रबड़ी-दही की दुकान थी। शाम को सूरज डूबने के बाद खुलती। वैसी छल्लेदार केवड़े में बसी रबड़ी और कहीं नहीं खाई। दिल्ली में घंटेवाले के यहाँ भी नहीं।

यही हाल नानवेज का था। बलरामपुर में मुसलमानों की आबादी काफी है। वहाँ के शिया मुसलमान खास तौर पर उच्चपदस्थ थे। उर्दू के मशहूर प्रगतिशील कवि सरदार जाफरी वहीं के थे। बलरामपुर के महाराजा जनवार वंश के थे। बलरामपुर के आसपास जनवार-वंशी क्षत्रियों की खासी आबादी है। वे सब छोटे-बड़े सामन्त हैं, या अपने को समझते हैं। पढ़ाई-लिखाई तो उनके यहाँ स्वतंत्रता-प्राप्ति के बाद जमींदारी उन्मूलन के बाद शुरू हुई है, लेकिन खाने-पीने का उनमें बहुत प्रचलन रहा है। अच्छा मांस और अच्छी शराब बलरामपुर की विशेषता है। बलरामपुर और गोंडा के रास्ते में कुआनो जंगल पड़ता है। उसमें हिरन, सूअर और अन्य कई खाए जानेवाले पशु मिलते हैं। कुआनो जंगल का बलरामपुर के रहन-सहन, खान-पान पर खासा असर है।

बलरामपुर का शानदार हाईस्कूल एल.सी. (लायल कॉलिजिएट) जो अब भूतपूर्व महाराजा पाटेश्वरी सिंह के नाम पर हो गया है, तब नगर की शान था। विशाल चमचमाती हुई आकर्षक बिल्डिंग। नगर और आसपास और दूरदराज के विद्यार्थी उसमें पढ़ते। बलरामपुर में रियासत होने की वजह से भारत के प्रायः हर क्षेत्र के लोग नौकरी करते या रहते थे। वे अच्छी सर्विस में होते। जमींदारों के लड़के पढ़ते थे। एल.सी. स्कूल अच्छी शिक्षा और अच्छे छात्रों के लिए आदर्श था। डी.ए.वी. इस मामले में नीचे दर्जे का माना जाता। चिढ़ाने के लिए एल.सी.

के छात्र डी.ए.वी. को ढेबरी स्कूल कहते। एल.सी. के प्रिंसिपल साहब बंगाली थे—मिस्टर ए.के. चौधरी।

एल.सी. स्कूल के पास डाकखाना था। थोड़ा आगे चलकर रियासत की लाइब्रेरी थी। लाइब्रेरियन स्वामीनाथ पांडेय खुद भद्र और पढ़ाकू सज्जन थे। वहीं बलरामपुर का केन्द्रीय स्थान चौराहा था पोस्ट ऑफिस का। शिक्षा, बौद्धिकता, चहल-पहल, राजनीतिक गतिविधियों, जुलूसों और अफवाहों का केन्द्र और स्रोत। ऐसी जगह पर खाने-पीने, चाय-पान के किसी अड्डे का होना लाजिमी था—और वह अड्डा था पकौड़ी चावाले बाबा की दुकान। बलरामपुरी भाषा में—बबवा की दुकान। तब बलरामपुर में चाय दुकानों में बहुत कम, फुटपाथों पर पीतल की टंकी में ही मिलती थी। पकौड़ी, चाट या पान की दुकानें ही अड्डे होते थे। सो पोस्ट ऑफिस चौराहे के पास बाबा की दुकान सरगर्मियों का अड्डा था। एल.सी. के अनेक गण्यमान्य परम आदरणीय गम्भीर अध्यापक बाबू जगन्नाथ प्रसाद, बाबू भैरवप्रसाद, बाबू भूलनप्रसाद जैसे लोग भी बाबा के अड्डे पर पकौड़ी खाते। वह पकौड़ी में गड्ढा करके खटाई और मसाले डालता—आप मिर्ची से सी-सी करते हुए लार टपकाते जाएँ और खाते जाएँ। फिर वहीं पान का बीड़ा और सिगरेट-बीड़ी। फिर चाहे राजनीति की बात कीजिए, पढ़ाई की या गाली-गलौज। शौक कई थे। सबसे बड़ा गुंडई का शौक था। खूबसूरत कमसिन किशोर लड़कों को छेड़ने का। इस पर दंगा-फसाद भी होता। कभी-कभी छुरा तक चल जाता। लड़कियों को छेड़ने की वारदात इससे कम थी। बलरामपुर में प्रचलित गान-पंक्ति अक्सर सुनाई पड़ती :

सँवरिया लौंडे की प्रीत बुरी
सब कोई ओढ़ै साला दुसाला
सँवरिया टोपी की नोक बुरी—सँवरिया...

इसका मतलब कुछ और न समझें—बलरामपुर के मेन बाजार में वेश्याओं के कोठे यानी दुकानें थीं—वहाँ की नब्बे प्रतिशत वेश्याएँ मेरे गाँव बिस्कोहर की थीं। उनमें से अनेक से मेरी व्यक्तिगत जान-पहचान थी।

एल.सी. स्कूल के अनेक अध्यापक नगर की विभूति थे। पं. रामप्रकट मणि, बाबू नानकचन्द 'इशरत' गुरु जी, बाबू जगन्नाथप्रसाद, पयाम साहब। लेकिन पहले मैं अपने विद्यालय डी.ए.वी. स्कूल के अपने अध्यापकों की बात करूँगा। वे प्रसिद्ध उतने नहीं थे, लेकिन मेरे विचार से निष्ठावान अधिक थे। पं. राजकिशोर संस्कृत

पढ़ाते थे। तब युवक थे आकर्षक व्यक्तित्व के। अध्यापन की शैली सहज और मनमोहक थी। सर्वनाम समझाते। उदाहरण देते—'बच्चो, देखो, मैं तो उत्तम (पुरुष) हूँ, 'तुम' मध्यम हो और अन्य लोग 'अन्य' हैं। इधर-उधर के।'

जिन लोगों ने मेरा भाग्य बनाया है, उनमें से एक पं. राजकिशोर थे। जब मैं कानपुर में बी.ए. का छात्र था—घर से चला तो पास में केवल पौने तीन रुपये थे। कानपुर जाने का किराया भी नहीं था। सोचा, घर लौट चलूँ, पढ़ाई नहीं हो पाएगी। असहाय घूम रहा था कि वे मिले। मुझे देखा, बात करने लगे। थोड़ी देर बाद बोले—'तुम परेशान दिख रहे हो, क्या बात है?' मैंने सब कुछ बताया। उन्होंने जेब से निकालकर तीस रुपये दिये। बोले—'कानपुर जाओ। पढ़ाई मत छोड़ो।' मुझे संजीवनी मिली। इस तरह मेरे जीवन में कई प्रसंग आए हैं। पता नहीं कितने अनजान लोगों ने मेरी निर्णायक सहायता की है। पं. राजकिशोर ने दीर्घ आयु पाई। अभी कुछ दिन पहले 93 वर्ष की आयु में देह त्याग किया।

पं. शिवशरण पांडे अंग्रेजी पढ़ाते थे, लेकिन वे सभी विषयों के श्रेष्ठ अध्यापक थे। संस्कृत, ब्रजभाषा, अवधी, खड़ी बोली के कवियों की अच्छी कविताएँ मुखाग्र थीं। क्लास में गाकर पढ़ते। बोधा, आलम, घनानन्द, सुमित्रानन्दन पंत की कविताएँ सबसे पहले मैंने उन्हीं के मुँह से सुनीं। संस्कृत के कवियों का तो कहना ही क्या! उच्चारण ठेठ गोरखपुरी—भोजपुरी नहीं। ट्यूशन करते थे। प्रोत्साहित करते।

डी.ए.वी. स्कूल के प्रिंसिपल भगवतीप्रसाद सिंह थे। उन्होंने आजीवन मेरी सहायता विविध प्रकार से की। छोटे कद के, बड़े जमींदार घराने के। आचार्य रामचन्द्र शुक्ल और पं. केशवप्रसाद मिश्र के छात्र थे। काशी विश्वविद्यालय से बी.ए.बी.टी. किया था। बलरामपुर के सम्पन्न क्षत्रिय सामन्त ब्रिग्रेडियर साहब के रिश्तेदार थे। उन्हीं के यहाँ रहते। इक्के पर स्कूल आते। उनके साथ उनके दो भानजे ब्रजेश और मान बहादुर भी। उनके लेख पत्रिकाओं में छपते थे। तुलसीदास की जन्मभूमि पर उनका लेख छपा था। उसकी प्रतिलिपि करने को मुझे दिया। पारिश्रमिक चार रुपये दिये। तब चार रुपये बहुत होते थे। उनका व्यक्तित्व शालीन था। घोर परिश्रमी और साहित्य-साधक। कालान्तर में गोरखपुर विश्वविद्यालय में हिन्दी विभाग के अध्यक्ष हुए। वे पं. चन्द्रबाली पांडे का बहुत सम्मान करते थे। पं. हजारी प्रसाद द्विवेदी भी उन्हें मानते थे।

डी.ए.वी. स्कूल के अध्यापक पं. शिवबख़्श जी ने काशी में संस्कृत और दर्शनशास्त्र में एम.ए. किया था। उनका बहुत सम्मान था। लंगड़े थे। अविवाहित

थे। वे पं. मदनमोहन मालवीय के विषय में कहते—मद-न, मोह-न। शुभ्र वर्ण, शुभ्र वाणी और शुभ्र केश। आपादमस्तक अन्तर्बाह्य शुभ्र। बताते—'लम्बी बाँहों को उत्ताल तरंगायित करके मालवीय जी महाराज के पास बैठे हुए निराला काव्यपाठ करते तो डर लगता कि बाँहें मालवीय जी को लग न जाएँ।' अच्छी बातें बताते। व्याकरण पर ध्यान देते। एक बार मुझसे कहा—'तुम मुँह साफ नहीं रखते हो। मुँह से बदबू आती है।' मुझे बहुत बुरा लगा। लेकिन मुँह साफ रखने लगा। बाद में जब औरां के मुँह से घोर बदबू का अनुभव हुआ तब उन्हें धन्यवाद दिया। वे संस्कृत कविताओं का शुद्ध श्रवण मधुर पाठ करते। स्वयं संस्कृत कविता करते थे। वे बलरामपुर के बुद्धिजीवियों में अनुपम थे। बहुत कम उम्र में, लगभग जवानी में ही बवासीर के कारण अधिक रक्तस्राव से उनकी मृत्यु हो गई। मैंने उनसे पढ़ते ही संकल्प किया था कि मैं लेखक बनूँगा और पहली किताब उन्हें ही समर्पित करूँगा। 'हिन्दी आलोचना' मैंने उन्हें समर्पित की।

पं. रामप्रकट मणि पं. शिवबख़्श जी के गुरु थे। बलरामपुर में पं. रामप्रकट मणि की अध्यापकी की धूम थी। वे संस्कृत के अध्यापक विद्वान थे। लेकिन प्रसिद्ध हिन्दी कवि और साहित्य-साधक के रूप में थे। काशी में उन्होंने संस्कृत पढ़ी थी। देश के विद्वानों से उनका जीवंत सम्पर्क था। पं. हजारी प्रसाद द्विवेद्वी के वे सतीर्थ थे। मोहक कंठ से कविता पढ़ते संस्कृत और हिन्दी की। बलरामपुर में हिन्दी की कोई गतिविधि उनके बिना नहीं हो सकती थी। सर्वत्र बेहद लोकप्रिय थे। एक बार इंस्पेक्टर मुआयना करने आए। मणि जी क्लास में कबीर पढ़ा रहे थे। उन्होंने द्विवेदी जी द्वारा लिखित कुछ अंश किताब में से पढ़कर विद्यार्थियों को सुनाए। इंस्पेक्टर इतना प्रभावित हुआ कि उनका मुरीद हो गया। जीवित साहित्यकारों के इतने सम्पर्क में थे कि बाबू श्यामसुन्दर दास की मृत्यु पर बलरामपुर में शोकसभा करवाई। मैं यों ही उनकी मंडली में जाकर बैठ जाता था। एक दिन उन्होंने मेरी मौजूदगी में वहीं बैठे हुए एक व्यक्ति से कहा—'मैं इसे मूक आशीर्वाद दिया करता हूँ।'

रामप्रकट मणि जी की एक कविता की तीन पंक्तियाँ मुझे याद हैं :

जल से उपजे जलजात हुए पर वास्तव में जल के न हुए
जल के वैरी सूरज के ये, सूरज नेमी सूरज प्रेमी
औरों को क्या आशा इनसे जब ये अपने दल के न हुए।

बाबू जगन्नाथ प्रसाद गांधीवादी आचरण के बुद्धिजीवी थे। कवि और चिन्तक।

अनुशासनप्रिय किन्तु सर्वत्र और सर्वजनसुलभ। लम्बे कद के श्यामवर्ण, खादी में ढीलम ढाल। ऊपर का बीच वाला दाँत टूटा हुआ। हँसने-मुस्कराने पर बिलकुल गांधी जी का चेहरा लगता। उनकी बातें आज याद आती हैं तो वे आश्चर्यजनक रूप से आधुनिक लगते हैं। अपने समय से थोड़ा बढ़े—भविष्योन्मुख बढ़े हुए।

तुलसी जयंती पर बोले—(यह 1944-45 की बात है) 'तुलसी के साथ-साथ प्रेमचन्द को पढ़ा करो।' प्रेमचन्द तुलसी की परंपरा में हैं।

कविता करते हम लोगों को समझाते—'कविता करते समय वाक्य-विधान पर ध्यान रखा करो।' यह बात मेरी समझ में 1980 के बाद त्रिलोचन शास्त्री के कहने पर आई। आजादी के मिलने पर कविता लिखी—'छिद्रमय आकार जिसका दीप वह कब तक जलेगा'। एक और पंक्ति का भाव था—पिछले पहर की नींद में सो जाने का बड़ा खतरा है।

एक और कविता की दो पंक्तियाँ मुझे अक्सर याद आती हैं। विशेष रूप से आज की कहानियाँ पढ़ते समय :

नया मानव नहीं आया—नई दुनिया पुरानी है
कहीं शैली बदलने से नई होती कहानी है।

विद्यार्थियों को सम्बोधित करते हुए आर्यसमाज मन्दिर में बोले—'ये लड़कों में जो लव अफेयर चलता है, वह बहुत गलत है। व्यायाम करो, सवेरे राप्ती में स्नान करो। कम-से-कम चार डुबकी लगाओ, भिगोया चना खाओ। दुब्रले-पतले, पीले-हसीन मत बने रहो। आगे चलकर पछताओगे। जनम भर माशूक वने रहने से रोटी नहीं मिलेगी। गुंडों से पिट जाओ, लेकिन उनसे झगड़ा तो करो।'

एल.सी. के सीनियर मोस्ट अध्यापक बाबू नानकचन्द 'इशरत' थे। बाबू नानकचन्द 'इशरत' पूरे बलरामपुर के विशेषतः छात्र समूह के गुरु जी, छात्रों के परम आत्मीय। छात्र उनके इतने मुँहलगे कि आपस में भद्‌दे मजाक तक चलें। गुरु जी हाथ देखते। भविष्य बताते। चेले श्रद्धा करते, लेकिन भविष्यवाणी गलत होने पर यह भी कहते—'गुरुजी, आप झूठे हैं तभी तो मुँह से बदबू आती है।' गुरु जी जो मजाक करते, वह नहीं लिखूँगा।

और वही इशरत साहब उर्दू-फारसी हिन्दी के दिग्गज विद्वान, उद्‌भट आचार्य—फिराक गोरखपुरी उनके प्रशंसक थे। बलरामपुर की चर्चा चलने पर कहते—'वहाँ इशरत हैं—वे उरूज़ (छंदशास्त्र) के परम ज्ञानी हैं।' फिराक ने इशरत पर वक्तव्य

दिया है। उनके एक शेर की परम प्रशंसा की है। शेर है :

हमारी आह को अपने सितम की इन्तिहाँ (अंत) समझे
कहाँ की बात थी, लेकिन मआज़ल्ला कहाँ समझे।

कवि-सम्मेलनों, मुशायरों में वे मंच के ठीक पीछे खड़े होते। कोई अच्छे शेर पढ़ता तो आनन्द-विह्वल होकर नाच उठते।

एक शायर थे गौहर गोरखपुरी। नाम याद से ही लिख रहा हूँ। उन्होंने शेर पढ़ा :

मोहब्बत का दरिया भँवर के सहारे
चला जा रहा हूँ कनारे कनारे।

महफिल गूँज उठी। लगा, छत फट जाएगी। हम लोग उर्दू कम समझते थे। यह समझते थे कि जब शेर पढ़ा जाए तो सुनकर हल्ला मचाओ—वाह-वाह, फिर से कहिए, मरहबा—मुकर्रर, इरशाद। कई श्रोता मरहबा को 'मर बेहया' कहते। मुशायरे में शोर मचाना उर्दू न जाननेवाले श्रोताओं की मानो नैतिक जिम्मेदारी थी। शायर समझता, उसे दाद मिल रही है। इशरत साहब इस पूरे रसिक वातावरण में घुले-मिले रहते।

कवि-सम्मेलन भी आए-दिन होते। ज्यादातर कविताएँ द्विवेदीयुगीन ढंग की होतीं। सरल सीधे वाक्यों में राष्ट्रीय भावना की कविताएँ। गांधी-नेहरू-सुभाष पर कविताएँ बहुत लिखी जातीं। कभी-कभी अवधी की कविताएँ भी सुनने को मिलतीं। छायावादी रुचि की शुरुआत ही हुई थी। निराला, पंत, प्रसाद, महादेवी का नाम बहुत था लेकिन कविताएँ प्रसिद्ध मैथिलीशरण गुप्त, नवीन, सोहनलाल द्विवेदी और बच्चन की थीं। 'भारत भारती' अनेक को कंठस्थ थी। आजाद हिन्द फौज पर बहुत कविताएँ लिखी गईं। बाबू जगन्नाथ प्रसाद ने सुभाष के निधन पर लिखा :

अभी तुम्हारे पगचिह्नों को शान्त महासागर ढूँढ़ेगा।

गांधी जी के निधन पर जो शोकसभा हुई—महल के पास रामलीला मैदान में—उसमें बाबू नानकचन्द इशरत रोने लगे। बच्चों की तरह बिलखते हुए बोले—'हममें से कोई मर जाता, उसे गोली मार दी जाती, बापू को गोली क्यों मारी गई?' इस अवसर पर कवि-सम्मेलन में गांधी जी के साथ नेहरू को भी याद किया जाता। रामजस त्रिपाठी 'प्रभंजन' ने कविता में लिखा :

जगह देगा देश के वह शत्रु को अन्दर न बाहर।

ऐसे लोगों की कमी नहीं थी, जो दूसरों की कविता अपने नाम से पढ़कर सुनाते :

कवि कुछ ऐसी तान सुनाओ।
एक हिलोर इधर से आए एक हिलोर उधर से आए।

मैंने कई लोगों को सुनाते सुना है। एक कवि-सम्मेलन में एक सज्जन ने कविता की पंक्तियाँ सुनाईं :

वीरों का कैसा हो बसन्त
सब पूछ रहे हैं दिग्दिगंत—

इसके बाद चुप हो गए। लोगों ने कहा—'आगे पढ़िए'। वे बोले—'अभी इतनी ही बनी है—बन जाएगी तब सुनाऊँगा।'

पयाम साहब—परोपकार सिंह पयाम—नवयुवक अध्यापक थे। खूबसूरत शायर। बलरामपुर में लखनऊ की तहजीब में रचे-बसे। देखने में बिलकुल छोकरे लगते। विचारों में प्रगतिशील। मेरा अनुमान है कि किसी-न-किसी रूप में वे प्रगतिशील लेखक संघ से जुड़े थे। मुशायरे में गाल पर हथेली रखकर जब गुनगुनाते :

कदम रुक न जाएँ वतन के दुलारे
तुम्हें देखते हैं ये सब चाँद तारे
पयाम मिट रहे हैं जो राहे वफ़ा पर
वही होंगे अब मेरी आँखों के तारे

तो मुशायरा गूँज उठता। उसके बाद बलरामपुर में महीनों तक जगह-जगह लोग गुनगुनाते, पढ़ते, गाते—'कदम रुक न जाएँ वतन के दुलारे...'

हजरत जिगर के साथ पयाम इक्के पर बैठे थे, जिगर ने कहा—'पयाम, कुछ कहा है, सुनाओ।'

पयाम साहब ने संकोच से सुना दिया—'कदम रुक न जाएँ वतन के दुलारे / तुझे देखते हैं ये सब चाँद तारे।'

जिगर ने कहा—'पयाम, तुम एक मिसरे के शायर हो, कभी-कभी एक मिसरा इतना अच्छा हो जाता है कि दूसरा दबा रहता है।'

पयाम साहब को लड़के घेरे रहते। पयाम साहब की महिफलों में माँग थी। गुलाबी महफिलों में जाते तो मौके के शेर कहते। पयाम साहब की पत्नी सुन्दर नहीं थीं। काली चेचक के दाग। लेकिन पयाम साहब उन्हें बहुत चाहते। उनकी साड़ी को दोहरा करके लुंगी पहने अक्सर मिलते। कहते—'पढ़ी-लिखी नहीं हैं। लेकिन मेरी किताबों-कॉपियों-कपड़ों को इतने स्नेह से पोंछती, साफ करती हैं मानो बच्चों को नहला-धुला रही हों! मेरी तारीफ सुनकर चेहरे पर रौनक आ जाती है।'

पयाम साहब को औलाद भी नहीं थी। पयाम साहब फिराक के प्रशंसक थे। फिराक उन्हें कभी-कभी याद करते थे। पयाम साहब वस्तुतः नज्मों के शायर थे। उनकी एक नज्म की दो पंक्तियाँ मुझे अभी तक याद हैं :

आज की रात इसी पार रहो हठ न करो,
सुबह तो होगी बहरहाल कहाँ जाओगे।

उनकी नज्मों का एक संग्रह—'मेरी सात नज्में' प्रकाशित हुआ था। बलरामपुर के साहित्यिक वातावरण में हिन्दी-उर्दू का मेल था। बिलकुल गंगा-जमुनी संस्कृति। साम्प्रदायिकता कभी-कभी झलकती। लेकिन वह संकट या समस्या नहीं थी। अपनी-अपनी सीमाओं में बँधी थी। एक बुद्धिजीवी वर्ग था—जो उदार और प्रगतिशील था। शराब का चलन ज्यादातर छोटे-छोटे जमींदारों में था। भाँग चलती थी। पान, बीड़ी, सिगरेट की बहार थी—गुटका नहीं आया था। दोहरा खाया जाता था—सुपारी, कत्था, लौंग, तम्बाकू मिलाकर। सरौते से सुपारी काटी जाती। कभी-कभी गाना सुनाई पड़ता :

सरौता कहाँ भूल आए प्यारे ननदोइया!

फिल्मों का जादू आ गया था। पैसे होते तो बलरामपुर के लड़के लखनऊ फिल्म देखने जाते। गोंडा में सिनेमाघर था। बलरामपुर सिनेमाघर के लिए तड़प रहा था। फिल्मी गानों की व्यापकता शुरू हो गई थी :

'आवाज दे कहाँ है', 'मिल के बिछड़ गईं अँखियाँ', 'भारत की इक सन्नारी की हम कथा सुनाते हैं', 'क्या मिल गया भगवान तुम्हें दिल को दुखाके', 'मोहब्बत करके भी देखा, मोहब्बत में भी धोखा है'।

सहगल प्रतिभावान गायक थे। गायिकाओं में नूरजहाँ, मल्लिका पुखराज थीं।

बलरामपुर में मोगरा की सुगंध, कलाकंद, दही, रबड़ी, चाट का स्वाद, चौराहे

पर बाबा की पकौड़ी और उसके पास ही बाजार में सराय की दुकान के पराँठे, गोश्त के जायके मेरे लिए स्मरणीय हैं।

बलरामपुर में आनन्द बाग और सुन्दर बाग थे। सुन्दर बाग बिजलीपुर के पास था। आनन्द बाग नगर में। आनन्द बाग प्राणी उद्यान 'जू' था। 1940 के पहले ही उसमें शेर, भालू, चीते, लकड़बग्घे, हिरन, नाना प्रकार के साँप, ऊदबिलाव आदि देखने भीड़ उमड़ी रहती। उनके रखरखाव की उत्तम व्यवस्था थी। सारा इंतजाम रियासत की ओर से था। जू तब न गोंडा में था, न गोरखपुर में। यहाँ तक कि कानपुर, इलाहाबाद, बनारस में भी नहीं। रियासत के उसी अंग्रेज मैनेजर—बेट्स की यह कल्पना साकार हुई थी।

आर्यसमाज की सभा में जाकर गायत्री मंत्र व कई वेद-मंत्रों और हवन-यज्ञ से मैं अपने गाँव में ही परिचित हो गया था। बलरामपुर में जहाँ मैं रहता था, वहीं पास में आर्यसमाज मन्दिर था। इतवार को सुबह वहाँ लोग इकट्ठा होते, हवन-यज्ञ में शामिल होते। कभी-कभी यज्ञशेष (प्रसाद) भी मिलता। वहाँ मैंने सुना कि जो आर्यसमाजी महाशय होते हैं, नाम में जाति के स्थान पर आर्य लगाते हैं और 'ज्ञ' को 'ग्यं' के बदले 'ज्यं' कहते हैं। 'ज्यं' मुझे अनुकूल लगता।

एक दिन हवन यज्ञ के बाद एक सहपाठी ने मुझसे कहा—'मेरे साथ एक जगह चलो—शाखा में। वहाँ भारत का उद्धार करने के लिए बम बनाना सिखाया जाता है।'

मैं वीर भाव से उत्सुकता के साथ तैयार हो गया।

वहाँ नगर के किनारे एक घर के ऊपरी हिस्से में करीब बीस-पच्चीस लोग जमा थे। सब युवक थे। उसमें कैलाश अग्रवाल थे। उनकी सोने-चाँदी की चौक में दुकान थी। करीब तीस-पैंतीस साल के थे और उनसे भी थोड़ा ज्यादा उम्र वाले दोहरे बदन के गोरे वैद्य जी थे।

रामसेवक वैद्य सिंध चले गए थे। आयुर्वेद की शिक्षा ली। शाखा में थे। अब लौटकर अपने गाँव धुसाह आ गए थे। बलरामपुर में ही वैद्य का काम करते थे और शाखा के विस्तार के राष्ट्रीय कार्य में लगे थे।

उनका भाषण हुआ। वे हिन्दी में रवां नहीं थे। बोलने में सिंधी प्रभाव झलकता था। उन्होंने शिवाजी राणा प्रताप की बातें कीं। हिन्दू संगठना (वे संगठन नहीं, संगठना कहते थे) की बातें कीं—'कांग्रेस हिन्दू नहीं, मुसलमान हित की बात करती है। ये सब गुप्त रूप से अंग्रेजों के गुलाम हैं। गांधी हिन्दुओं का हित नहीं करते। हिन्दू संस्कृति नष्ट हो रही है। हमें रोज मिलना चाहिए। राष्ट्रीय स्वयंसेवक संघ की शाखा

में आना चाहिए। छात्रों को शाम और व्यापारियों को प्रात: शाखा में। हमें संगठित होकर सैन्य शक्ति के बल पर अंग्रेजों और यवनों, दोनों से देश को मुक्त करना है।'

उनके सन्देश का सार यह था कि देश का वास्तविक हित करने में हमें जुट जाना चाहिए। सब कुछ का त्याग करने के लिए तैयार होना चाहिए।

शाखा शाम पाँच बजे पूरब टोला में शान्तिप्रसाद शुक्ल के विशाल मकान के हाते में लगती थी। सामने एक बड़ा तालाब था। शान्तिप्रसाद शुक्ल गोंडा में वकालत करते थे। पढ़े-लिखे युवक थे। प्रतिष्ठित परिवार था। शाखा में लाठी, लेजिम सिखाई जाती। अनुशासन था। परेड के काशन थे—आरंभ, सावधान, उत्तिष्ठ, अन्त में भगवा ध्वज के सामने प्रार्थना होती। प्रार्थना संस्कृत में थी—'नमस्ते सदा वत्सले मातृभूमे।...' सब कुछ इतना ताजा और रोमानी लगता, जैसे कि हमारा जीवन इसी के लिए बना था! घोर अनुशासन था।

राष्ट्रीय स्वयंसेवक संघ एक विशालतम परिवार है। केवल हिन्दू जनता का। इसमें सब समान हैं। न कोई बड़ा है, न छोटा, न धनी, न अमीर, न ब्राह्मण, न शूद्र। एक हृदय है भारत जननी।

एक दिन बाहर से कोई प्रचारक आए। हम लोग उसी स्थान पर मिले। पहले चन्दन हुआ। चन्दन जलपान खाने-पीने को कहते थे। पंजीरी थी। बहुत स्वादिष्ट। फिर और कुछ था। प्रचारक तीस वर्ष के रहे होंगे। गौर वर्ण के। मझोले कद के स्वस्थ। तेजस्वी वाणी में आत्मविश्वास। खद्दर का कुर्ता और धोती पहने। धोती दो लाँगों वाली। महाराष्ट्रीय नाम बताया गया—नानाजी देशमुख। मुझे बड़ा अजीब लगा—नानाजी तो हमारे यहाँ बुड्ढे होते हैं!

सबसे पहले 'परिचय' का कार्यक्रम हुआ। सबने खड़े होकर अपना-अपना परिचय दिया। नानाजी सबसे एकाध प्रश्न करते। कुछ और पूछते। निहायत आत्मीय, मृदु शैली में। विनोद वार्ता करते। मुझसे कहा—'कोई कविता याद हो तो सुनाओ।'

मैंने गाँव में 'भारत भारती' पढ़ रखी थी। ओरी पंडित ने पढ़ने को दी थी। मैंने सुनाया—'मानस भवन में आर्य जन जिसकी उतारें आरती।'

मुझे लगा कि पता नहीं, ये नानाजी मानस भवन का मतलब जानते हैं कि नहीं जानते हैं। मैं चौदह साल का अपने को हिन्दी का विद्वान मानता था। मैंने कहा—'मानस भवन का मतलब जानते हैं, 'मन के भवन में'।'

नानाजी मृदु भाव से मुस्कराए, बोले—'जानता हूँ, और पढ़ो।'

मैंने दूसरी पंक्ति भी पढ़ी—'भगवान, भारत वर्ष में गूँजे हमारी भारती।'

परिचय के बाद नानाजी ने भाषण दिया। वह भाषण नहीं था, वार्तालाप था। मन पर बहुत अच्छा गहरा असर पड़ा। त्याग-भावना और बढ़ गई। हिन्दू जाति पर आसन्न संकट में कुछ करने-धरने की इच्छा बढ़ गई। मैं शाखा में गण-प्रमुख हो गया। गण-प्रमुख एक टोली का मुखिया—जो दस-पन्द्रह स्वयंसेवकों का नेता होता है। मुख्य शिक्षक का आदेश उन तक पहुँचाना। आदेश का पालन करवा शाखा में लाना। शाखा में स्वयंसेवकों की संख्या बढ़ाना—यानी नये स्वयंसेत्रकों को लाना उसका काम था। इस काम को 'हंटिंग' कहते।

धीरे-धीरे शाखा का विस्तार होने लगा। एल.सी. और डी.ए.वी. स्कूलों के छात्र बहुत बड़ी संख्या में स्वयंसेवक हो गए। बलरामपुर नगर के व्यापारी, सवर्ण ग्रामीण छात्र, बलरामपुर में उच्चपदस्थ हिन्दू परिवारों के बच्चे, सामन्तों-जमींदारों की सन्तानें स्वयंसेवक बनकर शाखा अटेंड करने लगीं। वे घोर अनुशासन का पालन करते। वयस्क व्यापारियों, कार्यालयों में काम करनेवाले हिन्दू युवकों, अधेड़ों की संख्या बढ़ने लगी। उनकी शाखा प्रातःकाल लगती। इतवार को सायं और प्रातः, दोनों शाखाएँ लगतीं। अपनी बढ़ती हुई शक्ति का हमें भान होता। हमें लगता कि भारत का कल्याण हमीं करेंगे।

पारस्परिक वातावरण में आदर्श व्याप्त था। संबोधन 'जी' करके होता। कैलाशजी, वैद्य जी। एक प्रचारक आ गए थे भाऊराव सावरगाँवकर। छोटे कद के बहुत तेज, फुर्त, सक्रिय। 'सावर' वस्तुतः गाँव का नाम है। सावरकर और सावरगाँवकर एक गाँव के हुए। अगर कोई बीमार पड़ता तो हम सब उसको देखने जाते। उसकी सेवा-शुश्रूषा करते। सचमुच भाई-भाई की तरह रहते। शाखा में जो बौद्धिक होते—उनका विचारधारा का प्रचार-कार्य। हमें शिवा जी, राणा प्रताप, तानाजी मालसुरे जैसे महापुरुषों के, राष्ट्रीय स्वयंसेवक के संस्थपक परमपूज्य केशवजी बलराम जी हेडगवार के जीवन और उनके विचारों का बोध कराया गया।

सबसे प्रभावशाली कार्यक्रम गीतों, कविताओं का था। इतनी वीरतापूर्ण देश, शक्तिमय हिन्दुओं और प्राचीन गौरव की राष्ट्रीय कविताएँ गायी जातीं कि हम राष्ट्रीय भावना में आकंठ डूब जाते। बीच-बीच में प्रसाद, मैथिलीशरण गुप्त, सोहनलाल द्विवेदी, नेपाली आदि की कविताएँ पढ़ी जातीं। अटल जी बिलकुल नये थे लेकिन उनकी कविता 'हिन्दू तन मन हिन्दू जीवन' खूब पढ़ी जाती।

कभी पन्द्रह दिन या तीस दिन का शिविर लगता। शिविर बिलकुल सैनिक जीवन का शिक्षण जैसा था। साथ में बौद्धिक भी। गोरखपुर के एक शिविर—पैंतालीस या

छियालीस दिन—में मैंने अटल जी को पहली बार देखा। वे मुख्य शिक्षक थे। वहीं बाद के हिन्दी लेखक महीप सिंह को भी। शिविर में वे अकेले सिख थे। अटल जी डी.ए.वी. कॉलेज, कानपुर के विद्यार्थी थे। राजनीतिशास्त्र में एम.ए. कर रहे थे। स्वस्थ प्रतिभाशाली प्रतिबद्ध युवक स्वयंसेवक।

राष्ट्रीय स्वयंसेवक संघ अनुशासित संस्था थी। शाखा में ठीक समय से पहुँचते। देर शायद ही किसी से होती हो। देर होने पर दंड का विधान था। मैं बहुत प्रतिबद्ध और निष्ठावान स्वयंसेवक था। पढ़ने में तेज था और वाद-विवाद प्रतियोगिता में भाग लेता था इसलिए लोग मुझसे विशेष आशा रखते थे। लेकिन मैं घोर अभावग्रस्त था। कभी-कभी मैं गणवेश (संघ की वर्दी—खाकी हाफ पैंट, बेल्ट, सफेद कमीज, काली टोपी और कोल्हापुरी मराठी चप्पल) का इंतजाम नहीं कर पाता। कभी-कभी विशेष समारोहों में विशेष पोशाक पहनकर आने का आदेश होता। गुरुदक्षिणा के अवसर पर तो खैर गुप्तदान होता। शाखा के अन्य स्वयंसेवक प्राय: खाते-पीते घरों के होते। लेकिन अर्थाभाव के कारण कभी मैं अपमानित नहीं किया गया। कभी-कभी उपेक्षित जरूर महसूस किया।

संघ हिन्दू मात्र का संगठन है। मेरा एक सहपाठी था—नानक प्रसाद। सीधा-सादा टोपी पहनकर क्लास में आता। मैंने उससे कहा—'तुम शाखा में आओ।' उसने सन्देह-भरी वाणी में कहा—'वे लोग क्या अपने साथ रख लेंगे?' मैंने कहा—'क्यों नहीं, वहाँ जाँत-पाँत नहीं है।'

वह दुविधा में मेरे साथ 'लॉज' (संघ का ऑफिस) में गया। बात होती रही। मैंने प्रचारक जी को बताया कि यह सफाई कर्मचारी है। मैंने अंग्रेजी में 'स्कैवेंजर' बताया। प्रचारक जी ने कहा—'नहीं, इन्हें शाखा में मत लाओ।' वह बेचारा बहुत उदास हुआ। तब दलित-आन्दोलन नहीं था।

'45-46 में कांग्रेस का जनता पर बहुत अधिक प्रभाव था। राजनीतिक पार्टियाँ और भी थीं, लेकिन उनका कोई प्रभाव बलरामपुर में नहीं था। मुसलमानों में मुस्लिम लीग का प्रभाव रहा होगा। लेकिन मुसलमान भी खास तौर से पढ़े-लिखे मुसलमान कांग्रेसी थे। हम स्वयंसेवक कांग्रेसियों का—गांधी, जवाहरलाल नेहरू, मौलाना आजाद, रफी अहमद किदवई, गोविन्द वल्लभ पंत आदि का—मजाक उड़ाते। उन्हें देशभक्त नहीं मानते। मुस्लिमपरस्त मानते। किन्तु अन्दर-अन्दर कहीं उनकी अवचेतन में इज्जत भी करते। नानाजी देशमुख और दीनदयाल उपाध्याय खद्दर पहनते। गोरखपुर के आई.टी.सी. शिविर में गुरुजी भाषण दे रहे थे तो बीच

में गीता प्रेस, गोरखपुर के हनुमानप्रसाद पोद्दार आए।

वहाँ मैंने दीनदयाल उपाध्याय का भाषण सुना। उनका भाषण बहुत प्रातः आयोजित किया गया था। सवेरे पाँच बजे। नहा-धोकर भाषण सुनने आने का आदेश था। उनका भाषण लम्बा था। लगभग दो घंटे चला। वे धीरे-धीरे समझा-समझाकर बोलते थे। लाल-बाल-पाल—लाला लाजपतराय, बालगंगाधर तिलक, विपिन चन्द्र पाल—तीन गर्म दल के नेताओं का एक साथ नाम मैंने पहली बार वहीं सुना। उस सभा की याद मुझे एक व्यक्तिगत कारण से भी बहुत है। सवेरे नहाया था। सो बीच में पेशाब बहुत तेज लगा। लेकिन अनुशासन था। पता नहीं, किस दैवीशक्ति से मैं प्राकृतिक दबाव को संयमित किए रहा!

बलरामपुर में कांग्रेसी आर.एस.एस. का विरोध करते। आर्यसमाजी भी आर.एस.एस. को पसन्द नहीं करते। आर्यसमाजियों को संघ वाले अपनी ओर खींच लाते थे। मेरा एक सहपाठी था गोपाल शरण त्रिपाठी। मेरी ही कद-काठी का। वह कांग्रेसी था। आजाद हिन्द फौज की वर्दी में पढ़ने आता। मैं कट्टर संघी। वह मुझसे कहता—'तुम शाखा मत जाओ।' मैं कहता—'तुम भी शाखा चलो।'

एक दिन मैं शाखा से घर लौट रहा था। पैसे पास में रहे होंगे, सो मैं दोने में कचालू रखे सींक से उठाकर खाता हुआ चला आ रहा था। उसने टोका—महल की ड्योढ़ी की महराब के नीचे—'तो तुम शाखा जाना नहीं छोड़ोगे?'

मैंने कहा—'बिलकुल नहीं।'

उसने जेब से छुरी निकाली और मुझे मारने के लिए ऊपर उठाई। मैंने दोना फेंका और उसके दोनों हाथ पकड़ लिये। थोड़ी देर गुत्थम-गुत्था चलता रहा। फिर उसने कहा—'जाओ बिसनाथ यार, मैं मार दूँगा तो तुम्हारी अम्माँ बहुत रोएगी।' और मुझे छोड़ दिया।

हम दोनों पन्द्रह वर्ष के रहे होंगे। मुझे कचालू का दोना फेंक देने का बहुत परिताप हुआ। लेकिन एक बार वह गुरुजी को गाली देने लगा। तब मैंने उसकी पिटाई की। उसने झूठ-मूठ का प्रचार कर दिया कि मेरे मारने से उसकी बाँह टूट गई है। कांग्रेसियों ने बड़ा हल्ला मचाया। वातावरण बिगड़ गया। प्रचारकजी भाऊ राव ने मुझे आदेश दिया—'कुछ दिनों के लिए गाँव चले जाओ। वातावरण शान्त हो जाए तो आ जाना।'

मैं गाँव चला गया। गाँव जाकर मैंने शाखा के प्रचार का काम शुरू करना चाहा। वहाँ के हिन्दू किशोरों को देश की दशा बताई। हिन्दुओं में एकता और

मुसलमानों की हिन्दू-विरोधी गतिविधियों से उत्पन्न खतरों से सावधान करते हुए राष्ट्रीय स्वयंसेवक संघ की शाखाएँ खोलने की जरूरत समझाई।

शाम को लड़के इकट्ठा हुए। करीब सौ लड़के एक लाइन में। लेकिन दिक्कत यह हुई कि उसमें आधे से ज्यादा मुसलमान लड़के थे। गाँव के लड़कों ने सुना कि बिसनाथ कोई खेल खेलाएँगे तो सब आ गए। फजलुल्ला, अजीज, रमजान, लाले, सत्तार, हब्बी, करीम, शरीफ—सब। मैंने वह शाम तो शाखा सँभाल ली, लेकिन समझ गया कि बिस्कोहर में शाखा मैं नहीं खोल सकता। वैसे भी मुझे बलरामपुर शीघ्र ही पहुँचना था।

लगभग एक दशक पूर्व पूरब टोले में ही एक नौजवान क्रान्तिकारी केशव शुक्ल ने सत्रह-अठारह की उम्र में पिपरहिया स्टेशन के पास सरकारी खजाना लूटा था। वह योगेश चन्द चटर्जी की पार्टी का सदस्य था। बाद में उस पार्टी का नामकरण क्रान्तिकारी समाजवादी पार्टी (रिवोल्यूशनरी सोशलिस्ट पार्टी ऑफ इंडिया) किया गया। सरकारी खजाना आजमगढ़ के झारखंडे राय की योजना के तहत लूटा गया था। आजादी मिलने पर केशव शुक्ल छोड़ दिये गए। उन्होंने बलरामपुर में आर.एस.पी. की स्थापना की। अच्छी संख्या में किशोर लड़के और युवा उसमें शामिल हुए। वंशराज सिंह, संगमलाल पांडेय, गेंदा, अर्जुन तिवारी, महेंद्र गिरि के नाम मुझे याद पड़ते हैं। मेरे परम मित्र रामेश्वरदत्त मानव इसी पार्टी के थे। उन्होंने आजीवन पार्टी का काम किया। वे केशव प्रसाद शर्मा गुट के समर्थक रहे। बाद में वे इस पार्टी के अखिल भारतीय महासचिव भी बने। लखनऊ विश्वविद्यालय से दर्शनशास्त्र में एम.ए. किया। कविता भी करते थे। मूलतः वे कवि थे, स्वभाव से। अन्तिम बार मैंने उन्हें दरीबा इलाहाबाद में कोतवाली चौक के पास पार्टी ऑफिस में देखा था। ऐसे कर्मठ देशसेवक अब किसी भी पार्टी में दुर्लभ हैं। ऐसे मित्र और मनुष्य भी। उनके जाने से मेरे व्यक्तित्व का बहुत कुछ समाप्त हो गया।

आजादी मिलने के फौरन बाद 1947-48 के आसपास की बात है। आर.एस.एस. और आर.एस.पी. में तनातनी बढ़ गई। आर.एस.एस. के स्थानीय प्रचारक ने सोचा कि इस तनातनी का निपटारा हो ही जाए। आदेश हो गया। रणभेरी बज उठी। मैं अपने गण के स्वयंसेवकों के साथ आक्रमण और प्रतिआक्रमण करने में जुट गया। गाँव के लड़के लाठियाँ और शहर के लड़के हॉकी स्टिक लेकर उमड़ पड़े। युद्धस्थल एल.सी. और पोस्ट ऑफिस का चौराहा। कई सीनियर स्वयंसेवक निरीक्षण के लिए साइकिलों पर सैन्य संचालन के लिए निकल पड़े। उधर आर.एस.

पी. की ओर से गाँव के लड़के, शहर के लड़के और मजदूर। किसी ने पुलिस को खबर कर दी। पुलिस आ गई और रण टल गया। नहीं तो उस दिन कुछ-न-कुछ खून-खराबा जरूर होता।

आजादी मिलने पर डी.ए.वी. स्कूल में 15 अगस्त को मिठाई बाँटी गई। दोने में पाव-पाव भर कलाकंद। लेकिन आदेश था कि उत्सव का बायकाट करना है और मिठाई फेंक देनी है। मुझे कलाकंद बहुत पसन्द था। लेकिन देशप्रेम ने जिह्वा पर विजय प्राप्त की। मेरे सहपाठी रामेश्वर ओझा ने समझाया—'मत फेंको यार, फेंकना ही है तो मुझे दे दो।'

मैंने मिठाई का दोना फेंका और उन्होंने उठा लिया।

सन् सैंतालीस में पंजाब-बिहार में दंगे हो रहे थे। बलरामपुर में माहौल उबल रहा था। राष्ट्रीय स्वयंसेवक संघ की तैयारियाँ चल रही थीं और मुस्लिम लीग का कहना था—'हँस के लिया है पाकिस्तान, लड़के लेंगे हिन्दुस्तान।' गांधी जी क्षुब्ध थे। निराशा में बोले—'अब मैं 120 साल जीवित नहीं रहना चाहता। अब मैं मरना चाहता हूँ।' उनकी प्रार्थना सभा में ही बम फूटा। उन्होंने पुलिस की सुरक्षा का विरोध किया और 30 जनवरी की शाम को नाथूराम गोडसे ने उन्हें गोली मार दी।

गोडसे संघ का पूर्व स्वयंसेवक था। वैचारिक समानता थी और उग्र था। जनता आर.एस.एस. और गोडसे में अन्तर नहीं कर पाती थी। दोनों अखंड भारत के समर्थक और कट्टर मुस्लिम-विरोधी थे। देश भर में और बलरानपुर में भी संघ के स्वयंसेवकों और आर.एस.पी. में तनातनी रहती। दोनों की नीतियँ और कार्यविधियाँ आक्रामक थीं। आर.एस.पी. में आसपास के किसान युवक और मिल मजदूर भी होते। बलरामपुर में पावर हाउस और चीनी मिल में मजदूरों की यूनियन थी।

हमले होने लगे। हमला करने वाले कांग्रेस के समर्थक उच्छृंखल छोकरे थे।

गांधी-हत्या के बाद दूसरे दिन यानी 31 जनवरी को स्कूल की प्रार्थना में अध्यापक बाबू भानुप्रताप सिंह का भाषण मुझे याद पड़ता है। उन्होंने कहा—'मैं रात भर भगवान से प्रार्थना करता रहा कि हे भगवान, बापू को किसी मुसलमान ने न मारा हो!'

2017 में मुझे उनके भाषण का महत्त्व समझ में आ रहा है। अगर किसी मुसलमान ने मारा होता तो क्या होता, सोचकर दहल उठेंगे। आर.एस.एस. की सारी तैयारी काम आ जाती।

बलरामपुर में आर.एस.एस. के जिला प्रमुख प्रतापनारायण तिवारी थे। हम उन्हें

प्रतापजी कहते। वे भूमिगत या फरार हो गए। प्रतापजी मुझे बहुत मानते थे। तेज-तर्रार पढ़ने-लिखने वाले लेकिन ज्यादातर बीमार रहते। साँसों की तकलीफ रहती। बलरामपुर नगर के प्रभारी कौशलेन्द्र जी थे। नवयुवक। सीधे-सादे कर्तव्यनिष्ठ। हम लोगों को रहने के लिए बलरामपुर रियासत का भारतीय गेस्ट हाउस दे दिया गया था। लेकिन हालात बिगड़े तो हमें गेस्ट हाउस खाली कर देने को कहा गया। मुझे कोल्हापुरी चप्पलें और कुछ सामग्री कहीं और पहुँचा देने के लिए कहा गया। शाम को करीब सात-आठ बजे वह सामान लेकर मैं चला। महल के सामने पहुँचा तो तीन नवयुवक साइकिल चलाते हुए आए। उन्होंने मुझे घेर लिया। उनमें से दो को मैं पहचानता था। उन्होंने पहले तो मुझे गालियाँ दीं, धमकाया, जेब टटोली फिर चप्पलें लेकर चंपत हो गए।

हम लोग डर गए। पिटने का डर और पुलिस द्वारा पकड़ लिये जाने का डर। कुछ लोग पकड़े भी गए। बैजनाथ सिंह, कैलाश अग्रवाल, नरसिंह जी, शायद रामसेवक वैद्यजी भी। हम—कौशलेन्द्र जी और मैं—दोनों चुपके से, बचते हुए, बलरामपुर के निकटवर्ती क्षेत्र ठाकुरों के गाँव चाउरखाता पहुँचे। वहाँ भुवनेश्वरी प्रताप सिंह और बिन्देश्वरी सिंह विश्वसनीय स्वयंसेवक रहते थे। यह क्षेत्र कुआनो जंगल के नजदीक था। दिन में हम जंगल में रहते। रात को सोने गाँव आ जाते। एक दिन हल्ला मचा कि पुलिस आ गई। हम दौड़कर अरहर के खेत में छिप गए। गाँव वालों ने बता दिया था कि पुलिस आ गई तो हम जोर से बोल देंगे—'ललका बिगवा आय गवा' (लाल भेड़िया आ गया)—खैर, उस दिन पुलिस नहीं आई। दो-तीन दिनों के बाद हमने इटियाथोक से शाम को गाड़ी पकड़ी और रात के अँधेरे में बलरामपुर लौट आए। कौशलेन्द्र जी कुछ दिनों के लिए अपने घर चले गए और मैं बलरामपुर अपने जीजा के यहाँ। वहाँ जीजा ने कहा—'फौरन सिर मुँड़वा लो। लोगों ने गांधीजी की तेरही पर सिर मुँड़वा लिये हैं। तुम संघी हो। सिर नहीं मुँड़वाओगे तो लोग गाली देंगे या पीटेंगे।' मैंने सिर मुँड़वा लिया। स्कूल में कह दिया, माँ मर गई है। जिन्दगी में मैंने माँ के मरने का झूठ दो बार बोला है—'गांधी-हत्या पर पिटने के डर से और एम.ए. में परीक्षा छोड़ने के बहाने के लिए द्विवेदी जी से।

हम चाउरखाता में थे कि हमने अखबार में पढ़ा कि आर.एस.एस. पर प्रतिबन्ध लग गया है। शाखाएँ बन्द हो गईं। कुछ दिनों के लिए हम किंकर्तव्यविमूढ़ हो गए। फिर धीरे-धीरे किसी-न-किसी रूप में हमने मिलने का समय और स्थान नियत कर लिया—खेल-कूद के रूप में, कीर्तन के रूप में, क्लब के रूप में, आदि। डी.ए.वी.

स्कूल के पास एक पार्क में—जिसे रमना कहते थे—स्वयंसेवकों से मैं मिलता था। कुछ दिनों के बाद वहाँ एक पुलिस मैन हमारी गतिविधियों को देखने के लिए आने लगा। वह मुस्लिम था और विनोदी। हम लोग भी उससे खूब हँसी-मजाक करते।

पोस्ट ऑफिस चौराहे के पास बेनीजोत गाँव के एक प्रतिष्ठित ठकुर परिवार के कुछ विद्यार्थी अपने बाबा मातबर सिंह के साथ रहते थे। एक दिन मैं वहाँ गया—खूब बातें हुईं। चलने लगा तो उनमें से एक पशुपति सिंह ने कहा—'बिसनाथ जी, आप यहाँ आया कीजिए। हम लोग गप्प के बड़े शौकीन हैं।' मैं वहाँ जाने लगा। और धीरे-धीरे पशुपति सिंह से मेरी बहुत गाढ़ी पटरी बैठ गई। इतनी कि न मिलने पर बेचैनी होती। उनके चाचा गिरिजाबख्श सिंह, उनके भाई विजयप्रताप, राघवेन्द्र आदि भी मेरा बहुत सम्मान करते। पशुपति का घर का नाम मिस्टर था। उनके घर के एक सज्जन शंकर नाम से थे। मिस्टर गिरिजा शंकर कहिए तो तीनों का नाम आ जाता। पशुपति बाद में बलरामपुर के एम.एल.के. कॉलेज में अध्यापक हुए। बरेली कॉलेज में यशस्वी प्रिंसिपल हुए। उन्होंने कैमेस्ट्री में शोध किया था। बाद में अनेक रिसर्च स्कॉलरों ने उनके निर्देशन में शोध-कार्य किया। ये सब सामान्य बातें हैं। विशेष बात यह है कि उन्होंने मेरा बहुत खयाल रखा। मेरे खाने-पीने का प्रबन्ध नहीं था। उनके घर वाले नहीं चाहते थे कि वे शाखा में जाएँ। मैं चुपके से रात को जाता। उनके बिस्तर पर ही सो जाता। मेरे लिए वे खाना रखवा लेते। कभी अगर वे घरवालों के साथ खा लेते तो बाबा पकौड़ीवाले के यहाँ से पूड़ी-तरकारी मँगवाकर रख लेते। बहुत सबेरे मैं उठकर चला आता। यह क्रम साल-दो साल चला। मेरी उम्र सोलह-सत्रह साल की रही होगी, लेकिन मेरे पीछे सी.आई.डी. लगी रहती।

पशुपति और उनके भाई बहुत मजाकिया, बैठकबाज और विनोदी स्वभाव के हैं। उनके यहाँ की बैठकबाजी के अनेक संस्मरण मुझे जस के तस अभी भी याद हैं। इतने दिनों के बाद लगभग साठ वर्षों के बाद भी हमारे-उनके सम्बन्ध वैसे ही हैं। मैं गाँव जाता हूँ अपने दो छात्र-मित्रों—प्रो. वेदप्रकाश और प्रो. नीरज—के साथ तो बलरामपुर उनके निवास 'बालार्क' एकाध दिन जरूर रुकता हूँ। मेहमान के रूप में। पशुपति को जीवन में कई आघात लगे हैं। वे अपने मनोभावों को छिपाने, किसी से न कहने—यानी परेशानियों को चुपचाप झेलने और नॉर्मल बने रहने में यकीन करते हैं। भावुकता प्रकट नहीं करते। वैसे अन्दर से बहुत संवेदनशील हैं।

पशुपति का घर बैठकबाजों का अड्डा था। नाना प्रकार के लोग आते। सबका अपना-अपना मुकाम और महत्त्व था।

एक थे जगदीश तिवारी। नाम याद से लिख रहा हूँ। उन्हें घंटाघर कहा जाता। उनकी विशेषता थी कि वे लोगों को बेवकूफ बनाते थे और लोग उनसे बेवकूफ बनने को आतुर रहते। उन्हीं के अनुसार—'देखो, यह लड़का कहीं जा रहा है न! अभी देखो, उसे कैसा बेवकूफ बनाता हूँ। ए भाई, जरा इधर तो आओ। चलो, बाबा की दुकान पर मिठाई खाते हैं।' उसे मिठाई खिलाते। 'आधा घंटा रोक लिया। ठीक है, एक रुपया खर्च हुआ न! एक रुपये में उसे आधा घंटा रोक लिया, कैसा बेवकूफ बनाया!'

जगदीश गाना गाते। उसी के साथ डांस करते। उनका प्रिय नृत्यगान था—'गली-गली नगर-नगर अब तो बात फैल गई'। वे दोनों हाथ समानान्तर उठाकर हरकत में लाते—गली-गली नगर-नगर बनाते।

कोई उनसे बात करे तो पशुपति डाँटते—'कलाकार से विद ड्यू रिस्पेक्ट बात करो।' घंटाघर खुश हो जाते। वे कभी-कभी अपने पिता की आलोचना करते; कहते—'हमार दादा अपने को बहुत चतुर समझते हैं। लेकिन हम का करैं, हम भी बुरचोदी होत जाइत हैं इंटिलीजेंट।'

उर्दू के मशहूर लोकप्रिय कवि बेकल उत्साही मेरे हमउम्र वहाँ विद्यार्थी थे। लमछर गोरे। सुकंठ। 'मैं बागी हूँ, बगावत काम है मेरा' गाते। जवाहरलाल नेहरू का भाषण होना था। बेकल साहब ने भाषण के पहले नज्म गाई। नेहरू जी ने कहा—'जब यहाँ ऐसे-ऐसे उत्साही बच्चे हैं तब सब ठीक है।' बेकल साहब तब से बेकल उत्साही हो गए। मेरे गाँव में उनका एक गीत 'सखि बन बन बेला फुलान निठुर परदेस गए' बहुत मशहूर हुआ। बेकल की भाषा में लय की तरावट अवधी की होती थी। गाते वे बहुत अच्छा थे। धुनें पुरबिया होतीं। उनकी एक गजल का यह मिसरा—'आ तुझे गीत का अन्दाजे तरन्नुम दे दूँ' उनकी काव्य-क्षमता का प्रतीक है।

बेकल बहुत मिलनसार थे, मीठे थे। जो-जो सरकारें बनीं, उनके साथ उनके सम्बन्ध मधुर रहे। पद्मश्री हुए। वे हिन्दी-उर्दू, दोनों के कवि-सम्मेलनों में आग्रहपूर्वक बुलाए जाते। वे जनता को मोह लेनेवाले मंचीय कवि-शायर थे। मेरे और मेरे भाई शेरसिंह के भी वे सुपरिचित थे।

संघ पर प्रतिबन्ध लग गया था। प्रतिबन्ध हटाने के लिए सत्याग्रह की तैयारी चल रही थी।

प्रतिबन्ध गृहमंत्री सरदार पटेल ने लगाया था। उन्होंने कहा—'जब हमने देखा कि बच्चों से कहा जाता है कि वे माँ-बाप का कहा न मानें तो हमें चिन्ता हुई। यह भी देखा कि जिस पिस्तौल से बापू मारे गए, वह ग्वालियर की थी।'

कुछ दिनों के लिए संघ के स्वयंसेवक निष्क्रिय रहे। लगभग एक महीने बाद एक आदमी मुझे खोजता हुआ मेरे जीजा के यहाँ आया। वह गांधी-टोपी, खद्दर का कुर्ता पहने बिलकुल कांग्रेसी लग रहा था। मैंने देखते ही पहचान लिया, ये तो श्याम लाल पांडेय हैं। गोंडा के भूरी कंजी आँखों वाले स्वयंसेवक। वह मुझे देखते ही बोले—'पथ भूल न जाना पथिक कहीं।'

मुझे एक पार्क में ले गए। फिर समझाया—'ऊपर का आदेश है, हमें कार्यविधि बदल देनी है। जगह-जगह मंडली बनाओ—खेलकूद की, कीर्तन की, बच्चों की पढ़ाई की।' जाते समय उन्होंने फिर एक पंक्ति पढ़ी—'पथ पर जाते हुए पथिक को अक्सर शाम हुआ करती है।'

मैं आदेश पर जान दे देनेवाला स्वयंसेवक था। मुझे अच्छा लगा कि राष्ट्रीय कार्य फिर कर रहा हूँ। मैंने रमना में, जहाँ अब एम.एल.के. कॉलेज है, क्लब शुरू कर दिया। लगभग बीस पुराने स्वयंसेवक रोज शाम को मिलते। सप्ताह में एक बार कीर्तन-मंडली इकट्ठा होती—झारखंडी मन्दिर में, जहाँ अब बस अड्डे के पास स्टेशन बन गया है। हम कीर्तन में गाते—'केशव माधव दीन दयाल'।

केशव यानी आदि संघ-स्थापक केशव बलराम हेडगवार। माधव यानी माधव सदाशिव गोलवलकर और दीनदयाल उपाध्याय और इस तरह संघ-कार्य फिर बदले हुए रूप में चलने लगा। इस बीच एक बड़ी योजना आई शिक्षा प्रसार की। धड़ाधड़ पैम्फ्लेट आने लगे। योजना का प्रचार होने लगा। स्वयंसेवकों की टोलियाँ बन गईं जो उपनगरों और गाँवों में जाकर बच्चों और अशिक्षित बुड्ढों को पढ़ाने का काम करने लगीं। मैं प्रमुख था। प्रचारक कौशलेन्द्र जी और मैं चाउरखाता गए। बिन्देश्वरी सिंह के यहाँ रुके। रात करीब आठ बजे कुछ बच्चे और एकाध बुड्ढे आते थे। हम उनसे बात करते और थोड़ा-बहुत पढ़ाते। ज्यादातर संघ की बातें करते या शिवाजी, राणाप्रताप, वीर हकीकत राय की। मेरा मन इस काम में नहीं लगता। बिन्देश्वरी सिंह के यहाँ खाना सादा किन्तु स्वादिष्ट मिलता था। वे लोग हम कार्यकर्ताओं को राष्ट्रसेवक समझकर श्रद्धापूर्वक भोजन कराते। हमारा खयाल रखते। एक रात मैंने भाँग पी। भोजन किया। सोचने लगा और 'साकेत' की पंक्तियाँ याद आईं :

करुणे, तू क्यों रोती है 'उत्तर' में और अधिक वो रोई
मेरी विभूति है उसको भवभूति कहे क्यों कोई।

'उत्तर' के श्लेष तक दिमाग नहीं गया था सो समझ में नहीं आ रहा था कि उत्तर देने के बजाय करुणा और अधिक रोने क्यों लगी? मैं उसी उम्र में यानी सोलह-सत्रह में अपने को मैथिलीशरण गुप्त काव्य का अधिकारी समझता था, तो परेशान रहा। सहसा भवभूति के 'उत्तर रामचरित' पर ध्यान गया और पंक्ति का मर्म समझ में आया।

मैथिलीशरण गुप्त की पंक्ति समझने के बाद मैं भी भाँग के महत्त्व का कायल हो गया। साधना में निरन्तरता जरूर नहीं आई।

कुछ दिनों बाद शिक्षा प्रसार योजना के तहत बलरामपुर में एक सभा हुई। उसमें स्थानीय कांग्रेसी एम.एल.ए. बलदेव प्रसाद सैलानी भाषण देने आए। उन्होंने कहा—'हम लोगों ने तय किया है कि शिक्षा प्रसार योजना का हम समर्थन करेंगे।' उन्होंने भाषण में कांग्रेसी नेता शिवनारायण टंडन का भी नाम लिया। बाद में हमने बलरामपुर नगर में एक लम्बा जुलूस निकाला। उसमें ज्यादातर छोटे-छोटे बच्चे थे। मुझे जुलूस को अनुशासित करने का काम दिया गया। मैं जगह-जगह सीटी बजाता। मैं शिक्षा प्रसार के महत्त्व पर तीन-चार मिनट भाषण देता, फिर सीटी बजाता। जुलूस चल देता। करीब एक घंटे तक यात्रा चली। यात्रा समाप्त होने पर प्रचारक भाऊराव सावरगाँवकर ने कहा—'आज तुम्हारे कार्य से मैं प्रसन्न हुआ।' मुझे अन्त तक नहीं मालूम कि बच्चों की भीड़ कहाँ से आई? पोस्टर, दफ्ती, झंडे किसने तैयार किये?

शिक्षा प्रसार की योजना के साथ विद्यार्थी परिषद् की स्थापना हुई। इसकी विधिवत् घोषणा करने के लिए बलरामपुर में या कि जिला गोंडा में (तब बलरामपुर जिला गोंडा के अन्तर्गत था। स्वतंत्र जिला नहीं बना था) समारोह आयोजित किया गया, जिसका उद्घाटन डॉ. कृष्ण बहादुर, डी.फिल. को करना था। प्रचारक सावरगाँवकर बहादुर को 'बहाद्दुर' कहते। हम डी.फिल. को समझते कि कोई बहुत बड़े अधिकारी की पदसूचक उपाधि है। हम लोग इससे बेहद प्रभावित-आतंकित थे। जगह-जगह कहते घूमते—डॉ. कृष्ण बहादुर, डी.फिल. आ रहे हैं। उनको टिकाने के लिए बलरामपुर रियासत का गेस्ट हाउस बुक किया गया। व्यवस्था का जिम्मा मेरा था क्योंकि विद्यार्थी परिषद् का संयोजक मैं ही था। उन्हें जिस गाड़ी से आना

था, वह रेलवे स्टेशन पर सवेरे चार बजे पहुँचती थी। यह वही गाड़ी थी जिससे मैं राप्ती पुल पर दुर्घटनाग्रस्त होते-होते बचा था।

खैर, उन्हें लाने के लिए कलारास घोड़े से खिंचने वाली बग्घी का इंतजाम भी रियासत की ओर से हो गया। मैं ठीक पौने चार बजे स्टेशन पहुँचा। गाड़ी ठीक समय पर आई लेकिन डॉ. कृष्ण बहादुर डी.फिल. नहीं आए।

मैं और पशुपति गेस्ट हाउस पहुँचे। सोचा, थोड़ी देर मौज-मस्ती करेंगे। गेस्ट हाउस में स्नान नित्यकर्म करेंगे। देखेंगे, गेस्ट हाउस में कैसा होता है लेकिन चौकीदार या केयरटेकर मेरी पोशाक देखकर भाँप गया। उसने पंखे वगैरह बन्द कर दिये और हमें डाँटकर भगा दिया और कमरे में ताला लगा दिया। हम अपना-सा मुँह लेकर गेस्ट हाउस से निकल आए।

रियासत में महारानी के व्यक्तिगत सचिव श्री यज्ञमणि दीक्षित थे। वे विद्वान, दर्शनशास्त्र के पंडित नेपाल के कर्मकांडी ब्राह्मण थे। उनके छोटे भाई श्री राजमणि दीक्षित भी उच्च पदाधिकारी थे। बलरामपुर में दीक्षित-बन्धुओं की चलती थी। पंडित रामप्रकट मणि, एल.सी. कॉलेजिएट के प्रिंसिपल बंगाली चौधरी साहब उनके पार्षद थे। मुझे संघ की ओर से आदेश हुआ कि उनके पास जाकर परिषद् के लिए चन्दा उगाहो। मैं पशुपति के साथ गया। पशुपति के पिता श्री गुरुबख्श सिंह को दीक्षित-बन्धु जानते थे। पशुपति महाराजा के वंशीय थे। दीक्षितजी ने कहा—'तुम लोग अभी पढ़ो-लिखो, देश का काम बाद में करना।' जवाब में मैंने कुछ कहा तो दीक्षित जी ने पं. रामप्रकट मणि और चौधरी साहब की ओर मुस्कराकर देखा और कहा कि 'यह बालक तीव्र बुद्धि का मालूम पड़ता है।' उन्होंने सौ रुपये दिये। 1949 में हम प्रमुदित हुए। चलते हुए हमने नमस्ते की तो उन्होंने कहा—'नमस्ते मत कहो, प्रणाम कहो।' हमने प्रणाम कहा। हमने देखा कि उनके पास जो आता था, उनका चरण-स्पर्श करता था। बीसियों नौकर-चाकर उनकी सेवा में थे। सब नेपाली थे। उनका निवास राजभवन में ही था। बलराम के महाराजा पाटेश्वरी प्रताप सिंह का विवाह नेपाल के राणा-वंश की कन्या से हुआ था।

सौ रुपये राजा भाऊ सावरगाँवकर को हमने दे दिये।

मुझे चन्दा माँगने एक जगह और भेजा गया। एक कपड़ा दुकान्दार के यहाँ। कपड़ा दुकान बलरामपुर चौक में थी। संघप्रेमी मारवाड़ी दुकानदार अधेड़ उम्र के थे। दुकान अच्छी चलती थी। वे तरोताजा स्वस्थ, प्रसन्न गोरे सुवेशी पोशाक से चुस्त-दुरुस्त हँसमुख व्यक्ति थे। मैं तीन-चार कार्यकर्ताओं के साथ गया था। मैंने

उनसे बीस रुपये माँगे। उन्होंने कामकाज में मन्दी का रोना रोया। बड़ी मुश्किल से अठन्नी देने पर राजी हुए। मुझे बड़ा अजीब लगा। मैंने उनसे कहा—'आप चन्दा मत दीजिए। आपकी दशा पर तो मुझे ही दया आ रही है। आपको मैं ही एक रुपया दान में दे रहा हूँ।' यह सुनकर उन्हें बहुत क्रोध आ गया। मुझे बदतमीज कहकर पूरी मंडली को दुकान से भगा दिया। मैंने उन्हें कुछ पलटकर नहीं कहा। हम लोग हँसते हुए बाहर निकले। रतिभान ने कहा—'ठीक किया साले को।'

प्रचारक कौशलेन्द्र जी ने कहा—'तुम किसी दुकानदार से चन्दा माँगने मत जाना। तुम चन्दा उगाहना नहीं जानते। तुम अखबार बेचने का काम करो।'

तीन अखबार थे—'राष्ट्रधर्म पत्रिका', 'आर्गनाइजर' और 'पाँचजन्य'। एक अखबार नागपुर से निकलता—'युगधर्म' या 'युगप्रभात', यह नाम ठीक से नहीं याद पड़ रहा है। ये सब स्कूल में आते थे मेरे पते से। पहले वे हेडमास्टर डॉ. भगवतीप्रसाद सिंह के ऑफिस में पहुँचते। वे मुझे घूरकर देखते, डाँटते, समझाते फिर मेरे हवाले कर देते।

मैं एक स्वयंसेवक प्रेम के साथ इसे बेचता-बाँटता। कुछ पैसे मिलते, कुछ नहीं मिलते। तब हम उसे स्कूल में नोटिस बोर्ड पर चिपका देते। सब उसे पढ़ते। थोड़ी देर में स्कूल का चपरासी उन्हें फाड़कर फेंक देता। पैसे अक्सर हमारे पास नहीं होते। राष्ट्रीय पैसे खर्च करने की हिम्मत नहीं पड़ती।

संघ कार्यालय में एक स्वयंसेवक सन्तराम त्रिपाठी रहते थे। विवाहित थे। गंजे हो चले थे। अकड़ू थे। आलोचना सबकी करते। उन्हें भी भूख लगती और पैसे पास नहीं होते। एक दिन मुझसे बोले—'यार, क्या राष्ट्रीय-राष्ट्रीय लगा रखा है! सब्जी मंडी के पास कलेजी वाला बैठता है। अखबार से उगाहे पैसे निकालो—चलो, कलेजी खाते हैं। भूख लगी है। आखिरकार हम भी तो राष्ट्रीय नागरिक हैं। स्वस्थ नहीं रहेंगे तो देश की सेवा कैसे करेंगे?'

मैं मांसाहारी था। मेरे पिता जी मांसाहार के शौकीन थे। जाड़े में आनेवाले एक बेहद खूबसूरत और जायकेदार पक्षी पटेरा के शौकीन थे। सन्तराम भी मांसाहारी थे। सो हमने सब्जी मंडी में जाकर भुनी हुई कलेजी खाई और राष्ट्रीय सेवा का व्रत दुहराया। प्रचारक कौशलेन्द्र जी से कह दिया—'पैसा कोई देता ही नहीं।'

कुछ दिनों बाद मेरे नाम से अखबार आना बन्द और हमारा कलेजी खाना मौकूफ।

सन्तराम त्रिपाठी बलरामपुर के पास ही किसी गाँव में रहते थे। उच्चकुलीन

ब्राह्मण थे। खेती थी, भैंस थी। लोटा भर घी लाए। घरवालों ने दे दिया कि सन्तराम खाएँगे तो स्वस्थ रहेंगे। लोटा कार्यालय में रख दिया गया। कार्यालय लॉज यानी निवास भी था। वहीं मैं, सन्तराम, कौशलेन्द्र जी और प्रताप नारायण तिवारी रहते थे। प्रताप जी जिला संघचालक थे। घी, दूध का शौक था। लोटा भर घी देखा तो उसके साथ न्याय करने लगे। सन्तराम ने ताड़ा, प्रताप जी घी चम्मच से नहीं, हाथ से निकालते हैं।

एक दिन अकेले में मुझसे कहा—'ई देखो, घी लाया हूँ मैं और थोड़ा-थोड़ा इसलिए खाता हूँ कि देर तक चले और प्रताप जी चकोटा भर-भर के निकाल-निकाल के खा जाते हैं। तौ का हमहीं भद्रा में पैदा हुए हैं? हम भी चकोटा भर-भर के निकालेंगे।'

और घी जल्दी ही खतम हो गया। सन्तराम को राहत मिली। घी के नाम पर खाये हमार...।

संघ पर प्रतिबन्ध लगा था और प्रतिबन्ध हटवाने की कोशिश हो रही थी। नतीजा न निकला तो प्रतिबन्ध के विरुद्ध सत्याग्रह करने की योजना बनी। विद्यार्थियों और नवयुवकों पर ज्यादा भरोसा था। जोर-शोर से तैयारियाँ चलने लगीं। विद्यार्थियों को सत्याग्रह के लिए तैयार करने का कार्य मुझे सौंपा गया। मैंने लगभग बीस विद्यार्थी तैयार कर लिये। ज्यादातर छात्र डी.ए.वी. स्कूल के थे। राम मूरत, बाबू लाल, रतिभान, रामदास आदि, सन्तराम जी तो थे ही। रोज मीटिंग करता कि मन बना रहे। एक दिन कुछ विद्यार्थियों ने कहा—'घरवाले मना कर रहे हैं। हम तो नहीं जा पाएँगे।' मैं निराश होकर रोने लगा तब विद्यार्थियों ने कहा—'अच्छा, बिसनाथ जी, जाएँगे-जाएँगे।' और उन्होंने सत्याग्रह में भाग लिया भी।

प्रतिबन्ध तोड़ने का आयोजन राजमहल के सामने रामलीला मैदान में किया गया। गिरफ्तारी के पहले एक घटना घटी। सत्याग्रह के लिए पशुपति भी आए थे। ऐन वक्त पर उनके घर के लोग आए और वे जबरदस्ती पशुपति को उठाकर घर वापस ले गए। मुझे बहुत बुरा लगा लेकिन कुछ नहीं हो सकता थ।

वह 25 दिसम्बर की शाम थी। जाड़े में शाम जल्दी हो जाती है। चार बजे का समय दिया गया था। नियत समय पर करीब पचास लोग इकट्ठे हुए। शाखा का कार्यक्रम करने लगे। पुलिस ने उन सबको गिरफ्तार कर लिया। हम लोग जुलूस में नारे लगाते हुए चलने लगे। पुलिस हमें पुलिस स्टेशन ले गई। हवालात में बन्द कर दिया। खाने को कुछ नहीं दिया। रात को बारह बजे के करीब बस में बिठाकर

गोंडा कचहरी की जेल में ले गए। मैंने पहली बार जेल देखी। जेल जाने के अनुभव का रोमांच हुआ; थोड़ा गर्व का अनुभव हुआ। सोचा—तिलक, गांधी, जवाहरलाल, सुभाषचन्द्र बोस जेल गए थे। इसी गोंडा जेल में खुदीराम बोस थे। आखिर गुरुजी भी तो जेल में हैं।

दूसरे दिन ड्रेस बदलने की कार्रवाई शुरू हुई। जेलवालों ने चालाकी की। कहा कि एक-एक करके सत्याग्रहियों को छोड़ा जा रहा है। एक-एक जाता, वहाँ उसको सजा सुनाई जाती और वहीं जबरदस्ती उसके कपड़े उतारकर उसे कैदी की पोशाक पहना दी जाती। हमें आदेश था कि जेल के कपड़े नहीं पहनने हैं। लेकिन लोगों ने डर के मारे या जोर-जबरदस्ती के मारे पोशाक पहन ली थी। मुझे बुलाया गया। तीन महीने की सजा सुनाई गई। कपड़े बदलने के लिए कहा गया तो मैंने हाथ-पैर समेटकर मुट्ठी बाँध ली। वार्डन ने कहा—'यहाँ बड़े-बड़े कपड़े बदल लेते हैं और इस लौंडे को देखो! इसे अभी ठीक करते हैं।' मुझे उल्टा टाँगकर नंगा कर दिया। फिर शरम के मारे मैंने कपड़े बदल लिये। 'प्रतिबन्ध तोड़ दो, गुरु जी को छोड़ दो' नारे लगाता रहा। जेल के कपड़े पहना दिये गए तो मैं उदास अकेले वहीं बैठा रहा। रोने का मन कर रहा था लेकिन किसके आगे रोता?

थोड़ी देर में वहाँ छोटा जेलर आया। वह गोरा, दोहरे बदन का अधेड़ मुसलमान था। उसने निहायत शराफत से मुझसे पूछा—'यह सब तुम लोग क्यों कर रहे हो?' मैंने उससे संघ का सिद्धान्त बघारा। वह ताज्जुब से मुझे देखता रहा। मैं गुस्से में था और उसे बेधना चाहता था। मैंने पूछा—'क्यों, आपके घर में बच्चे नहीं हैं जो आप हम लोगों पर इतना जुल्म कर रहे हैं?' वह चुप, गम्भीर हो गया। और चला गया।

थोड़ी देर में उसका सहायक कोई हिन्दू नौजवान आया। उसने मुझे अपने साथ लिया और एक बैरक में दाखिल कर दिया। मुझे अपने साथियों से अलग कर दिया। वह लौंडा बैरक थी। उसके बच्चे पॉकेटमार, गिरहकट, छोटी-छोटी चोरियाँ करने वाले, घर से भागकर आनेवाले बच्चे थे। वे अनेक प्रकार के फिल्मी गाने गा रहे थे और अश्लील बात कर रहे थे। मुझे बहुत तकलीफ हुई। सोचा, अब तीन महीने इन्हीं के साथ रहना पड़ेगा। हे राम! एक ने मेरे कपड़े देखकर कहा—इसकी साफी कहाँ है, नहीं है। सबेरे इस पर मार पड़ेगी। तब पता चलेगा बच्चू को। मैं और घबरा गया। एकाएक उसमें से एक लड़के ने मुझसे कहा—'अरे बाबू, आप यहाँ कैसे आ गए? मैं बलरामपुर के खलवा मुहल्ले का हूँ। मैं आपको जानता हूँ। आप तो पढ़ते थे?' फिर उसने और लड़कों को डाँटा—'ये पढ़े-लिखे शरीफ लड़के हैं। इनसे

बदतमीजी मत करना। ये सत्याग्रह करके आए हैं।' उसने मेरे कपड़े सँभाल दिये।

लौंडा बैरेक, वही जिसे जुविनाइल बैरक कहें, अपराधी बच्चों की बैरेक। इन बच्चों से झाड़ू लगवाई जाती, कपड़े धुलवाए जाते, छोटे-मोटे दौड़-धूप के कार्य करवाए जाते। इन्हें जेल में बन्द राजनीतिक नेताओं की सेवा में, जेल अधिकारियों के घर पर काम करने के लिए भेजा जाता। इनका विविध प्रकार से शोषण भी किया जाता। कुल मिलाकर वह स्थान हर तरह से मैला-कुचैला और गंदी-अभद्र लेकिन निरीह हरकतों से भरा हुआ था। मुझे दूसरे दिन सुबह होते ही वहाँ से निकालकर अपने साथियों के साथ कर दिया गया।

वहाँ दो स्लैब्स के बीच छूटी हुई निचली करीब 3 फीट चौड़ी और 6 फीट लम्बी जगह में हम दो तसला, दो कंबल लिये बैठे या लेटे रहते। जेल में वे शाखा नहीं करने देते लेकिन हम कोरस और गीत गाते। चर्चा करते, अन्त्याक्षरी खेलते। कभी-कभी किसी का भाषण भी होता। सबेरे, फीकी दलिया गुड़ के साथ या सूखा भुना चना गुड़ के साथ नाश्ते में मिलता। दोपहर को दो मोटी-मोटी जली-अधजली रोटियाँ, पनही दाल और सब्जी मिलती। जेल की सब्जी को झलरा कहते। वह सब्जी पौधे की जड़ों को कूटकर बनाई जाती। जैसे गोभी के फूल की नहीं, गोभी के डंठल की जड़ या पत्तों की सब्जी बनाई जाती, वैसे ही मूली, बैंगन आदि की। शाम को बैरक से थोड़ी दूर पर ही दाल में तड़का लगता जिसकी गंध आती। हम समझ लेते कि खाना आनेवाला है। शुरू में खाना बिलकुल अच्छा नहीं लगता था। बाद में धीरे-धीरे अच्छा लगने लगा। दो तसले में से एक हम टट्टी में जाने के लिए काम में लाते। दूसरे से पानी पीते। कभी-कभी संजोग मिलता तो नहाते भी। कम्बल गंदे और पता नहीं किन लोगों के इस्तेमाल किये हों! उनमें जुएँ भी होते। लेकिन कई लोगों के साथ रहने से वातावरण गुलजार रहता।

पता नहीं क्या हुआ कि कुछ दिनों के बाद मुझे सबसे अलग सालिटरी सेल में भेज दिया गया। यह मैं आज तक नहीं समझ पाया। शायद खुफ़िया रपट के कारण। उस समय मैं सत्रह साल का था। सालिटरी सेल खौफनाक जगह थी। शायद डराने के लिए वहाँ भेजा गया।

कहते हैं कि सालिटरी सेल में खतरनाक कैदी, जिन्हें फाँसी देनी होती थी, इसी तरह के कैदी रखे जाते थे। छोटी-छोटी कोठरियाँ बनी थीं। छत बहुत ऊपर। टट्टी-पेशाब करने के लिए दो तसलेनुमा बर्तन रखे थे, बस। खाना एक छेदनुमा खोह से अन्दर दे दिया जाता। सुबह-शाम एक घंटे के लिए बाहर हथकड़ी पहनाकर

ले जाया जाता। मैं बिलकुल ऐसा खतरनाक नहीं था। लेकिन एक बात जरूर हुई थी—गोंडा जेल में खाना शाम को दिन डूबते ही दे दिया जाता था। रोज शाम को खाने के बाद विचार-विमर्श बौद्धिक होता था। एक बार विषय था प्रतिबन्ध हटाने के लिए आप क्या करेंगे? मेरी बारी आई तो मैंने कहा—'एक ऐसा आन्दोलन करना चाहिए जिसमें स्वयंसेवक विधानसभा के सामने अपना सिर काटकर फेंक दें। ऐसे स्वयंसेवकों की लिस्ट बनाई जाए जो ऐसा करने के लिए तैयार हों। मैंने प्रस्तावित किया कि इसमें पहला नाम मेरा लिखा जाए। मेरे सामने गुरु गोविन्द सिंह के पंच प्यारे, हकीकत राय आदि की गाथाएँ घूम रही थीं। हो सकता है, प्रस्ताव के नाम की सूचना किसी ने जेल अधिकारियों को पहुँचा दी हो! खैर, मुझे वहाँ सात दिन रखा गया। मैंने वहाँ कविता लिखी जिसकी कुछ पंक्तियाँ याद हैं। पहली पंक्ति तो पं. शिवशरण पांडे के मुँह से सुनी हुई लांग फेलो की एक पंक्ति का अनुवाद है :

मैं मानव हूँ उड़ न सकूँगा पर पग रखता चढ़ सकता हूँ
सागर में यदि सोम छिपा लाकर अनंत में जड़ सकता हूँ
अरे अँधेरे, कमर कसा तुमने रव्याच्छादन को
अथवा पावन पुण्य तपस्वी शुभ माधव आनन को

(माधव—माधव सदाशिवराव गोलवलकर गुरु जी)

स्वार्थांध सत्तामदांध कुछ तो शरमाओ
माखंडन का दीप जलाने वालो, निजमस्तक न उठाओ।

एक दिन शाम को सिविल सर्जन मुझे देखने आया। दूसरे दिन सुबह मुझे लखनऊ सेंट्रल जेल भेज दिया गया हथकड़ी पहनाकर। वहाँ की व्यवस्था अच्छी थी। वहाँ के कई स्वयंसेवकों की याद है—सुदर्शन, विनोद कुमार दीक्षित, एक बच्चन जी थे। लल्लन प्रसाद व्यास, जो बाद में संघ की ओर से देश-विदेश में हिन्दी भाषा के विकास का काम देखने लगे। वहाँ खाना बेहतर मिलता था। कई स्वयंसेवक पढ़ने-लिखने वाले थे। एक बंगाल का स्वयंसेवक था। कई हरिद्वार के थे। उनमें से एक बौना था। वह बहुत झगड़ालू था। कुछ दिनों बाद सार्वजनिक क्षमादान करके विद्यार्थियों को छोड़ दिया गया। मुझे भी।

छूटते समय जेल के सामने एक छोटे-से पार्क में कुछ स्वयंसेवकों के साथ बाजपेयी जी—अटल बिहारी बाजपेयी जी मिले। उन्होंने सबका परिचय लिया।

शायद कुछ खिलाया-पिलाया। मेरी कविता सुनी। उसे अपने पास रख लिया। कहा, छापेंगे। और मैं जेल से छूटकर फिर बलरामपुर पहुँचा।

बलरामपुर स्टेशन पर हमारा स्वागत हुआ। लेकिन मुझे घरवालों की याद आ रही थी। घरवालों की याद से जेल में—गोंडा जेल में—दादा का मिलना याद आ गया। दादा मैं अपने पिता को कहता था। वे लम्बे, पतले इकहरे बदन के पहलवान थे। ऊपर से बहुत रूखे। मुझे याद नहीं, कभी मुझे प्यार किया हो या अपने साथ बिस्तर पर सुलाया हो! जेल में एक दिन वार्डन ने खबर की कि तुमसे कोई मिलने आया है। मैं जेल के फाटक पर मिलने के लिए गया। देखा तो दादा थे। दादा उदास बैठे थे। मिलने का समय पन्द्रह मिनट का था, वे चौदह मिनट तक चुप मेरे सामने बैठे रहे। मैं जेल के कपड़ों में था। वे मुझे देखते रहे। उनके ओठ फरफराते रहे। आख़िर में यह कहते हुए उठकर चले गए कि 'तुम माफी तो माँगोगे नहीं।'

बलरामपुर में एक और घटना हुई जिससे दादा विह्वल हुए। मैं गाँव से बलरामपुर अपने जीजा के यहाँ पहुँचता था। एक बार ऐसा हुआ कि गाँव से चला सीधा संघ के कार्यालय पहुँचा। वहाँ से सीधे गोरखपुर चला गया। वहाँ संघ का समारोह था। गुरु जी आनेवाले थे। घर पर खबर पहुँची कि मैं तो बलरामपुर जीजा के यहाँ पहुँचा ही नहीं। दादा घबराए—बिसनाथ कहाँ गायब हो गया? अन्दर से चिन्ता करते थे।

गाँव से गैसंडी स्टेशन के रास्ते में नदिया पड़ती थी। जंगली जानवर मिलते थे। चोर-बदमाश मिलते थे। मैं घर से निकलता था तो मोहल्ले-पड़ोस के लोग मुझे विदाई देते थे। दादा घर के दरवाजे पर ही खड़े रहते। चुपचाप।

वे मुझे ढूँढ़ने निकल पड़े। रास्ते में एक गद्दी मिला। गद्दी एक ऐसी जाति है जिसे नाजायज पेशा या अपराधकर्मी शुमार किया जाता है। वह बैठा था। दादा उसके पीछे जाकर बैठ गए तो उसने घूमकर पैंतरा बदला और लाठी से प्रहार करने को था कि दादा का चेहरा देखकर रुक गया। बोला—'खुशकिस्मत हो कि बच गए। मेरे पीछे आकर क्यों बैठे?' दादा ने अपनी विपदा सुनाई—'बड़ा लड़का नहीं मिल रहा है। बलरामपुर पढ़ने गया था, पता नहीं, कहाँ क्या हुआ?' कहते हैं कि उसने अँगुलियों से कुछ गिना और कहा—'घबड़ाओ मत; वह कल तक मिल जाएगा।'

दूसरे दिन बढ़नी से छोटके काका मुझे ढूँढ़ने बलरामपुर पहुँचे तो उन्हें लोगों ने बताया—'भइया, आजकल ये साले संघ वाले उत्पात मचाए हैं। छोटे-छोटे बच्चों को गुमराह करते हैं कि माँ-बाप का कहना न मानो। दंगा-फसाद करो। गांधी जी-

नेहरूजी को गाली दो। हिन्दू-मुसलमान दंगा कराओ। शादी-ब्याह न करो। कुँआरे रहो। पढ़ाई-लिखाई न करो—यही सब शिक्षा देते हैं। संघ वाले अनेक बच्चों के साथ तुम्हारे बच्चे बिसनाथ को भी गोरखपुर ले गए हैं 'गुरुजी के पास'।

छोटके काका ने दादा को खबर दी। दादा बढ़नी से लौट रहे थे। संजोग की बात कि जिस समय वे बढ़नी से गैसंडी स्टेशन पर उतरे, ठीक उसी समय मैं भी बलरामपुर से गैसंडी उतरा। उन्हें देखा तो मैं डरा। दादा ने मुझे मारा कभी नहीं था लेकिन मैं उनसे डरता बहुत था। उनका गुस्सा देखा था। मैंने सोचा, अब मेरी सख्त पिटाई होगी। पिटाई से कम, उन्हें गुस्से में देखने से ज्यादा डर लगता था। लेकिन दादा कुछ नहीं बोले। करीब बारह मील का रास्ता था गैसंडी से बिस्कोहर। रास्ते में सिर्फ यह कहा—'खाना कुछ खाया है कि नहीं? भूख तो नहीं लगी है? किसी को बताकर कहीं जाया करो।' मुझे आश्चर्य हुआ—दादा के नाराज न होने पर।

और मैं जेल से गाँव पहुँचा तो दादा ऊपर छत पर चले गए। अम्मा नीचे थीं। मुझे देखते ही पकड़कर चीखने लगीं। दादा ने अम्मा की आवाज सुनी तो हड़बड़ाकर सीढ़ी से नीचे उतरे। मुझे देखा तो फिर चुपचाप ऊपर छत पर चले गए। अम्मा देर तक मुझे चिपटाए रोती रहीं।

कुछ दिनों बाद बलरामपुर पहुँच मैं फिर 'राष्ट्रीय कार्य' में लग गया। बहन के घर ही पर रहने लगा। अब जीजा के घरवाले मुझे पहले जैसा अपनापन नहीं देते, बल्कि शक की नजरों से देखते—पता नहीं, यह क्या करता रहता है! इसकी पार्टी ने गांधी जी को मारा है, यह भी उसमें शामिल न हो!

मैं सबेरे उठता। पूर्व दिशा में एक पोखरा था, वहीं जाकर नित्यकर्म से निपटता। स्नान वहीं करता। एक छोटा-सा मन्दिर था। उसमें 'रामचरितमानस' का पाठ होता रहता। मैं सबेरे कुछ खाता था या नहीं, याद नहीं। शायद, अक्सर नहीं मिलता था। क्लास में पढ़ाई के समय कभी-कभी मेरा दिमाग भूख से सन्न हो जाता फिर क्लास में क्या पढ़ाया जा रहा है, समझ में नहीं आता। करीब तीन बजे छुट्टी होती तब घर आकर खाना खाता। आर.एस.एस. के लोग सब कुछ करते थे लेकिन मुझे खाना-पीना मिलता है या नहीं, इसकी परवाह नहीं करते थे। कभी-कभी गणवेश यानी हाफ पैंट, कमीज, काली टोपी, बेल्ट, किरमिच के जूते ठीक न होने पर डाँट भी पड़ती। मैं संकोच, शर्म या गरीब कहलाने के डर से उन्हें अपनी स्थिति नहीं बताता। लेकिन ऐसी स्थिति बतानी नहीं पड़ती, लोग जान लेते हैं। मेरी स्थिति सबको पता थी।

कुछ दिनों बाद आठवीं क्लास में अच्छे नम्बर आने के कारण मुझे वजीफा मिल गया। आठ रुपये महीना था। तब मेरी स्थिति ठीक हो गई। उन दिनों आठ रुपये महीने, ऊपरी खर्च के लिए काफी होते थे। मेरे जैसे विद्यार्थी के लिए बहुत होते थे। जेल जाने के बाद वजीफा बन्द हो गया।

जीजाजी के घर पर रहने के दिनों की कई घटनाएँ याद आती हैं। बड़ा परिवार था। पाँच भाई थे, उनकी पत्नियाँ थीं। सबसे कमाऊ भाई बच्च बाबू की एक ही सन्तान थी लीला। वह पागल थी। घर में झगड़ा होता; खास तौर पर मेरी बहन और उनके पति में, तब मेरी स्थिति बहुत खराब होती। मैं बहुत अपमानित अनुभव करता। ऐसे अवसरों पर गरीब रिश्तेदार को बड़ा अपमानित करते हैं।

एक घटना और हुई। वहाँ आटा मशीन में एक काला कलूटा अधेड़ आदमी काम करता था। आप जानते हैं कि साला-जीजा में हँसी-मजाक का रिश्ता होता है। वहाँ काम करनेवाले सभी आदमी मुझसे मजाक करते। कभी-कभी कुछ लोग निहायत भद्दा मजाक करते। वह अधेड़ आदमी भद्दा मजाक भी करता और अकेले में मेरा गाल भी पकड़ता। मुझे बड़ा बुरा लगता। मैंने उसको चेतावनी देते हुए कहा—'ऐसा मत करो वर्ना मैं मारूँगा।' मुझे अपने पिता और काका, बड़के काका, छोटके काका का रोब याद आता। और यह साला मुझे क्या समझता है? खैर, उसने एक बार फिर वही हरकत की तो मैंने पास ही पड़ी एक सरिया ठीक उसके पाँव की हड्डी पर जोर से मारी। वह चीख उठा किन्तु कुछ नहीं बोला। थोड़ी देर बाद बोला—'तुम मेरे मालिक बच्च बाबू के रिश्तेदार हो वरना मैं तुम्हें अभी ठीक कर देता।' लेकिन इसके बाद उसने न मजाक किया, न हरकत की।

मैंने इसके पहले क्रान्तिकारी युवक केशव शुक्ला का उल्लेख किया है। केशव शुक्ला क्रान्तिकारी समाजवादी पार्टी के नेता-कार्यकर्ता थे। उन दिनों इस पार्टी में सर्वोपरि नेता योगेश चन्द्र चटर्जी थे। इस पार्टी का बहुत बड़ा समारोह बलरामपुर में हुआ। समारोह के आयोजक केशव शुक्ला ही थे। इस समारोह में मैंने यानी राष्ट्रीय स्वयंसेवक संघ के कार्यकर्ता बिसनाथ ने इस पार्टी के कई नेताओं—झारखंडे राय, केशव शर्मा और साथ योगेश चन्द्र चटर्जी—का भाषण सुना। चटर्जी हिन्दी में बोले। हालाँकि वे ठीक हिन्दी नहीं बोल पाते थे। लेकिन उनके व्यक्तित्व के प्रताप गौरव से उनका भाषण सर्वाधिक प्रभावशाली था। वे बोलते—'ब्रिटिश सरकार हमको जेल में डाला, हम गया। हम ब्रिटिश सरकार का विरोध करता, बम फेंकता, बिलकुल

नहीं डरता।' लोग तुमुल ध्वनि से 'ब्रिटिश सरकार, मुर्दाबाद' और 'योगेश चन्द्र चटर्जी, जिन्दाबाद' के नारे लगाते। मैं भी नारा लगाता।

एक बात यह थी कि स्वयंसेवक होते हुए भी मैं कांग्रेस, कम्यूनिस्ट, समाजवादी—सभी पार्टियों की सभाओं में जाता; सबसे प्रभावित भी होता। गांधी, नेहरू, सुभाष के प्रभाव से अछूता मैं कभी नहीं रहा। स्वयंसेवक होते हुए भी गांधीजी की हत्या होने पर मैं बहुत रोया था।

एक दिन जीजाजी के यहाँ आटा मशीन के पास केशव शुक्ल बैठे थे कि गेंदा ने—गेंदा उनकी पार्टी का कार्यकर्ता था, कहा—'झारखंडे राय घर पर आए हैं।' यह सुनते ही केशव हड़बड़ाकर उठे और कहा—'अब मैं चलता हूँ।'

केशव शुक्ला अक्सर मुझसे कहते—'तुम आर.एस.एस. में रह नहीं पाओगे।' एक दिन बहस में मैंने उनसे योगेश चन्द्र चटर्जी की आलोचना की। वे बिगड़ गए और बोले—'इस गोलवलकर ने देश की आजादी के लिए क्या किया है? तुम्हारी पार्टी ने देश की आजादी के लिए क्या किया? क्या तुम देश के करोड़ों मुसलमानों को पाकिस्तान भेज दोगे? तुम्हारी पार्टी देश के दुश्मनों—पूँजीपतियों, सामन्तों और बेवकूफों—की पार्टी है।'

मुझे बड़ा बुरा लगा। लेकिन मैं सोचने लगा।

सो उस दिन केशव शुक्ला ने मुझसे कहा—'तुम भी चलो, झारखंडे राय से मिल लो।' मैं उनके साथ हो लिया।

केशव शुक्ला ने पन्द्रह-सोलह साल की उम्र में सरकारी खजाना लूटा था जो इतिहास में 'पिपरहवाँ कांड' के नाम से मशहूर है। इस सरकारी खजाने की लूट की योजना झारखंडे राय ने बनाई थी। केशव शुक्ला का घर पास में ही था। घर झोंपड़ीनुमा था। केशव शुक्ला के बाप, माँ, केशव की पत्नी, उनका बच्चा उसी घर में रहते थे। पहुँचा तो देखा, झारखंडे राय एक झोला लिये वहीं एक कमरे में बैठे हैं। केशव शुक्ला को बताया कि 'गोंडा स्टेशन पर एक सी.आई.डी. वाला मिल गया। उसने मेरे कागजात की तलाशी ली। कागजात उसने जब्त कर लिये और मुझे छोड़ दिया। इसीलिए एक ट्रेन मेरी छूट गई।' मुझसे आर.एस.एस. के बारे में बात करने लगे। कुछ देर तक बात करने के बाद बोले—'अरे, मैं तो समझता था, तुम कच्चे हो। तुम तो पक्के हो।' खैर, तुम राहुल जी की किताबें पढ़ो। 'तुम्हारी क्षय हो', 'भागो नहीं, दुनिया को बदलो', 'मानव समाज'—अभी यही पढ़ो। आगे और किताबें बताऊँगा।'

मैंने उनके साथ खाना खाया। वे मुझे बहुत अच्छे लगे। बहुत सीधा-सादा। आन्दोलन के तेज और ब्रिटिश सत्ता के विरोध की गरिमा से भरपूर। केशव शुक्ला ने ही वे किताबें मुझे दीं।

मैं आर.एस.एस. में था और पढ़ाकू था। उन किताबों में कुछ ऐसा था जिसने मुझे विचलित कर दिया। मैं सबेरे पोखरे में स्नान करता, स्कूल जाता, आर.एस. एस. की शाखा में जाता और राहुल जी की कोई किताब पढ़ता। एक किताब में लिखा था—यह जो बिड़ला ने मन्दिर बनवाए हैं, वह मजदूरों के पैसों को काटकर बढ़ाई हुई आमदनी से। मजदूर ने दो रुपये की कमाई की। उसे आठ आने ही दिये। डेढ़ रुपये हड़प लिये। उस डेढ़ रुपये में से एक आने से मन्दिर बनवा दिया। लोगों ने समझा, सेठ जी बड़े धार्मिक हैं। यह सरप्लस वैल्यू का सिद्धान्त और उसका व्यवहार राहुल जी की किताब में बहुत सरल तरीके से समझाया गया था। मैं तब सरप्लस का सिद्धान्त न जानता था, न समझ पाया लेकिन मजदूरी के पैसे की चोरी समझ गया। धर्म का आडंबर, धर्माधिकारियों के पाखंड आदि भी समझ में आने लगे। मैं अन्दर से विचलित हो गया।

एक बात और पढ़ी एक किताब में। लिखा था कि यरुशलम से विस्थापित निर्वासित यहूदी नित्य प्रार्थना करता है जिसका एक अंश इस प्रकार है—'....यदि मैं तुम्हें भूल जाऊँ तो मेरा दाहिना हाथ काम करना बन्द कर दे। यरुशलम, यदि मैं तुम्हें अपने सर्वाधिक आनन्दसुख का कारण न समझूँ तो ये जीभ मेरे तालू से चिपक जाए।'

मैंने सोचा—अरे यार, तो दुनिया में दूसरे धर्मों के अनुयायी भी अपने धर्मस्थलों का वैसा ही सम्मान, श्रद्धा करते हैं जैसा कि हम हिन्दू अयोध्या और मथुरा का करते हैं? इससे मेरा भाव बदल गया। बदल तो नहीं गया लेकिन बदलने लगा। मैं जहाँ-तहाँ, जब-तब इन बातों की चर्चा अन्य स्वयंसेवकों से भी करने लगा। स्वयंसेवक मेरी बात सुनते और ताज्जुब से मुझे देखते, चौंकते। धीरे-धीरे मैं आर.एस.एस. में शक और अविश्वास का पात्र बन गया।

एक बार तो उतरौला—पास ही के एक कस्बे की शाखा में मेरा परिचय 'साम्यवादी' के रूप में कराया गया कि बिसनाथ को जो भी कहना हो, कह दें। मैंने मजूदरों और उनकी मेहनत के पैसों की कटौती की बात कही। स्वयंसेवकों पर इसका असर पड़ा। इसके बाद मेरा और कोई भाषण साम्यवाद पर नहीं कराया गया।

जीजा के घर में रहते हुए कुछ पारिवारिक समस्याएँ खड़ी होतीं। पहले मैं,

जीजा और बहन एक ही कमरे में सोते थे; बल्कि उसके पहले तो जीजा के बड़े भाई की पत्नी मुझे अपने साथ सुलाती थीं। कभी-कभी तो मुझे इतना प्यार करतीं कि दूध भी पिलातीं, मानो मैं उनका दुधमुँहा बच्चा हूँ! फिर कुछ दिनों बाद उन्होंने मुझसे कहा—'अब तुम अपनी सगी बहन के कमरे में रहो।' और फिर मैं वहाँ रहने लगा।

कुछ दिनों बाद उन्हें भी परेशानी होने लगी। मैं कुछ समझ नहीं पाता था। इंतजाम यह किया गया कि मुझे पड़ोस के एक घर में सोने को कहा गया—वहाँ एक महिला के पास, जो विधवा हो गई थी। उसका एक देवर था जिसकी शादी हो गई थी। घर में स्कूल के दो बच्चे शायद किराये पर रहते थे। विधवा ने कहा—'यह छोटा है, मेरे पास ही सो जाया करेगा।'

मुझे वह बहुत अच्छी लगती। उसके कपड़ों से अजीब खुशबू आती। मैं कुछ समझ नहीं पाता। वह मुझे चिपटा लेती। एक दिन उसने मेरी बहन से मजाक में हँसते हुए कहा—'यह बिसनाथ सोते हुए इतने जोर से चिपटा लेता है, मानो...' और हँसने लगी।

मुझे बड़ी शर्म लगी।

मेरी बहन ने मुझसे कहा—'इतने जोर से मत चिपटाया करो।'

मेरी आदत अभी भी है, जो अच्छे लगें, उन्हें चिपटाकर सोने की। मैं बचपन में अपनी माँ के साथ चिपटकर सो नहीं पाया। मैं दो साल का था तब मेरा छोटा भाई आ गया। मुझे माँ के दूध और उनसे चिपटकर सोने से वंचित कर दिया गया। लगभग बारह-तेरह साल की उम्र से मैं घर से बाहर रहा। मेरी छोटी बहन बहुत दिनों तक मुझे बाहर का आदमी समझती रही। जब मैं घर से चावल-दाल की गठरी उठाता तो वह झाँकती, 'तुम ले जा रहे हो, हम क्या खाएँगे? मेरा भाई क्या खाएगा?' वह भाई छोटे शेर सिंह को ही समझती।

मेरे छोटे भाई की शादी मुझसे पहले हुई। माँ बहुत कहतीं—'हाय, बड़के बाबू (बिसनाथ) का अब घर में निश्चिन्त होकर बैठना भी मुश्किल हो जाएगा।' छोटे भाई की पत्नी के सामने जेठ को यानी मुझे नहीं पड़ना चाहिए।

हो सकता है, मेरा व्यक्तित्व चूँकि आत्मीयता के लिए बचपन से ही लगातार तरसता रहा है और इस विधवा को इतने जोर से चिपटाना उसी का अनजाना कारण हो! इस प्रसंग में अब मुझे ज्ञानरंजन की कहानी 'छलाँग' या 'उछाल' याद आती है। बहरहाल, कुछ दिनों के बाद वहाँ से भी मेरा पत्ता कट गया और मैं आर.एस. एस. के कार्यालय में सोने लगा। इस तरह मेरे खाने-पीने की व्यवस्था टूट गई।

बहन के यहाँ खाना-पीना मिल जाता था। कार्यालय में 'राष्ट्रीय कार्य' की तो व्यवस्था थी, खाने-पीने की नहीं। बिलकुल आकाशवृत्ति पर मेरा जीवन करीब दो साल तक चला। ऐसी स्थिति में केवल एक जगह मेरे भोजन की व्यवस्था थी, वह थी—पशुपति का घर। पोस्ट ऑफिस के चौराहे के पास भगवतीगंज की तरफ जाओ तो दाहिने हाथ की ओर। मैं शाम को पहुँचता। गप्प लगती। पशुपति से ज्यादा उनके चाचा गिरिजा और रुद्र, उनके भाई विजय प्रताप और राघवेन्द्र सिंह से। पहुँचते ही राघवेन्द्र सिंह कहते—'बिसनाथ जी आए हैं, बिसनाथ जी आए हैं!' और गप्पें शुरू हो जातीं। दो-तीन घंटे चलतीं। खाना खाता और वहीं सो जाता। यह क्रम बलरामपुर छोड़ने पर ही टूटा।

उन दिनों बलरामपुर का वातावरण बहुत सुसंगत और सजीव था। सभी पार्टियों के लोग सभी पार्टियों के लोगों से मिलते, बहस करते और एक दूसरे के खुशी-गम में शरीक होते थे। आर.एस.एस. था, मुस्लिम लीग थी लेकिन उनके सदस्यों के बीच मतभेद के बावजूद कोई द्वेष या अशुभ की भावना नहीं थी।

गांधी जी की हत्या हुई तो जरूर कुछ हलचल मची। 31 जनवरी को सुबह दस बजे शवयात्रा निकली। उसमें हिन्दुओं से ज्यादा मुसलमान थे। किसी उर्दू शायर ने एक कविता लिखी थी, उसकी एक पंक्ति पढ़ते या रोते हुए जुलूस चल रहा था—'हाय बापू जी, तुम्हें पाएँ कहाँ!' एक दूसरी कविता थी :

हाय वो मारा गया जो मारने के था खिलाफ।
गोलिए पिस्तौल और बापू का सीना हाय हाय!

कोई हिन्दी कविता इस अवसर की मुझे याद नहीं पड़ती या इतनी जल्दी लिखी ही न गई हो! गांधी जी की जो शोकसभा रामलीला मैदान में हुई, उसी में बाबू नानक चन्द्र 'इशरत' ने हिचकियाँ भरते हुए कहा था—'बापू, तुम न मरते, मैं मर जाता। इस सभा में बैठे खड़े लोगों में से कोई मर जाता।' इशरत के साथ शोकसभा के लोग भी रोने लगे।

इस शोकसभा के अलावा बलरामपुर की कुछ और राजनीतिक सभाओं की मुझे याद आ रही है। ये सभाएँ राजनीतिक और ज्यादातर 1950-51 की चुनावी सभाएँ थीं। पहली सभा बेट्स पार्क में जवाहरलाल नेहरू की थी। दस हजार की भीड़ रही होगी। मैंने सबसे पहले जवाहरलाल के दर्शन वहीं किये। वे चूड़ीदार पाजामा और शेरवानी पहने थे। टोपी पहने, दुबले और पीले-से—(परवर्ती गाजर जैसे लाल नहीं)

अकड़ते हुए तेज चले आए और मंच पर चढ़ गए।

लोग नारे लगा रहे थे—'गांधी-नेहरू-सुभाष, जिन्दाबाद!' किसी ने नारा लागाया—'मुस्लिम लीग, मुर्दाबाद!' नेहरू जी ने फौरन टोका—'हम किसी का मुर्दाबाद पसन्द नहीं करते।'

जाड़ा था, किसी ने उन्हें ओवर कोट पहनाने की कोशिश की। नेहरू ने झटक दिया, बोले—'मेरे भीतर काफी गर्मी है। मुझे ओवर कोट की जरूरत नहीं है।' बाद में नेहरू ने कहा—'जिस दिन देश की झाड़ू नेहरू के हाथ में आएगी, वह बड़े सामन्तों, काला बाजारियों और देश के दुश्मनों को बंगाल की खाड़ी में फेंक देगा।' लोगों ने हर्षध्वनि की, नारे लगाए। नेहरू जी को अगली जगह जाना था, और वे चले गए।

मैं आर.एस.एस. में था और नेहरू के भाषण के दौरान जोश का अनुभव कर रहा था। नेहरू के व्यक्तित्व में विलक्षण आकर्षण था। वे देवता लग रहे थे। खूबसूरत तो वे थे ही। आर.एस.एस. के नेता वैद्य जी ने भी नेहरू को 'जलवंत' (वे ज्वलंत नहीं बोल पाते थे) कहा। बाद में मेरी पत्नी ने बताया कि नेहरू की उस सभा में वह भी अपने बाबा के कंधे पर बैठकर भाषण सुनने आई थीं। उन्हीं दिनों दूसरा भाषण लोहिया का हुआ रामलीला मैदान में। इन भाषणों का महत्त्व मेरे लिए यह है कि मैंने जवाहरलाल नेहरू और राममनोहर लोहिया को लगभग चौदह-पन्द्रह वर्ष की उम्र में सुना। मुझमें राजनीतिक चेतना नहीं थी लेकिन आर.एस.एस. का होने के बावजूद मेरे मन में इन लोगों के प्रति परम आदर का भाव था। लोहिया की सभा में उतने लोग नहीं थे लेकिन उनका भाषण साफ-सुथरा था। भाषा बहुत अच्छी थी—ठेठ हिन्दुस्तानी। लगभग व्याकरण-सम्मत। नेहरू की तरह ऊबड़-खाबड़, टूटे-फूटे वाक्यों वाली नहीं। इसका मतलब यह नहीं कि वह नेहरू की अपेक्षा अधिक प्रभावशाली थे।

लोहिया के भाषण में मुझे चौखम्भा व्यवस्था की याद है। वे समझा रहे थे कि 'कांग्रेस आजादी के आन्दोलन के दौरान किये गए वादों से भटक गई है। इसीलिए हम उससे अलग हो गए हैं। वह देश की आम जनता की समस्याओं पर ध्यान नहीं दे रही है।'

लोहिया के भाषण से हम बहुत प्रभावित हुए, खास तौर पर उनकी शैली से। पशुपति ने पूछा—'बिसनाथ जी, किसका भाषण ज्यादा अच्छा था—नेहरू जी का या लोहिया का?'

मैंने कहा—'कुछ कह नहीं सकता। सोचना पड़ेगा।'

इसके पहले हमने ज्यादातर आर्यसमाज की सभाएँ देखी थीं। कीर्तन मंडलियाँ या धर्मोपदेश सुने थे। मुस्लिम लीग की सभाएँ दूर से झाँक ली थीं। आरोप-प्रत्यारोप वाली राजनीतिक सभाएँ नहीं देखी थीं। इसी दौर में कम्यूनिस्ट पार्टी की भी सभा—चुनावी सभा—देखी। क्रान्तिकारी समाजवादी पार्टी योगेश चन्द्र चटर्जी वाली पार्टी का जिक्र पहले आ चुका है। कम्यूनिस्ट पार्टी का बलरामपुर में कोई खास काम नहीं था। लेकिन शुगर मिल थी और बिजली का प्लांट पावर हाउस था, जिसमें मजदूर थे, उन्हीं के बल पर पार्टी बनी होगी। सभा में उनके नेताओं ने क्या कहा, यह तो समझ में नहीं आया लेकिन पीछे से आवाज आ रही थी, वह साफ-साफ सुनाई पड़ रही थी। दो-तीन स्थानीय कांग्रेसी नेता आवाज लगा रहे थे—'झूठ बोल रहे हो। कामरेड, झूठ बोल रहे हो।'

लेकिन मंच के कम्यूनिस्ट नेता अप्रभावित होकर उत्साहपूर्वक बोलते जा रहे थे। बीच-बीच में उनके समर्थक नारे भी लगा रहे थे। लाल झंडे फहरा रहे थे। लेकिन आखिरकार इतना हड़बोंग मचा कि सभा नहीं चल पाई।

कम्यूनिस्ट भाषणकर्ता मंच से नीचे उतरे तो स्थानीय युवक उन्हें ताना देने लगे—'सन् '42 में कहाँ थे, सन् '42 में कहाँ थे?' सोवियत संघ और स्तालिन का नाम ले-लेकर वे युवक ताने दे रहे थे। कम्यूनिस्ट नेता और कार्यकर्ता उनका भरसक जवाब देने में लगे हुए थे।

आखिर मारपीट की नौबत आ गई। कम्यूनिस्ट समर्थक कम थे इसलिए ज्यादा वही पिटे। हालाँकि भरसक उन्होंने भी पीटा। मैं इस बात से बहुत प्रभावित हुआ कि कम्यूनिस्ट दृढ़तापूर्वक निडर होकर बहुसंख्यक विरोधियों के सामने तनकर खड़े थे और अपनी बात कर रहे थे।

कांग्रेस की एक विशाल सभा हुई। उसमें एक मुसलमान नेता और गोविन्द वल्लभ पंत का भाषण हुआ। बहुत भीड़ थी। पंत जी देर से पहुँचे। मुसलमान कांग्रेसी नेता पहुँचे ही थे कि नमाज का अजान सुनाई पड़ा। घोषणा हुई कि नेता नमाज पढ़ने के बाद भाषण देंगे। मुसलमान नेता का भाषण धाराप्रवाह उर्दू में था। जोशीला। पंत जी धीरे-धीरे बोल रहे थे। उनका सिर हिल रहा था। कहते हैं कि साइमन कमीशन के विरुद्ध प्रदर्शन के दौरान उन्होंने लाठियाँ अपने ऊपर रोक लीं जो जवाहरलाल नेहरू पर बरस रही थीं या बरसने वाली थीं और उन्हीं के कारण उनका शरीर जर्जर हो गया था। उनके भाषण के पूर्व एक कवि उनकी प्रशंसा में

एक कविता पढ़ने लगे लेकिन पंत जी ने उन्हें बीच में रोक दिया।

मैं जिस साल (1949 में) बलरामपुर से कानपुर पढ़ने गया था, उसी साल केशव शुक्ला की हत्या हो गई। तुलसीपुर के पास किसी खँडहरनुमा घर में किसी ने उन्हें गोली मार दी। कहा जाता है कि गोली उन्हें देसी कट्टे से मारी गई—कनपटी पर रखकर। बहुत खलबली मची। जन-आक्रोश उमड़ पड़ा। केशव शुक्ला तीन-चार साल पहले ही आजीवन कारावास की सजा—आजादी मिल जाने के कारण—भुगतकर छूटे थे। उनका जन-स्वागत हुआ था। केशव शुक्ला लम्बे छरहरे, बलरामपुर के शायद सबसे स्वस्थ और आकर्षक व्यक्तित्व वाले युवक थे। वे समाजवादी क्रान्तिकारी पार्टी के उगते हुए अखिल भारतीय नेता थे। जन-आक्रोश स्वाभाविक था। करुणा, सहानुभूति और गुस्से की लहर दौड़ पड़ी। हत्यारा कौन था?

नाना प्रकार की बातें सुनाई पड़ीं। कहा गया कि महाराजा बलरामपुर के किसी रिश्तेदार जमींदार ने उनकी हत्या कराई है। एक स्थानीय नेता श्यामलाल पथरकट्ट का नाम लिया गया। क्रान्तिकारी समाजवादी पार्टी के सामने श्याललाल का नाम हत्यारे के रूप में घोषित किया गया। कई गिरफ्तारियाँ हुईं। लेकिन बाद में सब छूट गए। कोई सबूत नहीं मिला। फुसफुसाहट यह सुनाई पड़ी कि यह केस प्रेम का है या सोने की तस्करी का? बलरामपुर नेपाल की सीमा के पास है। अपराध-कर्म करके अपराधी नेपाल में छिप जाते थे। कुछ दिन के बाद वे फिर भारत में अपना काम करने लगते थे। कहते हैं कि इन अपराधकर्मियों के बीच सौदा बड़ी विश्वसनीयता, मजबूती से पटता है। अमानत में खयानत करने पर वे सीधे हत्या कर देते हैं। केशव शुक्ला बलरामपुर से बढ़नी गए थे। बढ़नी सीमान्त कस्बा है। वहाँ से शाम की गाड़ी से लौट रहे थे। तुलसीपुर रुक गए किसी खँडहरनुमा मकान में। कोई उनका पीछा कर रहा था। उसी ने उन्हें गोली मार दी।

मैं कानपुर आने से पहले उनसे मिला था। उनके घर खाना खाया था। उन्होंने कहा था कि 'मैं कानपुर आऊँगा। मुझे लेबर कमिश्नर से काम है।'

अब मैं आपको एक अजीब घटना बताने जा रहा हूँ। एक दिन शाम को मेरा मन बहुत उदास हुआ। मैं एस.डी. कॉलेज के हॉस्टल में रहता था। इम्तहान के दिन थे। शिवरात्रि का दिन था। मैं थका था, शाम को ही सो गया। सपने में देखा कि एक सफेद साँप फन उठाये खड़ा है और उसे किसी ने बन्दूक की नली से दागकर छर्रों से मार दिया है। छर्रों से आहत वह साँप पीड़ा से लोटपोट रहा है। मैं घबराकर

उठ बैठा। संयोग देखिए कि लगभग उसी समय उसी रात केशव शुक्ला को गोली मारी गई थी। यह संयोग मात्र हो सकता है क्योंकि कुछ दिनों पहले मैंने एक साँप को इसी तरह गोली से मारे जाते देखा भी था। पुराने कानपुर के उद्योगपति भरतिया के गैरेज में साँप निकला था और उसे इसी तरह गोलियों से मारा गया था और यह सपना उसी के मुझ पर पड़े प्रभाव के कारण हो!

तुलसीपुर में पाटनदेवी का मेला लगता है। यह दो-तीन जिलों का सबसे मशहूर और बड़ा मेला है। यह प्रधानतः पशु-मेला है। बैल, गाय और घोड़ों का। पाटनदेवी का संस्कृत नाम पाटेश्वरी देवी है। यह मूलतः शक्तिपीठ है। इसका सम्बन्ध कभी नाथ-सम्प्रदाय से भी रहा होगा क्योंकि मेले में बाबा रतननाथ आते हैं। बाबा रतननाथ पाटनदेवी के गुरु हैं।

पाटनदेवी के मन्दिर में देवी की मनौती मानकर लोग बलि चढ़ाते हैं। बलि सुअर के बच्चे की दी जाती है। सुअर के बच्चे को छौना कहते हैं। बचपन में मुझे पेट की बीमारी हो गई थी। खून आने लगा था। तब माँ ने पाटनदेवी की मनौती मानी थी। मैंने भी सुअर के छौने की बलि दी है। मुझे याद है, छौने की कीमत आठ आने थी। लेकिन यह 1940 के पहले की बात है। अब पाटनदेवी के मन्दिर का जीर्णोद्धार करा दिया गया है।

तुलसीपुर ऐतिहासिक महत्त्व का है। 1857 के बाद नाना साहब, बेगम हज़रतमहल इसी रास्ते से नेपाल चले गए थे। तुलसीपुर भारत का अन्तिम कस्बा है, इसके बाद नेपाल शुरू हो जाता है। यह मेरे गाँव से चौदह-पन्द्रह मील की दूरी पर है।

एक बार बलरामपुर स्टेशन पर मैंने अजीब दृश्य देखा। मेला जानेवाली रेलगाड़ी के जनाना डब्बे में भयंकर भीड़ थी। औरतें एक दूसरी से सटी मुड़ी-तुड़ी ठुसी हुई थीं। बीच डिब्बे में एक देहाती आदमी फँस गया था। उस फँसे हुए आदमी के पास जो औरत थी, उसका आदमी डिब्बे के बाहर खड़ा हुआ फँसे हुए आदमी को ललकार रहा था—'साले, बाहर निकल, तब बताता हूँ। वहाँ मेरी जनाना के पास सटा तू साला क्या कर रहा है?'

वह आदमी बाहर निकलने के लिए हाथ-पैर मार रहा था, लेकिन बाहर निकल पाना उसके बस में नहीं था। डिब्बे में बेतरह चिल्ल-पों मची थी। बीच डिब्बे में अवांछित परपुरुष स्पर्श हो रहा था और कोई कुछ नहीं कर सकता था। टी.टी.ई., पुलिस—कोई डिब्बे में प्रवेश नहीं कर सकता था।

पाटनदेवी के मेले में यह दृश्य अक्सर देखने में आता है। देहाती डिब्बे में अनजाने घुस जाते हैं और फिर उतरने वाले स्टेशन यानी तुलसीपुर तक फँसे रहते हैं।

एक बार मैं तुलसीपुर स्टेशन पर मेले के ही दिनों में टिकट कटा रहा था। मेरे साथ मेरे गाँव के मौलवी साहब थे—मौलवी ज़ाकिर नदवी। लम्बी लाइन थी। लोग एक दूसरे पर पिले पड़ते थे। टिकट बाबू परेशान था। खैर, किसी तरह जब मौलवी साहब का नम्बर आया तो उन्होंने टिकट बाबू से कहा—'बाबू साहब, आपके बाल बहुत खूबसूरत हैं।' बाबू साहब ने मौलवी साहब को देखा और टिकट काट दिया।

मैंने पूछा—'मौलवी साहब, आपने टिकट बाबू से क्यों कहा कि आपके बाल खूबसूरत हैं?'

मौलवी साहब ने जो जवाब दिया, वह आगे की ज़िन्दगी में मेरे बहुत काम आया। मौलवी साहब ने कहा—'तुमने देखा नहीं, टिकट बाबू के चेहरे पर से थकान दूर हो गई? उसने घर जाकर शीशे में अपने बाल जरूर देखे होंगे।'

बलरामपुर में मेरे गाँव बिस्कोहर की वेश्याएँ पेशा करती थीं। हमारे घर वाले उन्हें जानते थे। कई लोगों को मैं भी जानता था। कभी-कभी दादा उनके हाथ मेरे लिए चावल-दाल इत्यादि की गठरी भिजवाते थे, जिसे लेने मैं उनके कोठे पर जाता था। कई के नाम थे—इलायची, जमुर्रद, कुत्तन, जाफरी, आदि। उनके घर के आदमी स्वाभिमानी होते थे। अक्सर लम्बे-चौड़े भी होते थे। कामधाम बहुत कम करते थे। उनके स्वाभिमानी होने की वजह विचित्र लगी। वे मानते थे कि वे रईसों की सन्तानें हैं—नवाबों, जमींदारों या सेठों की। क्योंकि वेश्याओं के पास ज्यादातर ऐसे ही बड़े-बड़े लोग आते हैं। उनका रहन-सहन भी उसी तर्ज पर होता था।

एक बार बचपन में मैंने एक बेड़िया से, जिसका नाम सुक्खा था, कुछ अपशब्द कहे। उसने पलटकर मुझे देखा और कहा—'मैं कुछ कह दूँ तो तुम्हारे खानदान की इज्जत मिट्टी में मिल जाएगी।'

मैंने उसकी बात गाँठ बाँध ली।

मेरे मन में वेश्याओं के जीवन के बारे में बड़ी उत्सुकता रहती। मेरी उम्र कुछ-कुछ दुनियादारी को समझने की हो गई थी। मेरे पास कुछ रुपये थे। वही वजीफा मिलने वाले पैसे। मैंने सोचा—चलो, जरा कोठे पर देखें कि क्या होता है। मैं हिम्मत करके एक कोठे की सीढ़ियों पर चढ़ गया। वहाँ एक ढिबरी जल रही

थी। मैं पहुँच तो गया वेश्या के पास और वह सामने खड़ी थी। लेकिन मैं क्या कहूँ उससे? हिम्मत करके मैंने पूछा—'तुम यहाँ क्या करती हो?'

उसने जवाब दिया—'पाँच रुपये।'

मैं पसीना-पसीना। धड़ाधड़ सीढ़ियों पर दौड़ता हुआ भाग आया।

उम्र तो उम्र होती है। कोठा न सही, सिनेमा तो है। मैंने तब तक कोई सिनेमा नहीं देखा था। एक बार मिडिल स्कूल का फार्म भरने बस्ती गया था। सबेरे गाड़ी बस्ती स्टेशन पर पहुँची। शहर में गए तो चारों तरफ पोस्टर लगा था—'सबेरा'। मैंने सोचा, शहर-शहर की बात, यहाँ सबेरा होने पर लग जाता होगा पोस्टर 'सबेरा'। कहने की जरूरत नहीं कि वह 'सबेरा' फिल्म का पोस्टर लगा था।

मेरे जीजा के बड़े भाई को बहुत दिनों के बाद लड़का हुआ। उन्होंने बलरामपुर हॉस्पिटल की सभी नर्सों को गोंडा ले जाकर सिनेमा दिखाने का कार्यक्रम बनाया। उनकी बस चलती थी। उसी में बैठकर हम लोग गोंडा गए। वहाँ 'मिलन' फिल्म देखी। देखकर मैं अभिभूत हो गया। उसका एक गाना अभी तक मुझे याद है—'गुनगुन गुनगुन बोले भँवरवा मोरी बगीवा में आइके'। बाद में यह पता चला कि उस फिल्म का हीरो दिलीप कुमार था। वह फिल्म रवीन्द्रनाथ के उपन्यास 'नौका डूबी' पर बनी थी।

1950 ई. में बलरामपुर में महाविष्णु यज्ञ हुआ। यह आयोजन बलरामपुर राज्य की ओर से हुआ था। लाखों रुपये उस समय के खर्च हुए। उसके चलते चारों शंकराचार्य वहाँ आए। देश के अनेक संस्कृत विद्वान। मेरी जानकारी में रियासत की ओर से कामकाज पं. रामप्रकट मणि त्रिपाठी देखते थे। इसमें स्वामी करपात्रीजी भी आए। उनका बहुत दबदबा था। वे पहले धर्माचार्य थे जो राजनीति में आए। उन्होंने रामराज्य परिषद् नाम से राजनीतिक संस्था बनाई, उससे चुनाव भी लड़ा। विशेष सफलता नहीं मिली।

मैंने देखा कि मंच पर जब करपात्री जी आते, तब शंकराचार्यों को छोड़कर बाकी सब लोग खड़े हो जाते। करपात्री जी चारों शंकराचार्यों को साष्टांग दंडवत करते। करपात्रीजी तेजस्वी थे। कंठ मधुर था। संस्कृत परिषद् में उन्होंने धाराप्रवाह संस्कृत में भाषण दिया था। एक सत्र शंका-समाधान का था। उसमें मनोरंजक और गर्मागर्म विवाद छिड़ गया। विवाद तो कई छिड़े जिसमें एक तुलसीदास के

रामचरितमानस और वेदों के तुलनात्मक महत्त्व का था। किन्तु जिस विवाद की चर्चा करने जा रहा हूँ, वह राजनीति का था। शंका-समाधान के समय श्रोताओं में से किसी को भी प्रश्न पूछने का अधिकार था। श्रोताओं में जो युवक प्रश्न पूछने खड़ा हुआ, वह क्रान्तिकारी समाजवादी पार्टी का सदस्य अर्जुन त्रिपाठी था। मेरे कान खड़े हो गए। उसने किंचित विस्तार से 'सीता-निर्वासन' की कथा का हवाला देते हुए राम पर नारी-उत्पीड़न का और शंबूक-वध का उल्लेख करते हुए दलित अत्याचार का सीधा आरोप राम पर लगाया। उसकी भाषा खरी और सीधी थी।

सभा अब तक तो श्रद्धा और भक्ति के वातावरण में भीगी थी। यह प्रपंच बीच में कहाँ से आ गया? बलरामपुर की भाषा में यह उखमज कहाँ से पैदा हो गया? कई मंचस्थ विद्वानों ने अर्जुन त्रिपाठी का समाधान करने का प्रयास किया किन्तु अर्जुन त्रिपाठी अन्त तक अपने प्रश्न पर अड़े रहे और कहते रहे, यह तो समाधान नहीं हुआ। अन्त में एक वृद्ध विद्वान ने कहा—'लगता है कि इस युवक का मस्तिष्क कुछ भ्रष्टजनों के कुसंग से भ्रष्ट हो गया है। इससे उलझना समय का अपव्यय होगा।' और मामला निपटा दिया गया।

एक दिन सभा में कोलाहल मचा। देखा कि स्वयंसेवक एक व्यक्ति को पकड़े ला रहे हैं—कहते हुए कि गिरहकट है। वह व्यक्ति बेवकूफ की तरह पता नहीं क्या बड़बड़ा रहा था! उसकी सिट्टी-पिट्टी गुम थी। मैंने देखा, वह तो मेरे गाँव का भगौती बनिया का लड़का चौधरी था। चौधरी उसकी जाति का नाम नहीं, उसका ही नाम था चौधरी बनिया। फिर उसे छोड़ दिया गया।

बलरामपुर अवध के सामान्य कस्बों से ज्यादा साफ-सुथरा और नई सुविधाओं वाला था। ऐसा राज्य के कारण था। बलरामपुर में रियासत के अनेक छोटे-बड़े कर्मचारियों की अच्छी संख्या थी। उनकी छोटी-बड़ी नियमित तनख्वाहें थीं। फिर ऊपर की आमदनी थी। कई शानदार बँगले थे। उस समय गाँव से ऐसे नौकर-चाकर आसानी से मिल जाते थे जो कस्बे या शहर में गाँव के नौकरीयाफ्ता आदमी के यहाँ कम तनख्वाह पर नौकरी करते थे। इसलिए कर्मचारियों के यहाँ नौकर-चाकर खूब रहते। पचास रुपये महीना पानेवाला अफसर समझा जाता था। तीस रुपये महीना पानेवाला सम्पन्न। राशन-पानी गाँव से आता। गाँव में खेती होती और बलरामपुर में नौकरी, तो क्या कहना! लोग और उनके बच्चे बाबू साहब बने घूमते।

रियासत में ताँगा-बग्घी फिटन की कमी नहीं थी। कारें भी दिखलाई पड़ जातीं। एक लाइब्रेरी थी जिसमें पढ़ाकू लड़कों को वहाँ क़िताबें लाने और बैठकर पढ़ने की

सुविधा थी। चौराहे पर बाबा की पकौड़ी-चाट की दुकान, शायरी, कविता, सिनेमा, राजनीति की बातें; पान, तम्बाकू, सिगरेट, चाय पर चर्चा; फिल्मी गीत, प्रेम, इश्किया बातें—सब ओर मामला चकाचक था निम्न मध्यवर्गीय और मध्यवर्गीय जनों का। पान की दुकानें कदम-कदम पर थीं। शाम को चाट की दुकानों पर रौनक होती। बलरामपुर की आलू की टिक्की मशहूर थी, गोलगप्पा भी। कभी-कभी रिंकवच और करेले का भरुआ और दहीबड़ा भी दुकान पर मिलता।

बलरामपुर की सबसे अच्छी मिठाई कलाकंद थी। मुझे वहाँ का कलाकंद अलवर के कलाकंद (अब मिल्क केक) से ज्यादा अच्छा लगता। पूरब टोले में मास्टर की पेड़ा की दुकान मशहूर थी। इसी तरह चौक में सिंधी हलवाई की इमरती और गुलाब जामुन। जहाँ तक मिठाई का सवाल है, बलरामपुर की मिठाई बहुत अच्छी थी। उससे अच्छी मिठाई आसपास सिर्फ लखनऊ में मिलती रही होगी।

बलरामपुर चौक के थोड़ा उत्तर तरफ नुक्ती पहलवान की दूध-दही-रबड़ी की दुकान थी जो शाम को पाँच बजे खुलती, रात को नौ बजे तक खुली रहती। वैसी रबड़ी और कहीं खाने को नहीं मिली। छल्ले पर छल्ले और पके-औंटाए दूध की अपनी खुशबू। किसी चीज की मिलावट का नाम नहीं।

और दही की क्या बात करें! शोहरतगढ़ से लेकर बलरामपुर तक की एक ऐसी पट्टी थी जिसमें मीठा दही मिलता था। यह मीठा दही बंगाल की 'मिश्टी दोई' से भिन्न स्वाद का है। जमने के पहले ही उसमें चीनी डाल दी जाती थी। मलाई दूध में ही मिली रहती। वह मीठा दही और रबड़ी नुक्ती की दुकान की मशहूर थी। सीजनल फल—आम, कटहल, जामुन, सिंघाड़ा से बलरामपुर जगह-जगह गमगमाता रहता। पोस्ट ऑफिस चौराहे के थोड़ा पूरब सराय के होटल का पराँठा-गोश्त मशहूर था। पोस्ट ऑफिस पर ही पेट्रोल मिलता था। वहीं एक रेस्त्राँ था जिसका कबाब बहुत अच्छा था। कुछ खास जगहों पर शाम को कलेजी और तली हुई मछली मिलती। शाम को चौक में बेला के फूलों के गजरे बिकते। मदिरालय तो भीड़ से भरे रहते, जिसमें अनेक 'घीसू-माधव' दिखलाई पड़ते।

बलरामपुर में कीर्तन-भजन का वातावरण था। ज्यादातर रिटायर्ड अफसरों की जमात कीर्तन-भजन में लग जाती। कुछ लोग पीने-पिलाने का अड्डा बना लेते। उसी में शेर-शायरी का भी दौर चलता। बाबू नानक चन्द 'इशरत', बाबू जगन्नाथ प्रसाद, पं. रामप्रकट मणि का सत्संग था।

कुछ ऐसा था कि थोड़ा-बहुत काम सबको मिल जाता। लोग गरीबी में खुश

रहते। स्कूलों में खेलकूद, अन्त्याक्षरी, कविता, वाद-विवाद प्रतियोगिताएँ होतीं। कुल मिलाकर एक लय थी जिसमें बलरामपुर मगन था। विषमताएँ थीं लेकिन वे चीखती नहीं, दबी-दबाई रहतीं।

मैं खुद अभावग्रस्त था लेकिन स्वाधीनता-आन्दोलन की गमक, साहित्य-प्रेम, मित्रों का साहचर्य, शाखा की जिम्मेदारियाँ, साथ ही साथ गांधी-नेहरू-सुभाष की प्रभा के प्रभाव में मस्त रहते। पढ़ना है, आगे बढ़ना है। इम्तहान में अच्छे नम्बर लाना है और देश की सेवा करनी है। कुछ ऐसा था जो भूख और गरीबी को भुलाए रखता। जेल से छूटे, इम्तहान सिर पर था।

जिस सराय में पराँठा-गोश्त की दुकान थी, उसी में इबरार रिजवी एक घर में रहता था। नौजवान शिया मुसलमान। शादी हो चुकी थी। सरदार जाफरी जब बलरामपुर आते, उनसे मिलता। वह उर्दू शेर बड़े अन्दाज से पढ़ाते-सुनाते। उन्होंने मेरे मन में मजाज की कविता के प्रति रुचि जगाई। मजाज की कविता में मुझे ऐसा भाव, तीव्रता और बेचैनी, कुछ कर गुजरने की आवाज सुनाई पड़ती जो विह्वल कर देती :

ए ग़मे-दिल क्या करूँ
ए वहशते-दिल क्या करूँ
सैकड़ों सुल्तान जाबिर हैं नज़र के सामने
सैकड़ों चंगेज़ नादिर हैं नज़र के सामने
बढ़के इस सुल्तान के हाथों से ख़ंजर छीन लूँ
ताज पर उसके चमकता है जो पत्थर तोड़ दूँ
कोई तोड़े या न तोड़े मैं ही बढ़कर तोड़ दूँ

आर.एस.एस. का जुनून धीमा पड़ रहा था। इधर-उधर देखने की एक आतुरता बढ़ रही थी। इस आतुरता में फिल्मों का बहुत बड़ा हाथ था। याद रखिए, वह काल हिन्दी सिनेमा का स्वर्णयुग था।

जेल से रिहाई के बाद परीक्षा हुई। रिजल्ट आउट हुआ। मैंने हाईस्कूल की परीक्षा उत्तीर्ण कर ली। प्रथम श्रेणी में। जेल जाने के कारण आठ रुपये महीना वाली मेरी छात्रवृत्ति बन्द कर दी गई। वह क्लास के एक अन्य छात्र, मेरे सहपाठी, नजमुल

हसन को दे दी गई। नजमुल पढ़ने में तेज और अच्छा था। उसके पिता डी.ए.वी. स्कूल में ही पढ़ाते थे।

परीक्षा में तो पास हो गया, अब क्या होगा? आगे की पढ़ाई का क्या होगा? पिताजी की आर्थिक स्थिति ऐसी नहीं थी कि वे मुझे पढ़ा सकें; और मैं पढ़ाई के अलावा और कुछ सोच ही नहीं सकता था। संघ के अधिकारियों ने मेरा भावी कार्यक्रम तय कर रखा था। वे मुझे प्रचारक का काम देना चाहते थे। मेरा मन उचट रहा था। मैं कानपुर, लखनऊ, इलाहाबाद या बनारस में पढ़ना चाहता था। प्रताप नारायण तिवारी जी, जिला प्रचारक, का कहना था—'हम तुम्हारा नाम टामसन इंटर कॉलेज, गोंडा में लिखवा देंगे। लॉज में रहो, कार्य करो और पढ़ो। इस रास्ते से तुम राष्ट्रीय कार्य भी करोगे और तुम्हारी पढ़ाई भी जारी रहेगी।'

प्रतापजी मुझे बहुत मानते थे। लेकिन दूसरी तरफ मैंने लोगों में प्रचारित कर रखा था कि मैं लखनऊ पढ़ने जा रहा हूँ। पशुपति लखनऊ पढ़ना चाहते थे और गए भी, लेकिन मैं कैसे जाऊँ?

वे मेरे लिए निर्णायक—इस पार या उस पार—भयानक द्वंद्व के दिन थे। मुझे लगता था कि संघ-कार्य करने के साथ-साथ पढ़ाई नहीं हो पाएगी। और पढ़ाई आगे नहीं हो पाई तो मुझे तपेदिक हो जाएगी, मैं मर जाऊँगा।

उन दिनों तपेदिक आजकल के कैंसर से ज्यादा घातक बीमारी समझी जाती थी। कहानियों में प्रेमी नायक प्रायः तपेदिक से ग्रस्त होता था। मेरे गाँव बिस्कोहर के जमींदार बाबू साहब के परिवार के कई सदस्य, अधिकांश युवक सदस्य, तपेदिक से एक-एक कर मर गए थे। मैं इधर-उधर दौड़-भाग रहा था। जो शुभचिन्तक मिलता, उससे कहता—'बताइए, मैं आगे कैसे पढ़ूँ? हो सके तो मेरी मदद कीजिए।'

ताज्जुब है कि मैं निराश नहीं हो रहा था और यकीन कर रहा था कि कोई न कोई मेरी मदद करेगा। परिणामस्वरूप मैं गोंडा में नहीं पढ़ूँगा और मरूँगा नहीं।

एक दिन प्रताप जी मुझे गोंडा ले गए। एक स्वयंसेवक, शायद त्रिवेणी प्रसाद, से कहा—'विश्वनाथ का दाखिला टामसन इंटर कॉलेज में करा दो।' एकाध साल पहले, उस कॉलेज में मैं एक वाद-विवाद प्रतियोगिता में पदक जीत चुका था। मेरा दाखिला वहाँ हो गया। संयोग से उसी विद्यालय में डी.ए.वी. स्कूल, बलरामपुर के शिक्षक बाबू नानक प्रसाद श्रीवास्तव बी.ए.बी.टी. (इंग्लिश स्पेशलिस्ट) आ गए थे। उन्होंने मुझे देखते ही कहा—'अरे, तुम तो लखनऊ जाने वाले थे, यहाँ क्यों आ गए?'

मुझसे कोई जवाब देते नहीं बना। जवाब था भी नहीं।

मैंने डी.ए.वी. स्कूल के हेड मास्टर और अपने सबसे बड़े शुभचिन्तक बाबू भगवती प्रसाद सिंह से सब हाल बताया। उन्होंने गम्भीरतापूर्वक कहा—'मेरे पास कुल दो सौ रुपये बैंक में पड़े हैं। क्या करूँ, मैं तुम्हारी सहायता नहीं कर पाऊँगा।'

मैंने अपने जीजा जे.पी. तिवारी से कहा, उन्होंने जवाब दिया—'इस समय मेरी आर्थिक स्थति ठीक नहीं है।'

मैं प्लान बनाता—मेरे मित्र चन्दा करके पैसा इकट्ठा करें और मुझे पढ़ाएँ—'आरत के चित रहत न चेतू।'

आज मुझे यह सोचकर हैरानी होती है कि मैं निराश होकर घर क्यों नहीं बैठ गया? गोंडा में ही क्यों नहीं पढ़ता रहा?

नौकरियों में उन दिनों पटवारी की बहुत आमदनी रहती थी। उसका रुतबा भी बहुत ऊँचा होता था। स्कूल में इंस्पेक्टर साहब आते थे। एक नौजवान इंस्पेक्टर आया था टंडन। उसे स्कूल के हेडमास्टर साहब पपीता खिला रहे थे। मैंने सोचा था कि इंस्पेक्टर बन जाऊँ तो पपीता खाने को मिलेगा। मैं स्वप्न देखता था कि हाथी पर बैठा हुआ बिस्कोहर बाजार में जा रहा हूँ और सभी हलवाई मुझे पेड़ा खिला रहे हैं। बिस्कोहर का पेड़ा, खास तौर पर कानी बुढ़िया हलवाइन लगनी का पेड़ा—बहुत मशहूर था। एक लोकगीत का मुखड़ा है :

बिस्कोहर बाजार में पेड़ा का दुकान
कोई जनता है। (जानता है)

आगे पढ़ने और प्रोफेसर बनने का कीड़ा दिमाग में कैसे घुस गया हाईस्कूल पास करते-करते, संघ का घोर कार्यकर्ता होने के बावजूद?

1937-38 में जब मैं सात-आठ वर्ष का था, गाँव के प्राइमरी स्कूल में नवगठित कांग्रेसी सरकार ने शिक्षा प्रसार के अन्तर्गत पुस्तकालय खोला था। कुछ किताबें आई थीं—प्रेमचन्द, सुदर्शन, यशपाल, भगवतीचरण वर्मा, महादवी वर्मा, अमृतलाल नागर आदि की। उनमें कोई किताब कहानी की थी जिसमें प्रेमीनायक प्रोफेसर था। वह देशभक्त या सत्याग्रही था। वह नायिका से मिल नहीं पाया, जेल हो गई उसे। वह नायक मुझे बहुत भाया। आज की भाषा में, मुझे रोल मॉडल मिल गया। कोई मुझसे पूछता—'तुम क्या बनना चाहते हो, बड़े होकर तुम क्या बनोगे?' मैं कहता—'प्रोफेसर, लेक्चरर।' हालाँकि मैं तब लेक्चरर-प्रोफसर का फर्क नहीं

जानता था। प्रोफेसर यानी सीधा-सादा, खद्दर पहनने वाला, कॉलेज का देशभक्त, प्रेमी अध्यापक।

उद्देश्य स्पष्ट था, किन्तु साधन नहीं था।

भारत-नेपाल की सीमा पर गोरखपुर से गोंडा जानेवाली रेलवे लाइन पर एक स्टेशन है—बढ़नी। बिस्कोहर से करीब बीस मील उत्तर। वहाँ मेरे बड़के काका रामकिशोर बर्तन की दुकान करते थे। इनका बयान मैं पहले कर चुका हूँ। वे दबंग थे। छह फीट के सुन्दर नौजवान पहलवान। सन् '42 में नमक, मिट्टी के तेल की बड़ी कमी पड़ी। नेपाल में भी बेहद कमी। एक बैलगाड़ी पर सामान नेपाल जाए तो बड़के काका एक रुपया वसूलें। उन दिनों एक दिन में करीब सौ रुपये की आमदनी। बड़के काका ने जमीन खरीदी, सिनेमा हाउस खोला, कई मकान बनवाए। अपनी और छोटके काका की शादी की। अपने बड़े भाई—दादा—को बहुत मानते; कभी मदद भी करते। लेकिन दादा उनसे नाराज रहते। मुझसे कहते—'सबके पास जाना, रामकिसोरवा के पास मत जाना।' बड़के काका अहंकारी थे लेकिन उदार थे, कहते थे—'हम अपने इज्जतिया पर मरित हैं।' दादा इनसे नाराज रहते थे लेकिन बड़के काका हमेशा भइया-भइया करते रहते। जब दादा नहाते तो उनकी धोती बड़के काका छाँटते। दादा उन्हें गाली भी देते तो बड़के काका बोलते नहीं। बलरामपुर पढ़ते समय बढ़नी जाता तो वे मुझे पाँच रुपया पकड़ा देते। लीवर की बीमारी में दादा का इलाज बड़के काका ने ही कराया था। अब मुझे लगता है कि दादा को बड़के काका जैसा सफल न हो पाने की कुंठा थी। प्रेम के क्षेत्र में भी बड़के काका, दादा से ज्यादा, सफल थे। बड़के काका मुझे मानते थे। बचपन में मुझे नहलाते तो पूछते—'का रे, जब हम बुढ़ाब तब तू हमार सेवा करबे क्यों रे?' दादा यानी अपने बड़े भाई के प्रति इतना अडिग ममत्व बड़के काका रामकिशोर में क्यों था? उन्होंने एक बार अपने बड़े पुत्र सन्तप्रसाद की बुराई करते हुआ बताया :

वे दुखी थे। बड़के काका ने सन्तप्रसाद की पत्नी (अपनी बड़ी पुत्रवधू) को डाँट दिया था और सन्तप्रसाद बड़के काका (अपने पिता) से झगड़ बैठे थे। काका ने बताया—'देखो सारे को, ये कहो कि इसका पार नहीं चला, नहीं तो साला मुझे मार बैठता। और एक रहे हमारे भइया।

'उनकी नई-नई शादी हुई थी। भौजी दुल्हनैं थीं। खाना वही बनाती थीं। एक दिन देर हो गई। मुझे भूख लगी थी, मुझे गुस्सा आया और भौजी को मैंने पीट दिया। वे रोने लगीं। मैं डर गया। भइया आएँगे तो भौजी कह देंगी और भइया मुझे पीटेंगे,

घर से निकाल देंगे। भइया आए। भौजी रूठी थीं। उन्होंने सब बताया। भइया ने मुझे आवाज दी—रामकिशोर, इधर आओ। तोहर भौजी तो गुस्सा हैं, उन्हें गुस्सा रहने दो। खाना निकालो, हम-तुम खाते हैं, भौजी को रोने दो।'

और बड़के काका फफक-फफककर रोने लगे। यह पारिवारिक मूल्य था। सामन्ती था, पुरुष वर्चस्व था लेकिन परिवार को जोड़े रखता था—सो आगे पढ़ने के लिए मैं बड़के काका से मिलने बढ़नी गया।

बड़के काका ने कहा—'हमारे खानदान में क्या, जवार में किसी लड़के ने इतना ज्यादा नहीं पढ़ा। यह हमारे इज्जत का मामला है। और हम तौ इज्जतिए पर मरते हैं। कोई बात नहीं, तू आगे पढ़ौ। हम मदद करब। केतना चाही?'

मैंने सहमते हुए धीरे से कहा—'नब्बे रुपये में आना-जाना और दाखिला हो जाएगा।'

बड़के काका ने नब्बे रुपये दिये और कहा—'आज तक खानदान में ऐसा नहीं हुआ। लोग क्या याद रखेंगे कि बिस्कोहर के तेवारी खानदान में कोई रामकिशोर था जिसने अपने भतीजे को बी.ए., एम.ए. पढ़ाया! हमरे दूनौं लड़के सारे बउरहा-घउरहा हैं, खानदनवाँ में तौ कोई है!'

अब मैं दाखिला कहाँ लूँ? मास्टर साहब बाबू भगवती प्रसाद सिंह ने दो चिट्ठियाँ लिखकर दीं—एक काशी विश्वविद्यालय के हिन्दी विभागाध्यक्ष, आचार्य हजारी प्रसाद द्विवेदी के नाम और दूसरी बी.एन.एस.डी. इंटर कॉलेज, कानपुर के प्रिंसिपल और हिन्दी विद्वान पं. सदगुरु शरण अवस्थी के नाम। इस कॉलेज में उनके छोटे भाई पढ़ते थे। बोले—'उसी के पास चले जाओ। वह सिफारिश करके तुम्हारी फीस माफ करवा देगा। बी.एन.एस.डी. कॉलेज पढ़ाई में सबसे अच्छा है।'

मैं चिट्ठियाँ लेकर कानपुर चल दिया। बी.एन.एस.डी. के छात्रावास में पहुँचा। इंद्रजीत सिंह (मास्टर साहब के भाई) मुझे लेकर अवस्थी जी के पास गए। अवस्थीजी ने चिट्ठी पढ़ी। बोले—'ठीक है लेकिन पहले एडमीशन तो ले लो, फीस की बात तो बाद की है।'

लेकिन—'आपन सोचा होत नहिं, हरि सोचा तत्काल'।

इंद्रजीत सिंह ने बताया—'बलरामपुर के दो लड़के सन्तशरण अग्निहोत्री और अनंतशरण अग्निहोत्री ने विक्रमजीत सिंह सनातन धर्म कॉलेज वी.एस.एस.डी. में दाखिला लिया है। दाखिला तो तुम्हारा यहाँ कल होगा, आज तुम उनसे मिल लो। वी.एस.एस.डी. पास में ही गंगा किनारे नवाबगंज में है।'

ये दोनों बलरामपुर में मेरे मित्र थे, विशेषत: सन्तशरण। सन्तशरण साहित्यिक रुचि का था। उसे पंत, महादेवी, बच्चन की काव्य-पंक्तियाँ कंठस्थ थीं। उदार मन का, विद्रोही स्वभाव का था। थोड़ा ऊँचा सुनता। हम उन दोनों को अंटसंट अग्निहोत्री कहते। दोनों हहाकर मिले, बोले—'यार, कहाँ फँस रहे हो बी.एन.एस.डी. में, हमारे कॉलेज में एडमीशन लो! यार, हम लोग साथ-साथ रहेंगे, पढ़े-लिखेंगे, मौज करेंगे, रौब से रहेंगे। बहुत अच्छे टीचर हैं। फीस-वीस तो तुम्हारी माफ करवा ही देंगे। हमारे रहते तुम्हें कोई तकलीफ नहीं होगी।'

मैंने दाखिला विक्रमजीत सिंह सनातन धर्म कॉलेज में ले लिया।

बलरामपुर का वातावरण वर्णाश्रमी, सामन्ती था। बलरामपुर की रियासत इसका पालन-पोषण करती थी। रियासत होने के कारण अमले में दूर-दूर से आकर नौकरी करनेवाले लोग शामिल थे। उसी में एक कौल परिवार था। कौल साहब का मकान टेढ़ी बाजार में मेरी ससुराल के बिलकुल पास था। कौल साहब कई भाई थे। एक रामजस कॉलेज में अध्यापक थे। उनकी पत्नी श्रीमती राजकुमारी कौल ग्वालियर की थीं। कालान्तर में कौल परिवार भारतीय जनता पार्टी के नेता और भारत के प्रधानमंत्री अटल बिहारी वाजपेयी के सम्पर्क में आया।

वाजपेयी जी के राजनीतिक जीवन का गहरा सम्बन्ध बलरामपुर से रहा। उन्होंने बलरामपुर से दो बार लोकसभा का चुनाव लड़ा था। एक बार हारे, एक बार जीते। बलरामपुर में राष्ट्रीय स्वयंसेवक संघ का व्यापक प्रभाव था। वाजपेयी जी यद्यपि नेता आर.एस.एस. के थे किन्तु उनका व्यक्तित्व ऐसा था कि मुसलमान भी उन्हें पसन्द करते थे। बोलचाल, खाने-पीने में वे उदार थे। कवि हृदय वाक्विदग्ध, प्रभावी वक्ता और विनोदी स्वभाव के थे। निम्नवर्गीय परिवार के स्कूल मास्टर के पुत्र थे इसलिए अपने संस्कारों के कारण सामान्य जनता में घुलमिल जाते थे।

मैं बलरामपुर में आर.एस.एस. का प्रतिबद्ध, कर्मठ, एकमन, एकप्राण, प्रचंड कार्यकर्ता था। सो वाजपेयी जी से थोड़ा परिचय मेरा भी हो गया।

कहते हैं कि वाजपेयी जी और राजकुमारी जी ग्वालियर में साथ-साथ पढ़ते थे और परस्पर परिचित थे। दिल्ली में जब मेरी नियुक्ति किरोड़ीमल कॉलेज में 1959 में हुई तो बलरामपुर का होने के नाते मेरा परिचय कौल परिवार से हो गया। उनकी दूसरी पुत्री नमिता जेसस मेरी में पढ़ती थी। मेरी लड़की रेखा भी वहीं

पढ़ती थी। दोनों में अच्छा परिचय था। श्रीमती कौल का व्यक्तित्व शामक था। वे सुशील, शिष्ट, मृदुभाषी—दूसरों की सहायता करने वाली महिला थीं। अक्सर खादी की, हल्के से पीले रंग की रेशमी साड़ी पहनतीं। श्रीमती कौल छात्रों का बहुत ध्यान रखतीं, लोकप्रिय थीं। कौल साहब रामजस कॉलेज में छात्रावास के वार्डन थे। कौल साहब योग्य 'मिलनसार' शान्त स्वभाव के व्यक्ति थे। मैं उनसे पहली बार कॉलेज के आवास में मिला। परिचय दिया तो उन्होंने मेरा स्वागत-सत्कार किया।

वाजपेयी जी नजरबन्द थे और एम्स में थे। वह शायद 25 दिसम्बर, 1976 का दिन था। वह वाजपेयी जी का जन्मदिन था। संयोग से इमरजेंसी के दौरान एम्स में श्रीमती कौल मुझे दिख गईं। वे मुझे वाजपेयी जी के पास ले गईं।

वाजपेयी जी ने मुझे पहचान लिया, बोले—'फूल गए हो (मोटे हो गए हो)।' उनका कोई ऑपरेशन हुआ था। उन्होंने इंदिरा जी के बारे में बताया—'उनका कोई न कोई आदमी हर हफ्ते मेरी खोज-खबर लेने आता है।'

वाजपेयी जी और कौल परिवार का सम्बन्ध आजीवन बना रहा। नमिता जी तो वाजपेयी जी की पुत्री के रूप में ही जानी जाती हैं। मैं अन्तस्तल से इस सात्त्विक सम्बन्ध का आदर करता रहा हूँ। मेरे मन पर श्री कौल साहब और श्रीमती कौल की छवि अंकित है और बलरामपुर से अटूट जुड़ी है।

मनुष्य के जीवन में एक समय ऐसा आता है जब वह अपने युग की दुनिया में प्रवेश कर जाता है। जैसे एक प्रकाश मिलता है, आप अपने ऐतिहासिक समय से परिचित होने लगते हैं। बलरामपुर का मेरे जीवन में ऐसा ही महत्त्व है। यह परिचय अपने विगत समय का पुन:परिचय कराता है। पुरानी बातें नये ढंग से समझ में आने लगती हैं। बिजली का प्रकाश 1944 में देखा। रेडियो से सहगल, पंकज मलिक, शमशाद बेगम को सुना। फिल्म देखना, अखबार पढ़ना, विद्यार्थी-आन्दोलन के जुलूस में नारे लगाना, अपने अधिकारों के लिए लड़ना, सबसे बढ़कर जवाहरलाल नेहरू, गोविन्द वल्लभ पंत, लोहिया, नानाजी देशमुख को देखना—इन सबने मुझे बदल दिया होगा जिसे मैं आज महसूस कर रहा हूँ। गाँव में मैं कबड्डी, गुल्ली-डंडा, चिक्का, लच्चीडारी खेलता था। हॉकी, फुटबॉल देखकर कैसा लगा? कवि-सम्मेलन, मुशायरा देख-सुनकर कैसा लगा—उसका प्रभाव परिवर्तनकारी, कुछ नये

में जोड़ देता था। शहर के लड़कों को साफ-सुथरे क्रीज्ड कमीज-पैंट पहने साइकिल से स्कूल आते देखना और लड़कियों को साइकिल चलाते देखना—यह सब एक अद्‌भुत लोक में प्रवेश करना था। किताबी अद्‌भुत लोक नहीं, सचमुच का लोक। ऐसे लड़कों का मेरा क्लासफेलो होना, उनके साथ घूमना, उनके जैसा होना बहुत कुछ ऐसा था, जो व्यक्तित्व को बदल देता था। और आज समझ में आ रहा है कि बलरामपुर ने मुझे क्या दिया! यही नहीं, बलरामपुर ने मेरे बलरामपुर-पूर्व जीवन यानी ननिहाल गनेसपुर और बिस्कोहर के जीवन—मेरे बाल-मन के जीवनानुभवों—को नई ऐतिहासिक पहचान दी।

मेरे सगे मामा नहीं थे। लेकिन जो मामा थे, वे सगों से ज्यादा सगे थे। वे सगे नहीं थे, इसका बोध मुझे बहुत बाद में हुआ। उनकी माँ रिश्ते में मेरी नानी थीं। वे मेरी सगी नानी से ज्यादा बुड्ढी थीं। न वे किसी से बोलती थीं, न कोई उनसे बोलता था। एक कोठरी में किसी सामान की तरह वे पड़ी रहतीं—उदय प्रकाश की कहानी 'छप्पन तोले का करधन' की बुढ़िया की तरह। क्या खाती-पीती थीं, हम बच्चों को नहीं मालूम। एक बार हमने उन्हें अपनी विष्ठा खाते देखा। वे विष्ठा की बदबू से अपरिचित हो गई थीं।

उनकी खोज-खबर घर भर में केवल मामा, उनके पुत्र लेते। वे उन्हें उठाते, बैठाते, टट्टी कराते, सफाई कराते, नहलाते-धुलाते, खाना खिलाते। तब मामा के इन कामों के महत्त्व का पता हमें नहीं था। गांधी जी के व्यक्तित्व से परिचित होने के बाद पता चला। मामा जैसे लोग अब बहुत कम हैं। वह पारिवारिक, पारंपरिक, धर्मभीरु पीढ़ी थी। वे मदर टेरेसा नहीं थे। अपनी माँ की ही सेवा करते थे। लेकिन मुझे यकीन है कि किसी और की माँ की भी ऐसी सेवा वे कर सकते थे।

मेरे गाँव में आर्यसमाज की शाखा थी। भगेलू महाशय, जो मूलतः भगेलू राम थे, आर्यसमाज में आकर रामलखण आर्य कहलाने लगे थे। इसी तरह हरनारायण महाशय भी थे। वार्षिक अधिवेशन होता था। भजन-संध्या होती थी। लेकिन आर्यसमाज को जाना मैंने बलरामपुर में आकर।

बिस्कोहर में एक दुबला-पतला तीस-पैंतीस साल का आदमी खद्‌दर का कुर्ता और सदरी पहने दिखलाई पड़ता। वह हाथ में तिरंगा झंडा लिये रहता। वह बिस्कोहर का नहीं, किसी पास के गाँव का बरई जाति का था। वह बिस्कोहर जब आता, झंडा लिये रहता। शायद वह पैसा, दो पैसा या ऐसा ही कुछ चन्दा भी लेता। गाँव में साल में एक बार नागा बाबा लोग आते थे। एक दफा उस तिरंगा झंडेवाले

व्यक्ति को मारते हुए नागा साधू को देखा। तब समझ में नहीं आया था कि नागा बाबा तिरंगा झंडेवाले को क्यों मार रहे हैं।

बलरामपुर कोई शहर नहीं था। अपने समय को देखते हुए साधन-सम्पन्न और आधुनिक कस्बा जरूर था। लखनऊ और गोरखपुर के बीच का सबसे आधुनिक कस्बा। लेकिन बिस्कोहर और उसके बीच जमीन-आसमान का अन्तर था। सड़कें, बिजली, स्कूल, इंटर कॉलेज, बग्घी, कारें, रिक्शे, पाशाकें, बोलचाल की भाषा, संगठन, अखबार का संसार ही भिन्न था। इस भिन्नता ने मेरे मन में बिस्कोहर की दुनिया को समझने में सहायता की। दूरी से देखने पर चीजें अब ज्यादा स्पष्ट और साफ दिखलाई पड़ती हैं। बिलकुल नजदीकी और तात्कालिकता की स्थितियों और घटनाओं को अस्पष्ट बना देती हैं। अनुभव और बोध दो चीजें हैं। सौंदर्य का अनुभव सौंदर्य का बोध नहीं है। अनुभव असीमता में होता है। बोध उस असीम को खंडित करके ससीम बनाकर—अलग करके होता है। बिस्कोहर में देखा हुआ आकाश, वर्षा, शरद, खास तौर पर शरद में कोइयाँ के फूल जो सफेद कमल होते हैं, जिन्हें कुमुद या कोकाबेली कहते हैं, मेरे लिए अमृत हैं। उनका असर मेरे बाल-मन पर कैसा पड़ता था? मन पर असर तो पड़ता था, लेकिन समझ में नहीं आता था।

बलरामपुर में कोइयाँ बहुत कम दिखलाई पड़ते। बलरामपुर के आसपास के गाँवों के तालाबों में, रेलवे लाइन के किनारे गड्ढों के जल में वे जरूर दिखलाई पड़ते। शरद में उनकी याद आती। वे दृश्य नहीं होते किन्तु उनकी याद आती। जब उनकी अनुपस्थिति एक अजीब तरह की रिक्तता पैदा करती, तब उनका महत्त्व समझ में आता। वे जिस रूप में दिखलाई पड़ते थे, उनसे कुछ भिन्न हो जाते। कैसे हो जाते?

निराला ने सौन्दर्यानुभव को शब्दों में ढालते हुए लिखा है—'अंगों से झरता हुआ अमृत पीने के लिए।' मुझे लगा, कुमुद से भरे। कुमुदों का रूप, रंग, स्पर्श न मालूम पड़ता—मालूम पड़ती गंध—इन सबका आस्वाद अमृतपान है। यह अनुभव-बोध हमें असीम से एकाकार करके हमारे जीवन को सार्थक बना देता है। ईश्वर से साक्षात्कार करा देता है। भक्त कवियों का यही सहज समाधि है। सौन्दर्य के प्रत्येक अनुभव-बोध में यह चेतनता एवं सार्थकता मिलती है। इस सहज समाधि या जीवन-सार्थकता के अनुभव के लिए बहुत ऊपर चले जाने की जरूरत नहीं।

उस समय चमत्कार और अनुभव गांधी, जवाहरलाल नेहरू, सुभाषचन्द्र बोस, अब्दुल गफ़्फ़ार खां, सरहदी गांधी के नामोल्लेख मात्र में था। वे हमारे अनुभव या चेतना में प्रवेश करके हमें झंकृत करते थे। मैं तेरह-चौदह वर्ष के अपने अनुभव और बोध की बात कर रहा हूँ, जो कंघी करना नहीं जानते थे, जूते-चप्पल कभी-कभी ही पहनते थे, महीने में एक बार हजामत के नाम पर मशीन चलवा लेते थे। दो पैसे में सिर में सरसों का तेल लगाना ही प्रसाधन था। बलरामपुर से गाँव जाता तो प्राय: दोपहर या तीसरे पहर घर पहुँचता। उस दिन रात में अम्मा बुकवा या उझिला लगातीं। (यह उबटन था। सरसों उबालकर पीसकर उबटन बनाया जाता।) उझिला से सुगंध आती। माँ उबटन लगाती जातीं और कहती जातीं—'अरे देह कैसा तेल सोख रही है, कितना रूखा है शरीर! कितने दिनों से तेल नहीं लगा है!'

बलरामपुर में बहन के कमरे में शीशा था। फिल्मी अभिनेताओं-अभिनेत्रियों की तसवीरें थीं। गाँव में देवी-देवताओं के चित्र देखता था। बलरामपुर में फिल्मी लोगों की तसवीरें देखने लगा। शीशे में बड़ी देर तक अपना चेहरा देखता रहता। अपने चेहरे की तुलना उन तसवीरों के चेहरों से करता। इतनी देर तक कि कभी-कभी बहन टोकती, डाँटती।

मेरी बड़ी बहन के घर वालों की बस चलती थी। उस बस का ड्राइवर असम का था। उसकी पत्नी गोरी भरी देह की थी। वह अपने कमरे में मुझे अक्सर बुलाती। यों भी मेरा मन उसके पास जाने को करता। वह लाइफ ब्वाय साबुन से नहाने के बाद जूड़ा खोले कमरे में आती या बैठी होती तो उसकी देह से अजीब मादक गंध महसूस होती। मन में ऐसी तरंगें उठतीं जो पहले नहीं उठती थीं। वह मुझे अपने पास बिठा लेती। टीन के मग में चाय पिलाती। कमर में हाथ डालकर चिपटा लेती, कहती—'यह लड़का मुझे अच्छा लगता है—सीधा-सादा है, पढ़ाकू है। इधर-उधर नहीं देखता।' मेरा मन उसका शरीर, उसकी साड़ी सूँघने को करता। वह 'मुझे बहन के कमरे में लगी फिल्मी अभिनेत्रियों की तसवीरों में से किसी एक के समान लगती।

मेरे बड़े जीजा यानी जीजाजी के बड़े भाई के कमरे में रेडियो था। तिजोरी जितने बड़े बाक्स में रेडियो की मशीन थी। दोपहर को खाना खाने के बाद वे उस पर सोते। सोने के पहले रेडियो पर गाने सुनते। कभी मुझसे रेडियो लगाने के लिए कह देते। सुई घुमाना और रेडियो चलाना मुझे भी आ गया। वे कमरे में न होते तो मैं रेडियो चलाकर गाने सुनता। सहगल इतने लोकप्रिय थे और उनके फैंस इतने और ऐसे थे कि उनकी कोई बुराई करे तो गाली खाए। पंकज मलिक का 'पिया

मिलन को जाना', के.सी.डे. और कई अन्य लोगों के साथ गाया हुआ 'दुनिया रंग रंगीली बाबा' हर तरफ गूँजते थे। रफी, मुकेश, लता मंगेशकर और थोड़ी देर बाद तलत का प्रवेश हो रहा था। मुझे तलत की आवाज बहुत पसन्द है। दिलीप कुमार के चेहरे और एक्टिंग के साथ उनकी आवाज का तादात्म्य विलक्षण है। दिलीप कुमार जैसा कलेजाकाट चेहरा किसी और अभिनेता का मुझे नहीं लगता। नादिरा ने एक बार कहा था—'दिलीप कुमार जैसी पीठ और किसी अभिनेता की नहीं है। दिलीप कुमार की पीठ की खूबसूरती का जादू देखना हो तो फिल्म 'गंगा-जमुना' में बैजयंती माला के गाने 'ढूँढ़ो ढूँढ़ो रे साजना मेरे कान का बाला' के अंकन के समय उसकी पीठ को देखिए जिस पर नायिका के कान का बाला टँगा रह गया है। इस लोकगीत का उपयोग जिस सिचुएशन के लिए किया गया है, उसे समझने की बात है।

दिलीप कुमार लाजवाब हैं लेकिन युग वह राजकपूर का था। दिलीप कुमार के साथ आप किसी और अभिनेता या अभिनेत्री को नत्थी नहीं कर सकते। करें भी तो कामिनी कौशल, मधुबाला, नरगिस, निमी को थोड़ी-थोड़ी देर के लिए। लेकिन राजकपूर के बारे में आप नरगिस के बगैर सोच ही नहीं सकते। यह फिल्मी जोड़ी हमारे समय में, शायद हिन्दी फिल्म के इतिहास में, अद्वितीय रही। सिर्फ नरगिस ही नहीं, आप राजकपूर के बारे में, उसकी फिल्मों के बारे में, आर.के. स्टूडियो के बारे में सोचें तो आप शैलेंद्र, मुकेश, शंकर-जयकिशन, आरचेकर के साथ सोचेंगे। राजकपूर श्रेष्ठ निर्देशक, शो मैन थे और अपनी टीम के साथ थे। टीम के बिछुड़ने के बाद राजकपूर राजकपूर नहीं रह जाते हैं; नहीं रह गए।

लेकिन बलरामपुर की बात करते-करते मैं क्यों बहक रहा हूँ? हँसिए नहीं, मैं अक्सर बहकता हूँ। दिलीप कुमार, राजकपूर, नरगिस की बात कानपुर के दिनों की है, बलरामपुर की नहीं। यहाँ तो जुगनू, अनोखी रात, डॉ. कोटनीस की अमर कहानी 'रामराज्य' का युग था। इनमें 'रामराज्य' सबसे ज्यादा पॉपुलर थी। उसका गाना 'भारत की इक सन्नारी की हम कथा सुनाते हैं' बालक, युवक, वृद्ध—सबकी जबान पर था। मेरे मन में अभी भी राम और सीता का जो रूप है, वह प्रेम अदीब और शोभना समर्थ का है। प्रेम अदीब सुल्तानपुर के थे। शोभना समर्थ नूतन और तनूजा की माँ थीं। 'रामराज्य' हिन्दुओं में प्रचलित थी, थोड़ी-बहुत मुसलमानों में भी जरूर रही होगी।

भारतीय जीवन में फिल्मों के महत्त्व पर अभी पूरा ध्यान नहीं दिया गया है।

अभी हाल तक अधिसंख्य फिल्में भारतीय जनता की मूलभूत एकता, समानता और अखंडता की वाहक हैं। यहाँ तक कि अभी तक पाकिस्तान और भारत की फिल्मों का मुहावरा एक है। गानों में तो और भी ज्यादा समानता है। हिन्दी फिल्मों के गानों और उनकी धुनों की विविधता और लोकप्रियता अपार एवं अभूतपूर्व है। मुझे कभी-कभी लगता है कि भारत का वास्तविक रूप फिल्मों के गानों में झलकता है। भारत का इतिहास, उसकी परिस्थितियाँ, विषमताएँ, समानताएँ, निम्नता और औदात्य, संकीर्णता, उदारता, क्रूरता, अमानवीयता और मानवीय आध्यात्मिकता, वहशीपन और देवत्व—सब फिल्मों में उजागर हैं। एक धोबी गधे पर बैठा कपड़ों को धोने तालाब या नदी पर जा रहा है और ट्रांजिस्टर (अब मोबाइल) पर गाना सुन रहा है—'रहें न रहें हम महका करेंगे'। बाजारू गाना, पंजाबी, राजस्थानी, भोजपुरिया, छत्तीसगढ़ी धुनें सब-की-सब हर समय उपलब्ध। सब तल्लीन होकर सुनते हैं। ऊबते हुए सुनते हैं। बेमतलब का—बिना ध्यान दिये सुनते जा रहे हैं और बिना समझे हुए भी भाव-विभोर हो रहे हैं। इन फिल्मों के सहारे भारत का प्रामाणिक इतिहास लिखा जा सकता है। ये ऐतिहासिक दस्तावेज हैं। धर्म, सम्प्रदाय, पर्व, उत्सव, मिथक, प्रकृति, संकीर्णता, उदारता, गरीबी, अमीरी, नारी पराधीनता, प्रेम का वरदान, उसकी पीड़ा, बाल विवाह, अनमेल विवाह, दलित विधवा का क्रंदन, उच्च वर्ग की हृदयहीनता, उदारता, बलात्कार, बलिदान, नारी सम्मान, अपमान—सब कुछ फिल्मों और उनके दृश्यों, चरित्रों और गानों में दर्ज हैं। चिह्नित, भावांकित हैं। सबसे बड़ी बात यह सर्वजन सुलभ है। तकनीक का इतना बड़ा वरदान और इतनी वर्गरहित उपलब्धि! कोई भी दूसरी तकनीकी उपलब्धि इतनी सर्वजन सुलभ नहीं है इसलिए इतनी अधिक प्रभावी भी नहीं है।

हमारे समय में क्रोनी कैपिटलिज्म फिल्मों की इस सर्वजन सुलभता को ध्वस्त कर रहा है। अपार पैसा झोंककर विज्ञापन के द्वारा जनता के सौन्दर्यबोध को विकृत करने की मानसिकता बढ़ा रहा है; जहाँ कला व्यवसाय तो बन ही गई है, कला को—हमारे सौन्दर्यबोध को—अमानवीय करुणारहित बनाने का कुचक्र चल रहा है। लेकिन इस दारुण प्रसंग पर यहाँ कितनी बात की जाए!

भारत में फिल्म-उद्योग का प्रारम्भ स्वाधीनता-आन्दोलन के समय में ही हुआ था। उस पर स्वाधीनता-आन्दोलन की स्पष्ट छाप है। प्रारम्भिक मिथकीय विषयों पर आधारित फिल्मों में भी सामाजिक और कभी-कभी राजनीतिक सन्देश है। पारसी थियेटर के रंग में विशेष रूप से सन्देश स्पष्ट है।

शान्ताराम की, जो शायद हिन्दी और मराठी फिल्मों के भी सर्वाधिक प्रसिद्ध निर्देशक थे, फिल्मों में सन्देश अधिक कलात्मक ढंग से प्रेषित होते थे। शान्ताराम में सामाजिक उद्‌देश्यों को कलात्मकता के साथ प्रेषित करने की अद्‌भुत क्षमता थी। उनकी कलादृष्टि मौलिक और नवोन्मेषी थी। उनमें तात्कालिक मुद्‌दों पर रचना करने की क्षमता थी जिसका प्रमाण 'डॉ. कोटनीस की अमर कहानी' है जो सच्ची घटना पर भारत के आदर्शवादी युवक डॉक्टर के चीन में जाकर सेवा करने के दौरान ही दिवंगत हो जाने की घटना पर आधारित है। फिल्म का प्रारम्भ जवाहरलाल नेहरू के उद्‌बोधन भाषण से होता है। डॉ. कोटनीस की भूमिका स्वयं शान्ताराम ने निभाई है।

इस फिल्म के बारे में एक बात और कही जाती है। इसकी 'रिलीज' के लिए जवाहरलाल नेहरू से प्रार्थना की गई थी। लेकिन नेहरू ने कहा—'यह फिल्म चाहे जैसी हो, व्यावसायिक है, मेरा आना विज्ञापन होगा। इसलिए मैं नहीं आऊँगा।'

आज के युग में नेहरू का 'डॉ. कोटनीस की अमर कहानी' जैसी फिल्म की रिलीज में शामिल होने से इनकार करना कैसा भी लगता हो लेकिन स्वाधीनता-आन्दोलन इसी दृढ़ता के साथ लड़ा गया था।

शान्ताराम आजाद हिन्दुस्तान में प्रतिष्ठान के चहेते नहीं बने। उन्होंने अपनी मराठी अस्मिता और अखिल भारतीयता की टेक बनाए रखी।

राजकपूर ने फिल्म बनाई 'अब दिल्ली दूर नहीं'। उसमें नेहरू पर पर्याप्त फोकस था। नेहरू ने उस फिल्म में भी सहयोग करने से इनकार कर दिया।

शान्ताराम को 'दादा साहब फड़के सम्मान' मिला। मेरी जानकारी और स्मृति के अनुसार (हो सकता है, मेरी जानकारी और स्मृति ठीक न हो) शान्ताराम सम्मान लेने स्वयं नहीं आए। सचिव को भेज दिया।

शान्ताराम अपनी फिल्म में काम करनेवाले अभिनेताओं-अभिनेत्रियों को पारिश्रमिक बहुत कम देते थे। आश्चर्यजनक रूप से कम। लेकिन प्रसिद्ध से प्रसिद्ध अभिनेता-अभिनेत्री उनकी फिल्मों में काम करने को लालायित रहते थे। 'झनक झनक पायल बाजे' जैसी फिल्म में कौन अभिनेता काम नहीं करना चाहेगा? संगीत-कला-साहित्य के शीर्ष व्यक्तित्व उनका आदर करते थे। किन्तु जैसाकि होता है, महान व्यक्तित्वों का व्यक्तित्व सर्वथा निर्दोष नहीं होता। उनकी एक फिल्म है 'पिंजरा'। नायक का काम श्रीराम लागू ने किया है। नायिका का संध्या ने। मुझे लगा कि शान्ताराम का व्यक्तित्व इसमें प्रतीक के तौर पर उभारा गया है।

भक्तिकाव्य, विशेष रूप से रामचरितमानस की पंक्तियाँ उन दिनों बोलचाल में प्रयुक्त की जाती थीं, अब भी की जाती हैं। विद्वतजनों के बीच स्वाधीनता-आन्दोलन के प्रभाव में मैथिलीशरण गुप्त की 'भारत भारती' की पंक्तियाँ सबसे ज्यादा लोकप्रिय थीं। साथ में सोहनलाल द्विवेदी, नवीन, दिनकर की। बच्चन की 'मधुशाला' एक दूसरे ढंग की कविता के रूप में लोकप्रिय थी। नरेन्द्र शर्मा का प्रेमगीत 'आज के बिछुड़े न जाने कब मिलेंगे' बहुत लोकप्रिय था। निराला, प्रसाद, पंत, महादेवी साहित्य-दीक्षित लोगों में ही प्रसिद्ध थे। इस दौर का सर्वाधिक लोकप्रिय काव्य 'राधेश्याम रामायण' था। सुदूर गाँवों में—मेरे गाँव में—इसके गायक थे। इसे धर्मकाव्य के रूप में प्रतिष्ठा मिली हुई थी और इसी के साथ फिल्मी गाने सामान्य लोकजीवन में कहीं अधिक व्यापक रूप में प्रवेश कर रहे थे, प्रवेश कर गए थे। वे धार्मिक काव्य, राजनीतिक काव्य, नीति काव्य, प्रेम काव्य, सब कुछ थे। उनके साथ गम्भीरता, साहित्यिकता, रोमानी भाव भी जुड़ा था। वे द्रुत गति से लोकजीवन में व्याप्त हो रहे थे। वे गुनगुनाए जाते थे, गाए जाते थे और प्रेम-पत्रों, चिट्ठियों में उद्धृत किए जाते थे। उनकी तर्ज पर भजन बन रहे थे, राष्ट्रीय गीत बन रहे थे। आज यह प्रवृत्ति कहीं ज्यादा तेज हो गई है, तब सिर्फ शुरुआत हुई थी।

हमारे बचपन में गाँव में सिनेमा नहीं था। तब सिनेमा बलरामपुर में भी नहीं था। अखबार में विज्ञापन आता था। निशात टाकीज में (लखनऊ या जहाँ से अखबार निकलता था, उस शहर का)। मुझे याद है, निशात को 'निशात्' लिखा रहता था, 'त' में हलंत के साथ और हम पढ़ते निशातू टाकीज।

गाँव में सिनेमा नहीं था, इसका मतलब यह नहीं कि मनोरंजन के साधन नहीं थे। सच बात तो यह है कि तब मनोरंजन के साधन आज से कहीं ज्यादा थे और ज्यादा विविध थे। अनेकानेक खेल थे—मैदान के, तालाब के, पेड़ों के, चाँदनी रात में खेले जानेवाले खेल, तारों भरी अँधेरी रात में खेले जाने वाले खेल, कबड्डी, कंचा, गुल्ली-डंडा, चिक्का, लच्ची डाही, सोलह गोटी, पसेरी धम्म, ततलमतूल, ऊपर देखो हिरनी कि हिरना, आदि।

खो-खो का भी एक रूप प्रचलित था। लच्ची डाही, पेड़ों पर एक डाल से दूसरी डाल पर कूदने-दौड़ने-पकड़ने-छूने का खेल खतरनाक था। ततलमतूल एक तरह की कबड्डी ही थी लेकिन पकड़े जाने पर पीटने की खुली छूट थी। इसलिए इस खेल का अन्त प्राय: लड़ाई-झगड़े में होता था। लच्ची डारी और चिक्का के कारण गाँव के अनेक खिलाड़ी जीवन भर के लिए लूले-लंगड़े हो जाते।

लड़कियों के खेल अलग थे। वे घर-घरौंदा बनाकर एक टाँग पर दौड़कर कोई खेल खेलती थीं। रस्सी से कूदना उनका प्रिय खेल था। इन खेलों की सबसे बड़ी विशेषता यह थी कि उनकी सामग्री जुटाने में पैसा नहीं लगता था। साधन कम-से-कम लगते थे। 'सोलह गोटी' में गोटियों की जरूरत पड़ती थी। गोटियों का काम कंकड़-पत्थर करते थे।

गुल्ली-डंडा में पेड़-पौधों से डंडा-गुल्ली बना ली जाती थी। कुश्ती को खेल तो नहीं कह सकते लेकिन वह थोड़ा-बहुत खेल का भी काम करता था। कबड्डी गाकर, साँस रोककर खेली जाती थी। साँस टूटने पर खिलाड़ी को हारा हुआ मान लिया जाता था। कुत्ते नहीं लड़ाए जाते थे लेकिन बच्चे पिल्ले लड़ाते थे।

हम एक और खेल खेलते थे—लड़ाने का। मार्च-अप्रैल में जब बेर में फूल आते हैं, तब उन्हें सूँघने से ततइया (बर्र) के डंक झड़ जाते; उन बर्रों की कमर को धागे में बाँध देते और उन्हें लड़ाते। पतंग तो लड़ाते ही थे। तब पतंग को खरीदना सबके बस की बात नहीं थी। बेल का गूदा निकालकर उसमें छेद करके रस्सी से बाँधकर फर्र से छोड़ते—वह नाचते हुए ध्वनि करता, हम उसे भौंरा कहते। भौंरा आवाज ज्यादा करे, इसके लिए उसमें बकरी का दूध डालते।

पूर्वी अवध का जन-जीवन

तब समय पर्याप्त था। तब बच्चे स्कूल भी इतना ज्यादा नहीं जाते थे। निम्नवर्गीय और निम्नवर्णीय बच्चे स्कूल प्राय: नहीं जाते थे। खेलकूद में वे सवर्ण बच्चों से बेहतर होते थे। बहुत कुछ उसी तरह, जैसे कि नीग्रो या ब्लैक बच्चे गोरों के बच्चों की तुलना में खेलकूद में कहीं बेहतर हैं। गाने में भी वही हाल है। देसी नौटंकी-तमाशा में भी। फिल्मों ने इन सबको हजम कर लिया। लुप्त होते जाने की प्रक्रिया मैंने अपनी जीवन-प्रक्रिया के संग-संग देखी।

खेलकूद के साथ-साथ कलात्मक-सृजनात्मक प्रकार थे।

नाटक को हमारे यहाँ पंचम वेद कहा गया है। नाट्य का सम्बन्ध विशेष रूप में तथाकथित निम्नवर्णीय जन से है। इन जातियों से इनके नृत्य, नाट्य प्रकार सम्बन्धित थे। धोबी नाच, पूर्वकथित चमार नाच, अहीरों का नाच विशिष्ट था। उनके नाच को 'फरुवाही' कहते थे। फरुवाही नाच सबके बस की बात नहीं। उसमें अनेक दुष्कर कौशल थे। लगता था कि वे सब किसी युद्धजीवी जाति के नृत्य-रूप हैं।

अहीरों का जातीय नायक लोरिक है। उसके नाम से लोरिकनाचा है। लोरिकनाचा में कथा भी है। लोरिक की प्रेमिका का नाम चन्दा था। लोरिक का उत्तर भारत के मिथकीय इतिहास में जो महत्त्व है, उसे अभी पूरी तरह समझा नहीं गया है। लोरिक-कथा के आयाम बहुत कुछ समेटे है। इस कथा पर आधारित अवधी की प्रथम सूफी रचना 'चन्दावत' या 'चन्दायन' को इस्लाम को मानने वाले धर्मग्रंथ का महत्त्व देते थे। पं. हजारी प्रसाद द्विवेदी 'मृच्छकटिक' के गोपाल आर्यक को समुद्रगुप्त का सेनापति और लोरिक ही मानते हैं। लोरिक उनके उपन्यास 'पुनर्नवा' का पात्र है।

बलरामपुर के आसपास के गाँवों में—जिनमें मेरा गाँव बिस्कोहर भी आता है—नौटंकी और बिदेसिया का प्रचलन था। लोग इस पर जान देते थे। किसी जगह

बिदेसिया या नौटंकी होती तो दूर-दूर से लोग देखने आते। नौटंकी थोड़ा-बहुत शहराती चीज थी। कानपुर और हाथरस नौटंकी के केन्द्र थे।

हमारे जमाने में तिरमोहन कम्पनी की नौटंकी बहुत विख्यात थी। नौटंकी रचने वाले स्थानीय व्यक्तियों पर रचना बना देने में माहिर थे। सुल्ताना डाकू की नौटंकी मशहूर थी। ध्रुव, प्रह्लाद, सत्य हरिश्चन्द्र, शीरीं फरहाद, लैला-मजनू भी काफी लोकप्रिय थी। रेणु की प्रसिद्ध कहानी 'तीसरी कसम' पर बनी फिल्म में नौटंकी का अद्‌भुत रचनात्मक उपयोग है। हीराबाई नौटंकी में ही काम करती है। उसके संवाद गीतात्मक होते थे। वाद्य में नगाड़े का विशेष महत्त्व था।

गाँवों में बिदेसिया और सफेड़ा (सपेरा) का खेला होता था। बिदेसिया का नायक विवाहिता को घर छोड़कर परदेस कमाने जाता था। विरहिणी नायिका के विरह और उस स्थिति से जुड़े हुए अनेक प्रसंग होते। अन्त में परदेसी प्रियतम आता और संयोग होता। सफेड़ा में नायिका को साँप काटने की कथा रूढ़ि थी। वह किसी-न-किसी तरह बच जाती और प्रिय से उसका मिलन होता। बिदेसिया कथा का भी रूप था और गायन तर्ज का भी। उसकी प्रतीक कथा पंक्ति थी :

गौना करायके पिया घर बइठइलें
अपना गये परदेस रे बिदेसिया

बिदेसिया और सफेड़ा का नायक नागर कहलाता। उसके आगमन पर रंगा (सूत्रधार) कहता—'सभा में दोस्तो, नागर की आमद, आमद है।' बिदेसिया और सफेड़ा का सबसे आकर्षक पात्र कनवा होता। कनवा यानी काना, वह जोकर होता। उसके रंगमंच पर आते ही—रंगमंच कोई मंच नहीं होता था, जमीन पर ही खेल होता—सभा में, विशेष रूप से बालमंडली में, हँसी की लहर दौड़ जाती। वह नाना प्रकार की मुद्राएँ बनाता, टिप्पणी करता—श्लील-अश्लील हर तरह की। गाँवों में श्लील-अश्लील में अन्तर बहुत कम होता है।

कस्बों में, गाँवों में नट-नटनियों के करतब रोमांचक होते थे। आज जो करतब बड़े-बड़े विज्ञापनों के साथ टीवी पर दिखाए जाते हैं, उनकी तुलना में उनके करतब कम साहसपूर्ण नहीं होते थे। रस्सी पर नृत्य-दौड़ तो मामूली बात थी। हमारे गाँव में जमींदार के घर के सामने नटिन का करतब होता। हौज में पानी भरवा दिया जाता। उसमें नथ डाल दी जाती। नटिन के हाथ-पाँव बाँध दिये जाते। वह हौज के पानी में मुँह डालकर पहले से डली हुई नथ नाक में पहन लेती।

नट-नटिन के बारे में उनके करतब की बात अलग। उनकी सहज सुन्दरता, उनकी बोली में रोमांस, उनकी पोशाक, चाल, भंगिमाओं में भाव की धार, जिसे अब सेक्स अपील कहें, अलौकिक थी। नट बलिष्ठ होते—सुन्दर और नटिनियाँ साक्षात रति। वे चरित्रवान होते। हावभाव रोजी कमाने के लिए थे। कभी-कभार नट समाज के बाहर किसी पुरुष का नटिनी से प्रेम या सम्बन्ध होता तो वह कथा मिथक बन जाती। ऐसा सम्बन्ध पक्का होता। विवाह नहीं होता। सम्बन्ध ही बनता।

एक नटिन मेरे घर भी कभी-कभी आती। अम्मा मुझे भेजती—'दादा (पिता) को बुला लाओ। तुम्हारे दादा को इसका गाना बहुत पसन्द है।' और वह गाती। दादा-अम्मा सुनते। मैं भी बैठा रहता। उसे चावल, दाल, कपड़ा या पैसे दिये जाते। मुझे याद है, वह काजल लगाए रहती। शायद दाँतों में मिस्सी भी। साफ-सुथरी, साँवली, मुस्कराकर गाती और बात करती।

मनोरंजन में आल्हा की बात न करना अक्षम्य होगा। आल्हा वर्षा ऋतु में गाया जाता था। आल्हा एक आदमी नहीं गाता। एक पिछुआ जरूर होता। वह अगले की छोड़ी हुई पंक्ति जोड़ देता। आल्हा गाने के लिए वीरता के भाव के साथ दमदार स्वास्थ्य भी चाहिए। स्मृति चाहिए। भूलने पर आशु कविता बनाने की क्षमता चाहिए। अच्छे गायक गमला-शैली में गाते थे। गमला यानी विविध छंदों में और कथाक्रम में बिखराव देकर। आल्हा का अपना छंद है। आश्चर्य होता है जानकर कि 'कामायनी' का प्रारम्भ आल्हा छंद से हुआ है। मतलब कि यह मूलतः कथा कहने का छंद है। शुरुआत सुमिरनी या देव-स्मरण से होती थी। सुमिरनी प्रायः कवित्त या सवैये में होती थी। किसी देवता के स्मरण से सुमिरनी खतम होने के साथ गायक सीधे कथा पर आ जाता था :

सूर महोबा में जनमे हैं एक से एक दइव के लाल
लड़न भिड़न को ऊदल ठाकुर किल्ला तोड़न को मलिखान

मैहर के शारदा मन्दिर का आल्हा-ऊदल की कथा के साथ विशेष सम्बन्ध है। मैहर में शारदा मन्दिर की पहाड़ी के नीचे एक तालाब-सा गड्ढा है जिसे आल्हा-ऊदल का अखाड़ा कहा जाता है। आल्हा के कथा-काव्य को आल्हखंड कहते हैं। इससे पता चलता है कि यह वृहद काव्य 'परमाल रासो' का कोई खंड था। 'परमाल रासो' की रचना जगनिक ने की थी। जगनिक कवि भी था और 'परमाल

रासो' का एक पात्र भी। बिलकुल पृथ्वीराज रासो के चन्दबरदाई की तरह। आल्हा के गायन का प्रभाव इतना पड़ता था कि कभी-कभी उत्तेजना में इसमें हत्या हो जाती थी। कुछ अल्हैत हाथ में तलवार घुमाते हुए आल्हा गाते थे।

लोकजीवन में एक प्रवृत्ति यह भी है कि लोकप्रिय से लोकिप्रिय और खूब आदर पाने वाले शिष्ट रूप का भदेस उपहास भी किया जाता है। आल्हा सामन्ती काव्यरूप है। इसका गायन खाते-पीते आदमी के घर में होता था। अल्हैत को खिलाया-पिलाया जाता था। निम्नवर्गीय जन इसे देखते थे और इसका उपहास भी अपने ढंग से करते थे। आल्हा गाने वालों के लिए कुछ पंक्तियाँ ऐसी भी प्रचलित थीं :

आल्हा मरि गए कोहड़ा के थाल्हा ऊदल मरे चने के खेत
आल्हा गावैं ढोल बजावैं चिउरा दही सकेले जाएँ
कोदो पावैं घर पहुचावैं लड़िके मात मात मरि जाएँ
आल्हा गवैयक छाती फाटै और सुनवइया क मूँड़ पिराय
जेकरे मोहारे ढोलक बाजै तेकर मझिल पूत मरि जाई

प्रवाद था कि आल्हा गाने पर झगड़ा जरूर होता है।

दलित-वंचित समाज में प्रतिष्ठान का मजाक उड़ाने का अपने ढंग का मुहावरा होता है।

नौटंकी या बिदेसिया में नव्वाब और राजा, सेठ, पंडित, मौलवी का काफी मजाक उड़ाया जाता। काजी साहब का अभिनय करने वाला धम्म से बैठ जाता। कहता—'लो गोबरहवा मोहर लग गई।'

बटुक ब्रह्मचारी का मजाक उड़ाने वाला गाना था :

दलदलवा में फँसि गै बरमचारी
लम्बी लम्बी टाँग चुत्तर भारी
दलदलवा में फँसि गै बरमचारी

अवध में शिया मुसलमानों की अच्छी आबादी है। उनकी आर्थिक स्थिति सामान्य मुसलमानों से बेहतर है। ज्यादातर जमींदार सुशिक्षित हैं। देखने में गोरे चिट्टे। जौनपुर, बलरामपुर, फैजाबाद और आसपास के गाँवों में उनकी बस्तियाँ या मोहल्ले हैं। हसन हुसैन की शहादत की कथा पर गाया जाने वाला शोकगीत 'मरसिया' उनका प्रिय गान है। उर्दू में मरसिया की रचना प्रत्येक शिया के घर में

कुछ न कुछ की जाती है। मोहर्रम उनका सर्वाधिक महत्त्वपूर्ण त्योहार है। शिया मुसलमानों के अलावा अवध में पिछड़े वर्ग के लोग भी भारी संख्या में मोहर्रम मनाते हैं। ताजिया रखते हैं। बिस्कोहर में वेश्या समाज का सबसे बड़ा त्योहार मोहर्रम है। उर्दू के मरसिये अच्छे हैं लेकिन मैंने गाँवों में अवधी के जो मरसिये सुने हैं, वे मार्मिकता में अद्‍भुत हैं। हम लोगों ने बचपन में रामचरितमानस, कबीर, सूर, मीरा के भजनों और मरसिया के सोज-दर्द को एक साथ पाया है। सम्भवतः इसीलिए अवध में इतनी साम्प्रदायिक सहिष्णुता थी। अब की बात और है।

अवध का एक त्योहार या उत्सव कहें, वह था—बहराइच के गाजी मियाँ का मेला। इसे पिछड़े वर्ग के हिन्दू और मुसलमानों में डफाली विशेष रूप से मनाते। डफाली मुसलमानों में पिछड़ी जाति का उपवर्ग है जो डफ बजाता है। दूर-दूर से गाजी मियाँ के मानने वालों, बहराइच जाने वालों का समूह गाता-बजाता आता। वे मई महीने में आते। हमारे यहाँ माना जाता कि जिस दिन गाजी मियाँ की शादी होती है, आम का पका फल जरूर टपकता है। गाजी मियाँ को गाने में 'हरियाला बन्ना' कहते।

गाजी मियाँ के इस उत्सव-त्योहार पर प्रसिद्ध इतिहासकार शाहिद अमीन ने एक शोधपूर्ण पुस्तक लिखी है जो इसके ऐतिहासिक सन्दर्भ को समझने में बहुत उपयोगी है। बहराइच में गाजी मियाँ के मेले में जानेवालों का उल्लेख तुलसीदास ने एक दोहे में किया है।

बलरामपुर किसी कस्बे का नाम भर नहीं है। वह पूर्वी उत्तर प्रदेश और पूर्वी अवध की लोकसंस्कृति का प्रतीक भी है। बलरामपुर आसपास के गाँवों से थोड़ा-सा भिन्न और थोड़ा-सा ऊपर उठा हुआ था। 'ऊपर उठा हुआ' सतर्क होकर बाँचें लेकिन वह आसपास के गाँवों से समरूप ज्यादा था—असमान या ऊपर उठा हुआ कम—विशेषतः दलित, पिछड़े और सामान्यजन की संस्कृति की दृष्टि से।

पूर्वी अवध के गाँवों के बारे में अगर आपने उनके खानपान के बारे में नहीं सुना तो आपने कुछ खास नहीं सुना। यह क्षेत्र इतना विविध और व्यापक है कि उसके लिए बहुत स्पेस चाहिए।

हो सकेगा तो पूर्वी अवध के खाने-पीने के बारे में एक किताब भी लिखूँगा। किताब लिखने की जरूरत शिद्दत से महसूस कर रहा हूँ, क्योंकि यह सब हमारी आँखों के देखते-देखते विदा हो रहा है और विकास के नाम पर। यह कैसा विकास है, जो स्वास्थ्य, सुन्दरता, आस्वाद और असल के नाम पर बनावटीपन, रोग और

कुरूपता को बढ़ावा दे रहा है? तकनीक नया कुछ जोड़ती है बेहतरी के लिए, न कि जो पहले से अच्छा हो, उसे बरबाद कर देने के लिए। आजादी के बाद पूँजीवादी अपसंस्कृति का बड़ा आघात हमारे भोजन और खाने-पीने की चीजों पर हुआ है। यूरोप और अमरीका के देश हमसे कम विकसित नहीं हैं लेकिन उनके यहाँ खाने-पीने की चीजों में इतनी मिलावट नहीं होती। दूध, सब्जियाँ, फल, अनाज सबको कृत्रिम तौर पर फुलाकर इतना बड़ा मोटा विकृत और बेस्वाद किया जा रहा है कि जो लोग पहले का खा चुके हैं, उनके लिए ये सब बेस्वाद हो गए हैं। लोग भारतीय संस्कृति का नाम तो लेते हैं, उनके हाथ में अब सत्ता है लेकिन वे विदेशी खाद्य सामग्री से बाजार पटा देखते हैं और चुप रहते हैं। खैर, इसका रोना छोड़कर हम बलरामपुर के आसपास के बारे में उन दिनों की बात करते हैं।

बच्चों के स्कूलों के सामने कच्ची इमली, सूखे बेर, जिसे झरबेरी कहते थे, लेमनजूस और सोनपपड़ी बिकती थी। इंटरवल होते ही बच्चे-बच्चियाँ उन पर टूट पड़ते थे। हाँ, वही, जिनके पास पैसे होते थे। उन दिनों खाते-पीते घरों में बच्चों को एक रोज का एक आना या दो पैसे से ज्यादा जेबखर्च नहीं मिलता था। चीजें इतनी सस्ती थीं कि इतने जेबखर्च में ही ऐश हो जाती थी। गर्मी के दिनों में पत्ते पर बर्फ घिसकर और उस पर मीठा रंगीन शरबत कुछ डालते थे। इस बर्फ को बेचने वाला गाता जाता था—'बरफवा खाए जाओ जिआ न तरसाओ' और बच्चे जिआ तरसाते थे या खाते थे। जामुन और अमरूद के दिनों में ये भी बिकते थे। पकौड़ी और मिठाई की बिक्री का चलन स्कूल में कम था—बिलकुल नहीं के बराबर। स्कूल-कॉलेजों में कैंटीन का रिवाज नहीं था। स्कूल में खाना कोई नहीं लाता था। खाने के एवज में भुजिआ, चावल या चने का भूजा लाते थे। डी.ए.वी. स्कूल में मेरा क्लास फेलो बिजलीपुर का बाबूलाल हलवाई कभी-कभी मेरे लिए पेड़ा ले आता था। पहले लिख चुका हूँ कि बलरामपुर का पेड़ा, कलाकंद, इमरती, दही, रबड़ी खास तौर पर बहुत अच्छा होता था। एक प्रकार का मीठा दही, बंगाल की मिष्टी दही से भिन्न, मिलता था जो उस क्षेत्र की विशेषता थी। सामिष में कबाब और घाघरा, राप्ती, तालाबों की रोहू मछली, मछली का कबाब भी वहाँ बनता था। अवध के सामिष भोजन के बारे में एक कथा प्रसिद्ध है। फैजाबाद के किसी नवाब ने किन्हीं तीन अंग्रेज अफसरों को खाने पर बुलाया। दस्तरखान पर प्लेटें रख दी गईं। बड़ी देर तक इंतजार के बाद अंग्रेज अफसर ने पूछा—'खाना कब आएगा?' नवाब साहब ने कहा—'खाना तो लग चुका है। आप प्लेटों को तोड़कर खाइए।

यही खाना है।' मेहमानों ने प्लेट को किनारे से तोड़ा, मुलायमियत से वे टूट गए। एक-एक टुकड़े में अलग-अलग खाद्य सामग्री का जायका था। किसी में शीरमाल, किसी में कोरमा, किसी में कबाब था।

सामुदायिक भोजन में पूड़ी-कचौड़ी, अचार, कोहड़ा (काशीफल) की सब्जी प्रमुख होती। मीठे में पेठा जरूर होता। ब्राह्मणों के भोजन में पूड़ी के साथ चूड़ा-दही, गुड़ भी होता। 1947 के बाद पंजाबी आ गए तो छोले-भटूरे, कुल्चे भी आ गये। ब्रेड, पकौड़े भी। बलरामपुर के लोग आश्चर्य से बोलते—पंजाबी दूध जरूर पीते हैं। गरीब से गरीब पंजाबी भी एक किलो दूध रोज सवेरे घर लाता है। बात यह है कि अवध में सांस्कृतिक समृद्धि के बावजूद आर्थिक दुरवस्था बहुत भयंकर थी। दूध-दही कुछ लोगों के लिए ही था। अधिकांश लोगों के लिए वह न था या कम था। दूध-दही, पूड़ी-कचौड़ी, बालूशाही—यह सब लोकगीतों और कल्पना में ज्यादा थे, यथार्थ जीवन में कम। यथार्थ में तो अधिकांश जनता 'क़फ़न' कहानी के घीसू-माधव की तरह थी।

फिर भी 1947-48 तक बलरामपुर के आसपास गाँवों में छोटे-से-छोटे काश्तकार के यहाँ नवान्न दो बार मनाया जाता। थोड़े पके या अधपके धान की बाली में से धान हाथ से सुरक लिया जाता। उसका चिउरा सुरका का चिउरा कहलाता जिसमें खेत के अधपके धान की बाली की गंध और उसका कच्चा स्वाद बना रहता। उसे गुड़ के साथ प्रसाद के रूप में आवाज लगाकर बाँटा जाता। सुरका का चिउरा का स्वाद अब केवल स्वप्न में बचा है। दूध-दही-गुड़ के साथ उसे खाना जीवन-लाभ पाना था और यह जीवन-लाभ सर्वसुलभ था।

तब—मेरे बचपन तक—बल्कि आजादी मिलने तक कई ऐसे अन्न रोजमर्रा के इस्तेमाल में थे जो (प्रजातियाँ) अब नहीं मिलते अथवा मुश्किल से मिलते हैं। कोदो, सावाँ, मड़ुआ, लहरज़ा—ये जड़हन नहीं थे यानी इन्हें बोकर फिर रोपा नहीं जाता था। जमीन पर वैसे छींट दिया जाता था और वे उग आते थे। पता नहीं, किस कारण इन्हें विश्वामित्री अन्न कहा जाता था! शायद भाव यह है कि ये विश्वामित्र द्वारा प्रतिसृष्टि के अन्न हैं, ब्रह्मा की बनाई सृष्टि के नहीं। इनका दर्जा दूसरे नम्बर का था और इन्हें गरीब लोगों का अन्न माना जाता था। हालाँकि सामान्य किसान परिवार में इन्हें खाया जाता था। किसान परिवार में खेत में होनेवाला अन्न ही उसका सर्वस्व होता है जिसके आधार पर परिवार का भरण-पोषण होता है। धान की एक अन्य प्रजाति थी—ओसहन। जड़हन से अलग ओसहन। ओसहन को साँठी या साठा

भी कहते थे। ओसहन ओस से पोसित होने वाला धान या अश्विन धान कार्तिक के महीने में तैयार हो जाने वाला। साँठी साठा साठ दिनों में तैयार हो जाता था। यह धान बारीक या महीन तो नहीं होता था लेकिन स्वादिष्ट बहुत होता था। सादे पानी में बनाने से ही लगता था मानो दूध में पकाया गया है। अब यह मिलता ही नहीं। गाँव में भी नहीं मिलता।

बहुत ढूँढ़ने पर मिले तो मिले। हमारा क्षेत्र चावल उगाने के लिए बहुत प्रसिद्ध है। एक विशेष प्रजाति का चावल हमारे क्षेत्र में होता था—कालानमक। इसका रंग (धान का) काला होता था। लेकिन इसकी खुशबू की गमक बहुत बेधक, व्यापक होती थी। खेत में लहराते हुए पौधों से ही इसकी खुशबू दूर-दूर तक फैलती थी। मेरे विचार से धान के पौधों जैसी सुगंध अन्य किसी चीज की नहीं होती।

कालानमक कहने के लिए तो अब भी होता है किन्तु उसमें अब वह खुशबू नहीं होती। खुशबू नहीं तो कालानमक और अन्य धानों में कोई अन्तर भी नहीं रह गया है। एक धान 'तिन्नी' था। तिन्नी तालाबों में अपने-आप उगता था। उसके पत्तों और डंठल को हाथी बड़े शौक से खाते थे। लटेरा और भैंसालोटन, दो अन्य धान थे। लटेरा बहुत महीन, लम्बा कीमती धान और भैंसालोटन मोटा। मोटा हमारी तरफ कम कीमत वाला सर्वजनसुलभ के अर्थ में प्रयुक्त होता है। महीन कीमती और उच्च वर्ग में प्रयुक्त होने वाले के अर्थ में।

बलरामपुर के आसपास कहा जाता है—पहनना मोटा और खाना महीन यानी पहनना चाहिए मोटा या सामान्य पोशाक लेकिन खाना बहुत अच्छा होना चाहिए। प्रसिद्ध है कि धान, पान, बाभन और साँप की अनगिनत प्रजातियाँ होती हैं। इनकी गणना कर पाना मुश्किल है। व्यापारीकरण ने ऐसा कर दिया है कि जो प्रकार ज्यादा पैसा देता है और ज्यादा पैदा होता है, उसे छोड़कर बाकी सब प्रजातियाँ लुप्त हो रही हैं क्योंकि उन्हें पैदा नहीं किया जाता। धीरे-धीरे उनके प्रति लोगों की रुचि भी समाप्त हो जाती है और वे समय के अतल में गायब हो जाती हैं।

एक दाल होती थी 'रंगमहलिया'—नन्ही-नन्ही पीली गुलाबी रंग की। बहुत स्वादिष्ट होती थी। अब नहीं दिखलाई पड़ती। खाली पड़े मैदानों में अनेकानेक अनाम लेकिन सुपरिचित वनस्पतियाँ उगी रहती थीं। हम उनसे खेलते थे। बच्चों की एक खास आदत होती है कि वे किसी वनस्पति या वस्तु की उपेक्षा नहीं करते। उसे छूते, सूँघते और चखते जरूर हैं। कभी-कभी इससे बहुत पीड़ा होती है, दुर्घटनाएँ भी हो जाती हैं लेकिन बच्चों का स्वभाव अपनी जगह बना रहता है।

तब गाँवों में 'भाड़' होते थे। अनाज भूनकर खाए जाते थे। बैंगन, परवल, तोरी, कोहड़ा प्राय: सभी सब्जियाँ भी भूनकर खाई जाती थीं, चोखा बनाकर। तालाब में मछली मारी, वहीं घासफूस में भूनकर नमक-मिर्च लगाकर खा लिया। उसका स्वाद भी लाजवाब होता। भुने हुए बेल, अमरूद का स्वाद आजकल के लोग जानते ही नहीं होंगे। भुनी हुई वस्तुओं में सोंधापन होता है। लोग उससे वंचित होते जा रहे हैं। जो खाना जितने ही सादे ढंग से—मसाले आदि कम-से-कम डालकर—बनाया जाता है, वह उतना ही स्वादिष्ट होता है। मसाले मांसाहार में अवश्य जरूरी होते हैं।

हर क्षेत्र की तरह बलरामपुर में भी भोजन का अन्योन्याश्रित सम्बन्ध फसलों से था—जो फसल जब होती थी, तब उसके साथ उत्सव या पर्व जुड़े थे—नवान्न वही था। उत्सव-पर्व ही नहीं, शादी-ब्याह भी फसलों से जुड़े थे, लोक-संस्कृति का अंश भी। किसान के पास जब जो चीज बहुतायत से होती है, वह उसकी फसल है। वह उसी को नाना प्रकार से बनाकर खाता है। इसकी उपमा नागार्जुन ने एक बार तुलसीदास की कविता से करके बताई थी कि तुलसीदास ने रामकथा पर ही काव्य रचा लेकिन रामकथा को विविध काव्यरूपों—दोहा, चौपाई, बरवै, कवित्त, सवैया, सोहर, संस्कृत श्लोक, सबमें रचा। जैसे चतुर गृहस्थिन एक ही अन्न चने से—रोटी, दाल, सब्जी, पकौड़ी, बुंदिया (मिठाई), कढ़ी—सब बना देती हैं। चावल का भात, चावल की रोटी, पूड़ी, चौरेठा, पसावन (माँड़) सब बनता है।

एक बार उज्जैन में मैंने एक युवक अध्यापक डॉ. जगदीश शर्मा से मालवे के लोगों के खाने की आदत की आलोचना करते हुए कहा कि 'तुम लोग भोजन के साथ दालमोठ, नमकीन क्यों खाते हो? इससे पेट खराब होता होगा।' उस युवक अध्यापक ने उत्तर दिया—'यह हमारी जातीय संस्कृति का अंग है।' फिर उसने कोसांबी को उद्धृत करते हुए कहा कि 'भोज्य सामग्री जातीय-क्षेत्रीय-संस्कृति का अंग होती है। जैसे मक्के की रोटी, सरसों का साग पंजाब, मछली-भात बंगाल, लिट्टी-चोखा बिहार का अंग है, इसी तरह बलरामपुर के क्षेत्र की अपनी भोजन-विधि वहाँ की क्षेत्रीय संस्कृति से अभिन्न है। जातीय संस्कृति और क्षेत्रीय में भी अनेक उपसंस्कृतियाँ होती हैं—अवध में ही मुसहर चूहा खाते हैं; बिहार में तो चूहा, कछुआ, चींटी आदि सब खाए जाते हैं। एक बार नागार्जुन ने ही बताया था—'एक दिन मैं (नागार्जुन) गिन रहा था। कुल मिलाकर मैंने छत्तीस जंतुओं का मांस खाया।' संख्या इससे आगे नहीं बढ़ी। संख्या आगे न बढ़ने पर बाबा को दुख था।

बलरामपुर छूटने पर—उसके पहले गाँव इस तरह नहीं छूटा था—जिन भोज्य

पदार्थों की याद बहुत आती है, उनमें से एक करेला का भरुआ है। दिल्ली में भी मिलता है, बनता है मगर वह बात कहाँ!

करेले का भरुआ दो प्रकार से बनता है; एक तो सीधे मसाला भरकर तल लेते हैं। दूसरे, उसे अंगीठी पर उबालने के बाद तलकर रसा लगाते हैं। अंगीठी पर उबलते समय उसकी खुशबू घर भर में फैल जाती है। मसाला कच्चा नहीं डाला जाता, अधजला डाला जाता है। उसे कल्हरना कहते हैं।

दूसरे, अरुई के पत्ते का सोहिना और रिंकवंच। कहने को यह कभी-कभी यहाँ और अन्यत्र भी बनता है। बलरामपुर में कई दालों और चावल को भिगोकर पीसते हैं और उसमें यथोचित मसाला—अरवी के पत्तों पर मसाले को फैलाकर, टुकड़ों में काटकर, तलकर या उबालकर फिर तला हुआ या रसा लगाकर खाते हैं। वैसा बनाना थोड़ा श्रमसाध्य है। अरुई के पत्ते का रिंकवंच तो बनता ही है। अरुई के पत्ते में हींग, खटाई की एक पुड़िया को बीच में रखकर उबालते हैं फिर उसका भुर्ता बनाते हैं। खटाई नहीं—पूर्वी अवध की आम की खटाई—गलका—डालकर बनाते हैं। अम्मा बनाती थीं और हम भाई-बहन जब खाते थे तो कहते—'अम्मा, पेटवा भर गया, मन नहीं भरा।'

इसी तरह कोहड़ा का फूल है। संस्कृत में कूष्मांड और बाहर इसे काशीफल कहते हैं। कई और नाम भी हैं। कोहड़ा की मर्यादा बहुत है। यह निहायत नाजुक सब्जी है। देखने में चाहे जितनी मोटी-फूली, ऊबड़-खाबड़ लगे, हिन्दी प्रदेश में इसकी सब्जी के बिना कामकाज सम्पन्न नहीं होता। पूड़ी-कचौड़ी के साथ जो स्वाद इसका आता है, किसी और का नहीं। बिना प्याज-लहसुन डाले पारंपरिक कारीगर जैसा इसे बनाते हैं, वह मसाले वगैरह से नहीं बनता।

बलरामपुर के आसपास के क्षेत्रों में औरतें इसे नहीं काटतीं। काटने के लिए पुरुष बुलाए जाते हैं। लोक-संस्कृति में पर्यावरण की मृदुता और आत्मीयता को मिथकों, अंधविश्वासों और रीति-रिवाज में बदल दिया गया है। दीया औरतें आँचल में लेकर चलती हैं। उसे फूँक मारकर नहीं बुझाया जाता। दीया 'बढ़ाया जाता' है, बुझाया नहीं जाता। ऐसा नहीं कहते कि दीया बुझाओ। अँधेरा होने के बाद वनस्पतियाँ खास तौर पर तुलसी (माता) का पत्ता नहीं तोड़ा जाता। यहाँ तक कि रात में सोते पानी को नहीं जगाया जाता। कुएँ, तालाब से पानी भरना स्थगित कर दिया जाता है।

कोहड़े की नाजुकी का यह हाल है कि बाबा तुलसीदास ने लिखा :

इहाँ कुम्हड़ बतिया कोऊ नाहीं, जो तरजनी देख मुरझाहीं।

कोहड़े की बतिया—नन्हा फल—इतना मृदु और नाजुक होता है कि उसकी ओर उँगली का इशारा करो तो वह मुरझा जाता है। शरद में कोहड़ा बहुत फूलता है। कोहड़े की सब्जी तो बनती ही है लेकिन जिस व्यंजन की बात मैं करने जा रहा हूँ, वह है कोहड़े के फूल की सब्जी। उस फूल को हल्का-सा तलकर या कल्हारकर उसमें रसा लगाना, यह पूर्वी अवध की खास सब्जी है। कहीं-कहीं इसे बोजका भी कहते हैं। वस्तुतः खास सब्जी होने से ज्यादा खास बनाने की विधि है। यह दिल्ली में तो मैंने कहीं खाई नहीं। इस बार गाँव गया तो भतीजे ने मेरे लिए बनवाई थी, मैंने नीरज और वेद प्रकाश के साथ खाई। नीरज ने उसकी फोटो खींचकर अपने पास रख ली। कहते हैं, कोहड़े के फूल की सब्जी अटल बिहारी वाजपेयी जी को बहुत पसन्द थी।

कटहल की सब्जी दिल्ली में कम खाई जाती है। पंजाब में लगभग नहीं। बलरामपुर में तला हुआ कटहल मिलता था। कटहल के स्लाइसेज काटकर उसे तला जाता था बेसन में फेटकर। कटहल का अचार भी बनता है।

एक सब्जी सतपुतिया है, जो अवध के बाहर बहुत कम मिलती है, बिहार में मिलती है। सतपुतिया भी बहुत नाजुक सब्जी है। केवल शरद में मिलती है। अन्य मौसम में नहीं। शरद में ही एक पर्व होता है—जीवित पुत्रिका (जिउतिआ) का, जिसमें इसे बनाया जाता है। पहले इलाहाबाद में भी मिलता था। अब मुश्किल से मिलता है। बलरामपुर में अभी मिलता है। मेरे गाँव में भी।

मिर्च का अचार ठेठ पूर्वी है। मिर्च सबसे प्रिय आहार राजस्थान का है। लेकिन जिस तरह के अचार की बात मैं कर रहा हूँ, वह ठेठ पूरब में बनता है। इसका मसाला गमकने वाला होता है। इसे मिर्च में भरना आसान काम नहीं। मिर्च की ढेपी उलटकर अलग रखकर मसाले को सींक से भरा जाता है, फिर ढेपी लगाकर सील की तरह बन्द कर दिया जाता है। मिर्च का अचार बलिया तक में अच्छा बनता है, बलरामपुर में बनता था। फिराक गोरखपुरी इसके बहुत शौकीन थे। कहते थे कि 'मिर्च का अचार मत कहो। इससे मेरा स्वाद बिगड़ जाता है। कहो, मरिचा का अचार। मरिचा कहकर खाने से ही मुझे पूरा स्वाद मिलता है।' इसी तरह फिराक साहब केला को केरा कहते थे। वे कहते, 'केरा कहकर खाने से ही मुझे पूरा स्वाद मिलता है।' बलरामपुर की अपनी जबान में भी केला को केरा कहते हैं। मेरे गाँव बिस्कोहर में भी।

शरद में बलरामपुर के आसपास के गाँवों के तालाबों में कुमुद फूलते हैं। (माफ करिएगा, इसे फिर दोहरा रहा हूँ, कोइयाँ मुझे बार-बार याद आता है।) कुमुद को कोइयाँ कहते हैं। यह रात में खिलने वाला छोटा सफेद कमल है। यह क्षेत्र फूले हुए कुमुदों से परिपूर्ण तालाबों से जगमगा उठता था। शरद सरस्वती का साक्षात् रूप—बिना बोए-उगाए प्रकृति का वरदान। हम बच्चे इसे तोड़ते, सूँघते, चखते। डंठल के साथ इसकी माला बनाकर पहनते। वह हल्की-सी पवित्र गंध मानो शरद की गंध हो! इसे कोकाबेली भी कहते हैं। उस क्षेत्र को मैं कोइयाँ के रूप और गंध के बिना याद ही नहीं कर पाता। कार्तिक की चाँदनी रात में कोइयाँ के फूल चाँदनी के फूल जैसे लगते, मानो चाँदनी ही जगह-जगह सिमटकर फूल बन गई हो! तालाब का जल, आकाश की निर्मलता, चाँदनी की ज्योत्स्ना—सब आपस में कुछ बातचीत करते—कुछ अस्पष्ट, रहस्यपूर्ण, कुछ खुलता, कुछ अबूझ।

पूर्वी उत्तर प्रदेश राजनीति-बोध की दृष्टि से जागा हुआ क्षेत्र रहा है लेकिन आर्थिक दृष्टि से बहुत पिछड़ा। वर्ण-व्यवस्था का दुष्प्रभाव सर्वत्र दिखलाई पड़ता है। इस वातावरण में अकाल पड़ने पर वहाँ के लोगों की स्थिति दारुण हो जाती है। चेत जाने पर वहाँ तीव्र आन्दोलन, खास तौर पर किसान-आन्दोलन हुए हैं लेकिन सामान्यत: निम्नमध्यवर्गीय व निम्नवर्गीय, जिसमें दलित संख्या सबसे अधिक है, सिर झुकाकर असहाय सब स्वीकार कर लेते हैं। दलित वर्ग का भी कुछ भाग खेती से जुड़ा रहता था। वे छोटे किसानों और जमींदारों के यहाँ हलवाही करते। जेठ के महीने में खेती का काम नये सिरे से शुरू होने के दिनों में उनकी माँग बढ़ जाती थी।

लेकिन अकाल पड़ने पर निम्नमध्यवर्गीय ब्राह्मणों, ठाकुरों, पिछड़ों की भी हालत खस्ता हो जाती थी। खस्ता तो हालत पहले भी रहती; अन्न,जल के अभाव में दारुण हो जाती। वही जिसे तुलसीदास ने 'जीविकाविहीन लोग सीद्यमान सोच बस कहैं एक एकन सो, कहाँ जाई का करी—चाहत अहारन को पहार, दारिघूरना' कहा है। हाँ, व्यापारियों को गरीब जनता को लूटने की पूरी छूट मिल जाती थी, तो अधिकारियों, पुलिसवालों, दलालों को भी। सबसे बुरी हालत दलितों, पिछड़ों, छोटे किसानों की।

हमारे यहाँ फुलवारी में कई फलों के पेड़ थे। इमली और अरहर को मिलाकर

खाने का बयान कर चुका हूँ। कभी-कभी बेल को भूनकर खाया जाता, भूख शान्त करने के लिए। कोदों कभी-कभी मतौना (नशा या बीमार कर देने वाला) होता है व अखाद्य होता है इसलिए सस्ता मिलता। उसे भी लोग खाते और नशे जैसी हालत में बेकार पड़े रहते। मैंने अपनी आँखों देखा है, किसी व्यापारी या अपेक्षाकृत खाते-पीते आदमी के यहाँ मरनी-करनी पर भोज होता, तो भिखमँगे जूठे खाने पर टूट पड़ते। कुत्ते, बिल्ली और भुखमरे एक साथ छीना-झपटी करते। आज के पाठक 'क़फ़न' कहानी में वर्णित उस स्थिति की कल्पना भी नहीं कर पाएँगे कि बाप-बेटे में भुना हुआ आलू खाने के लिए एक दूसरे को चकमा देने की नौबत कैसे आ सकती है और वह भी तब, जब घर में पत्नी या पतोह प्रसव-वेदना से छटपटा रही हो। हमारी पीढ़ी उस स्थिति को देख, भोग चुकी है।

निकट एक ताल था—'लेंवड़' ताल। वह ताल कमलों से भरा होता। कमल के डंठल को दिल्ली और अन्य महानगरों में कमलककड़ी कहते हैं। महँगी बिकती है और शौक से खाई जाती है। पूर्वी उत्तर प्रदेश में लोग तब कमलककड़ी का यह इस्तेमाल नहीं जानते थे। बलरामपुर में कमलककड़ी को भसीण (विषतंतु) कहते हैं। अकाल में उसे खोदकर और फिर उबालकर खाते थे। दूर-दूर से दस-पाँच-पंद्रह कोस के गरीब उस ताल से भसीण खोदकर बड़े-बड़े झउओं (टहनियों से बने पात्र) में, सिर पर लादकर ले जाते और उबालकर खाते। अनेक वनस्पतियों, पेड़ की छालों को उबालकर खाते। तब ये चीजें मुफ्त मिलती थीं। इनका व्यापारीकरण नहीं हुआ था। आज यकीन करना मुश्किल है लेकिन एक औरत को मैंने राख को पानी में उबालकर पीते देखा है।

सन् 1942-43 ई., द्वितीय विश्वयुद्ध के दौर में अंग्रेजी सरकार ने ट्रेनों को ज्यादातर युद्ध का माल ढोने में लगा दिया था। लोगों की जरूरत का सामान ले जाने में बहुत कमी हो गई थी। क्षेत्र में नमक, मिट्टी का तेल गायब हो गया था। लोग बिना नमक के खाना खा लेते; उसमें खटाई या नीबू डालकर खाते। मिट्टी का तेल नहीं मिलता तो थोड़ी देर के लिए सरकंडे जलाकर प्रकाश कर लेते और शाम से ही सो जाते। रेलगाड़ियों में रात को बिजली नहीं जलती यानी अँधेरे में ही सफर करते। कुओं का पानी सूख जाता था। गाँव भर के युवक, बच्चे व औरतें कुओं में से मिट्टी, कीचड़ निकाल-निकालकर कुओं के तल को और गहरा करके पानी लाने का प्रयास करते। दूर-दूर जाकर नदी या चालू कुओं से पानी लाते।

भूसा, घास के अभाव में पशुओं की क्या हालत होती थी, आप कल्पना

कर सकते हैं। वे भूख-बीमारी से मरते। यह स्थिति बलरामपुर कस्बे की अपेक्षा बलरामपुर के देहाती क्षेत्र में ज्यादा भीषण थी।

परेशानी के वक्त में सामान्य परेशानियाँ भी अधिक असह्य, दारुण और उपहासास्पद हो जाती हैं। अभाव में नारी-शरीर सस्ता बिकने लगता है। बीमार, मरीज, कोढ़ी, विकलांग पशुओं की तरह उपेक्षित हो जाते। घर के लोगों से ही तिरस्कृत होते। रही-सही दवाइयाँ भी लुप्त हो जातीं। कालाबाजारी, घूस, अत्याचार, चोरी, बलात्कार, सूद बढ़ जाता। कई अभूतपूर्व रोग पता नहीं कहाँ से फैल जाते! कई अंधविश्वास आन्दोलन की तरह चल निकलते—'एक संक्रामक रोग फैला था झुनझुनी—शरीर झनझनाने, अकड़ने लगता। लोग नहलाते' तब ठीक होता। खुजली, दाद, खाज जोरों से फैल गया था और उधर परई देवी की उपासना का दौर चल पड़ा था। जैसे बल्ब को ढँकने का शेड होता है, उसी तरह होता था मिट्टी का ढकना। लोग अपने घर में मिट्टी का ढकना लगाते। कहते, ये परई देवी है। इससे लाभ-हानि क्या है, नहीं जानते।

गाँव में ऐसी अनेक वनस्पतियाँ और जीवजंतु होते हैं जिन्हें आर्थिक दुर्गति में खाकर लोग जिन्दा रहने का ढब जानते हैं। चूहे, कछुआ खाना तो आम बात थी। मुसहर चूहा खाते थे। कछुआ तो अब डेलीकेसी हो गया है। एक वनस्पति होती है 'चकवन'। हम बचपन में उसका 'दंतुअन' (दातौन) बनाते थे। अकाल में लोग उसके पत्ते को उबालकर खाते थे। इसी तरह 'गदापुन्ना' होता। गदापुन्ना तो पुनर्नवा है। बताते हैं, वह अनुपम औषधि है लिवर ठीक करने की। वह सर्वत्र अपने-आप उगी रहती है। अब पक्की सड़कें बनने, हर जगह मिट्टी को सीमेंट से पाट देने, और पुनर्नवा को न मानने-पहचानने के कारण उसे नष्ट किया जा रहा है।

लेकिन यह सुखद सच है कि अब अकाल पड़ने पर वैसी विकराल स्थिति नहीं पैदा होने पाती है। बात यह है कि इंदिरा गांधी के समय से ही भारत खाद्यान्न के मामले में समर्थ और सुरक्षित हो गया है, हरित क्रान्ति के चलते। उसके आनुषंगिक नुकसानों के बावजूद।

अकाल भी पड़ता है और फसल होने पर अन्न, खाद्य वस्तुओं की बहुतायत भी होती है। अभाव और अतिभाव, दोनों झेलना पड़ता है। आम बहुत हो गया तो खाने वाला कोई नहीं, सड़ता है। प्याज, आलू, इमली आदि का भी यही हाल। अब व्यापारिक चलन के कारण स्थिति पहले जैसी नहीं रह गई है लेकिन किसान को अब भी भुगतना पड़ता है। जो पैदा होता है, उसी को नाना प्रकार से इस्तेमाल

करने का तरीका गाँव-कस्बों में अपने-आप आ जाता है। आम, इमली, अनार, आँवला की खटाइयाँ, अमावट और कचावट, गलका, अचार, सिरका, राब, चोइंटा, महुआ, कोइली, चिउरा, भूँजा दाना, गादा—ये सब फलों-अन्नों के विविध रूप हैं। सरसों, तिल के साथ रेड़ महुआ (कोइली) का भी तेल निकाला जाता है, और भरबंडा (सत्यानाशी) पौधे का भी। इन वनस्पतियों और वस्तुओं का औषधि के रूप में विभिन्न उपयोग भी होता था और होता है—अनुभव के आधार पर बनी परम्परा या जानकारी से। उनके नाशकारी प्रभावों की भी जानकारी रहती थी। आँख आने पर यानी आँख में तकलीफ के साथ ज्यादा कीचड़ आने पर, लाल हो जाने पर, माँ सत्यानाशी का दूध आँख में लगाती थीं। गर्मी में इमली का शरबत पिलाती थीं। गुड़, सौंफ और काली मिर्च के शरबत का स्वाद किसी और शरबत में नहीं। वह शरबत औषधि भी है। शायद उसको मिर्चवानी कहते हैं। मक्का, चावल, बेल, अमरूद, मछली-मांस, प्रायः सभी प्रकार के अन्न को भून या कल्हार कर खाया जाता था। भिगोकर भी। चना इनमें सबसे ज्यादा खाया जाता। आम और इमली के अनेक व्यवहार रूप थे। गुड़ के शरबत या गन्ने के रस में आम डालकर कुछ दिनों के लिए छोड़ दो तो सिरका बन जाता है। उसमें पपीता, मूली, पिंहुटला (कचरी) आदि भी डाल देते थे। हमने गाँव के आधार बलदेव बनिया के यहाँ श्राद्ध में आम का ऐसा सिरका खाया है जो राब या गुड़ के शरबत में नहीं—आम के रस में पका आम डालकर बनाया गया था।

कच्ची इमली के रस में कढ़ी बनती थी। उसमें गुड़ भी डालकर बनाओ तो खट्टी-मिट्ठी बनती थी। कच्ची इमली के रस में उर्द का बड़ा डालकर बनाया जाता था। इमली के बीज से दवा बनती थी। आम की गुठली को सुखाकर उसका आटा तैयार करते थे फिर उसकी रोटी बनती थी। इमली के पत्ते की और फूल की चटनी लाजवाब होती है। रेंड़ का तेल रेचक होता है। एक साग अब गायब हो रहा है—'चमसुर'।

इमली के पत्तों की एक किंवदंती एक संस्कृत विद्वान से जुड़ी है। उनका नाम वाचस्पति था। जितना अपरिग्रही, आकाशवृत्ति-भोगी प्राचीन काल के विद्वान होते थे, वैसे ही वे थे। घर में चावल तो था, दाल या अन्य कोई सब्जी नहीं थी। आँगन में इमली का पेड़ था। पत्नी ने उसके पत्तों की चटनी बनाकर भात के साथ खाने को दिया। विद्वान ने खाया तो परम सन्तुष्ट होकर बोले—'कहीं और कुछ माँगने की क्या आवश्यकता है! कल्पवृक्ष तो अपने आँगन में ही लगा है।'

देसी पके आम को चुसुआ कहते हैं, क्योंकि उसे चूसा जाता है। छिलके उतारकर उसे नमक, मिर्च और थोड़ा सरसों का तेल मिलाकर भी खाते थे। पक्के आम की सब्जी भी बनाई जाती थी। थोड़ा-सा घी में छौंककर। उसका रस निकालकर शरबत की तरह आमरस तो पिया ही जाता था। वह मैंगोशेक का देसी रूप था। आमपापड़ को अमावट कहते हैं। एक बुड्ढी महिला रहती थीं। हम उन्हें निन्नी दाई कहते थे। निन्नी दाई 'बोबरा' बनाती थीं। देशी घी में चावल को पकाकर। उसे पुलाव समझिए। लेकिन असली शाकाहारी पुलाव होता था तेहरी। उसमें सब्जियाँ डालकर बनाते थे। कच्चे आम का छिलका उतारकर दूध या पानी के साथ छौंक देते थे। गुड़ डालते तो दूध फट जाता था। उसे गुरुम् कहते थे। सिर्फ पानी डालकर भी गुरुम बनता था। माँ मेथी की खिचड़ी बनाती थीं। मेथी का तड़का करके उसमें चावल पका लेती थीं। बहुत स्वादिष्ट लगता था। मेथी की खिचड़ी में आम की कल्ली पड़ी रहती थी। कच्चे आम के टुकड़े करके उसे सुखा लेते थे। उसे पीसकर रखो तो अमचूर। तब आम की खटाइयाँ कितने प्रकार की बनती थीं, इसका वर्णन करके पार पाना मुश्किल है लेकिन अरहर की दाल में कच्चे आम डालकर बनाने से जो स्वाद उभरता है, वह वर्णनातीत है। कम घी डालकर जो हलवा बनता है, उसे लपसी कहते हैं। हलवा बाहर से आया हुआ व्यंजन है। लपसी पहले का लगता है। नमक डालकर आटे से बनी टिक्की-पकौड़ी को नोनबरिया कहते थे।

मांस-मछली हिन्दू भी शौक से खाते हैं। हिन्दू कलिया कहते हैं। मांस के टुकड़े को बोटी या गोट्टी। दादा मांसाहार करते थे। माँ मसाला पीस देती थीं। वे बना लेते थे। उनकी देखादेखी हम भाई-बहन भी खाने लगे। माँ नहीं खाती थीं। मेरा बड़ा भाई मांसाहार करके मरा था। एक-दो बार मांस दबाकर खाने से मुझे भी भयंकर पेटदर्द हुआ है। अब पेटदर्द के डर से नहीं खाता। कभी-कभी जिह्वा-लालसा से खा भी लेता हूँ। गाँव में मांस ताजा मिलता है। वह पकता है तो सुगंधि आती है। हो सकता है, मसाले की सुगंधि को मैं मांस की सुगंधि समझता हूँ। मछली से गंध आती थी जमे पानी की, जिसे बिसायँध कहते हैं। लेकिन मछली खाने में मुझे बहुत अच्छी लगती है। वह अपेक्षाकृत सुपाच्य भी होती है। हिन्दू घरों में अंडा नहीं खाया जाता था। मैंने हिरन और खरगोश का मांस भी खाया है। कबूतर, धवरखा, तीतर, बटेर का भी। मुर्गा खाया है लेकिन मुर्गे का रिवाज स्वातंत्र्योत्तर भारत में ज्यादा बढ़ा है। तब शराब अपेक्षाकृत कम पी जाती थी। महुए का शराब चुआ लिया जाता था। उसे ठर्रा कहते हैं। दलितों में या जमींदारों या नवाबों में उसका प्रचलन ज्यादा

था। ठाकुर, ब्राह्मण, कायस्थ जमींदारों या रईसों के लिए शराब उनकी मर्यादा, उच्च स्थिति का प्रतीक थी। शराब पीकर जो हरकतें वे करते थे, उनकी कहानियाँ, अफवाहें खूब कही-सुनी जाती थीं। दलित और गरीब शराब पीकर खाँसते, बीमार पड़ते और परेशान होते। शराबियों का परिवार अक्सर बर्बाद हो जाता। शराब पिये हुए एक आदमी का इमेज आज भी मुझे परेशान करता है। वह शराब में धुत था। उसने मलत्याग कर रखा था और सौंचा नहीं था। मलत्याग के अंग पर मक्खियाँ भनभना रही थीं। धोती की लाग पीछे से खुली थी। वह मगन भाव से बेतुके सुर में गाना गाते हुए जा रहा था :

राजा तोरी गोद में फुलगेंदवा बन जाऊँगी

असल नशा भाँग-गाँजा का था। शहरों में भाँग-गाँजा बहुत बड़ा नशा माना जाता है। बलरामपुर में इसकी दुकान थी। सब्जीमंडी के पास। वहाँ शाम को तली मछली भी मिलती। उस दुकान के मालिक गौरी शंकर जी आर.एस.एस. में थे, मेरे साथ जेल भी गए थे। बलरामपुर के गाँवों में इसका सेवन आम बात है। यह घास चारों तरफ उगी फैली होती है। तोड़कर कच्चा ही सुखाकर सेवन करते हैं—गोला बनाकर मिठाई के साथ, चूरन या दूध, मलाई, बादाम और न जाने क्या-क्या डालकर शरबत बनाकर भी। कहते हैं कि ताँबे का पैसा डालकर भाँग का शरबत बनाओ तो वह ज्यादा नशा करती है। भाँग के शरबत को ठंडाई कहते हैं। वाराणसी में तो इसे शंकर भगवान का प्रसाद समझकर ग्रहण करते हैं। वहाँ के प्राय: सभी पुरुष इसका सेवन कर लेते थे। हम भी कभी-कभी। भाँग के नशे में हँसी आ जाए तो रुकती ही नहीं। भाँग के नशे में भूख बढ़ जाती है। खास तौर पर मिठाई बहुत अच्छी लगती है। कहते हैं कि बाबू देवकी नन्दन खत्री ने 'चन्द्रकांता' भाँग के नशे में लिखी है। और तो और, आचार्य रामचन्द्र शुक्ल भी इसका नियमित सेवन करते थे। अनेकानेक हिन्दी लेखक विजया भवानी के अनन्य उपासक बताए गए हैं। दिल्ली में होली के अवसर पर राजकमल और बाद में राधाकृष्ण प्रकाशन के प्रबन्धक ओम् प्रकाश आयोजन करते थे। बड़े-बड़े कलाकार, साहित्यिक उसमें आते थे। भाँग और नाना प्रकार की शराब वहाँ होती थी। किसी ने कहा—भाँग पीकर शराब पियो तो असली मजा आता है। मैंने दोनों पीया, कोई खास बात पैदा नहीं हुई।

गाँजा चिलम से दम मारकर पिया जाता था। धूम्रमान की विधि से। मैंने इसका अनुभव नहीं किया है। इसके बारे में सुना ज्यादा है।

गाँजे की महिमा में पंक्तियाँ सुनी हैं :

जो न पीया गाँजे की कली/उस मर्द से औरत भली
दम मारो दम
जय जय शिव शंकर/काँटा गड़े न कंकर
दाल मिले अरहर/भात मिले फरहर
मेहरारू मिलै गोरहर/जय जय शिव शंकर।

गाँजा पीने की विधि का वर्णन कथाकार-सम्पादक भैरव प्रसाद गुप्त बड़े विस्तार से करते थे।

चरस और अफीम ज्यादा गहरा मूल्यवान नशा है। उनके बारे में सिर्फ सुना है। अफीम का सेवन ज्यादातर ऊँचे रईस करते थे और ऐश करते थे। मुगल-सम्राट हुमायूँ के बारे में कहा जाता है कि वह अफीमची था।

लेकिन बलरामपुर या अवध की संस्कृति का प्रतीक खैनी है; भाँग, गाँजा चरस या अफीम नहीं।

बलरामपुर में प्रचलित दोहा है :

कृष्ण चले बैकुंठ को राधा पकरी बाँह
हियाँ तमाखू खाय लो हुआँ तमाखू नाहिं।

कृष्ण जी बैकुंठ जाने लगे। राधा की कोई गुहार, कोई प्रेम-निवेदन काम नहीं आया। तब राधा ने कृष्ण को रोकने के लिए ब्रह्मास्त्र चलाया—यहाँ तमाखू (खैनी) खाते जाओ, वहाँ खैनी नहीं मिलेगी। इस दोहे को पढ़ने-सुनने का असली मजा तब है जब पोपले मुँह वाला बुड्ढा होंठों में तमाखू रखकर इसे बोलता है। लाचारी है; कलम पोपले मुँह में खैनी रखकर बोल नहीं सकती।

तमाखू के पत्ते को सुखाकर, उसके टुकड़े को हथेली में रखकर उसमें चूना मिलाकर बाईं हथेली में दाहिने हाथ के अंगूठे से उसे मसला जाता है। यथावसर दाहिने हाथ की हथेली से उसे बार-बार थापा जाता है—खैनी में झार, गंध उठती है—छींकें आती हैं, तब वह खाने के लिए चुटकी से उठाई जाती है या परोसी जाती है। अवध के बड़े से बड़े आदमी का अवधपन इसी खैनी-प्रेम से प्रकट होता है। आप बड़े से बड़े अफसर हों, जज हों, वाइस चांसलर हों, महाकवि हों, अगर खैनी नहीं खाते हैं तो अवध के नहीं हैं। प्रसिद्ध इतिहासकार रामप्रसाद त्रिपाठी खैनी

खाते थे। निराला को वेदांत में खैनी की गंध आती थी। मिश्र-बन्धु इसका सेवन करते थे। हाजत में सुकरता लाने के लिए अक्सर इसका सेवन किया जाता है। इसके प्रभाव से निपटान आरामदायक होता है। बनारसी आदमी जो काम भाँग से लेता है, ठेठ अवधीजन वह काम खैनी से लेते हैं। अवध में चायपानी का रिवाज न था, न है। किसी परिचित या आत्मीय व्यक्ति के आने पर उसका स्वागत खैनी से ही किया जाता था। पान-सुपारी, गुड़-पानी तो कभी-कभी ही होता था। कुछ नहीं है तो खैनी खिला दिया; आने वाले और घर वाले, दोनों की तृप्ति हो गई। अपनापे की रस्म पूरी हो गई। पुरुष तो पुरुष, औरतों में भी इसका खासा रिवाज था। बच्चे माँ-बाप, चाचा, बड़े भाई की देखादेखी इसे वयस्क होते ही अपना लेते थे; कभी-कभी बचपन में ही। पं. आचार्य हजारी प्रसाद द्विवेदी के ज्येष्ठ पुत्र जगदीश द्विवेदी (बबुआ) लुकाछिपी सिगरेट का शौक फरमाने लगे थे। पंडित जी ने ताड़ लिया, बोले—'बबुआ, सिगरेट छोड़ो, खैनी जमाया करो। अपनी जातीय संस्कृति की चीज है।' मरनी-करनी, शादी-ब्याह, समय-असमय, सुख-दुख—सभी अवसर पर इसका सेवन और वितरण अबाध पुलक प्रदायक था/है। अब यह पाउच में मिलने लगी है। गुटखे से प्रतिद्वंद्विता में है।

आचार्य रामचन्द्र शुक्ल ने जगत् जीवन को रूप-समुद्र कहा है। दिल्ली से पहले का जीवन विशेषतः बचपन का जीवन याद आने पर माँ के आँचल और पेट से लिपटकर सोने के साथ गाँव की प्रकृति, आकाश, तालाब, नदी, वनस्पतियाँ, धान, गेहूँ, सिंगाड़े, कमल के फूल, सरसों के फूल, वर्णराशि के साथ जो चीज याद आती है और याद आते ही स्मृतिसेतु बनकर असीम में पहुँचा देती है (असीम यानी असीम सुख—स्मृति का सघनतम रूप—विस्मृति तन्यमता आत्मलोप है—सुरति का निरति हो जाना), वह चीज है—उत्सव, पर्वों, शादी-ब्याह के अवसर पर गाए जानेवाले औरतों के गीतों की लय। इनमें तुक नहीं होता, कथा होती है। वर्ण होता है। मुख्य आधार होती है लय। वह लय जो मनोविकारों का ध्वनिमय तद् रूप है। वह जीवनानुभव से ही पहचान में आकर भावित करती है। मनोविकारों की लीला सीमित अर्थों वाली शब्दावली में नहीं (जैसाकि सामान्यतः इस्तेमाल में आती है) बल्कि अनुभव के असीम लोक में—फिर से साक्षात् अनुभव स्थिति में पहुँचा देने वाली लय-तरंगों में है। लय की रची लहरियाँ कभी चौड़ी होकर, कभी पतली होकर, कभी उठकर, कभी गिरकर, कभी टूटकर, कभी नीचे अटल में झपाक से कूदकर प्रयोजनातीत अर्थ उत्पन्न करती हैं। माँ कभी-कभी कोई गाना पूरा गा नहीं

पाती थीं—गाते-गाते ही बीच में कंठावरोध हो जाता, आँसू गिरने लगते। नाक, आँखें लाल हो जातीं, होंठ फरफराने लगते। ये गीत होते—सीता के दुख के गीत, नवविवाहित बहन और उसके भाई के गीत, बाप से बेटी की शिकायत के गीत, नवविवाहित वर-वधू की बातचीत के गीत, सौत-ननद-भाभी के घात-प्रतिघात के गीत, आदि। इन गीतों की संगीत-रचना की चर्चा तो हम क्या कर पाएँगे लेकिन उन गीतों की संरचना पर ध्यान देना अभूतपूर्व विवेचन होगा। पता नहीं, किन अनाम वाल्मीकों, भासों, कालिदासों ने इन लोकगीतों की रचना की है! पता नहीं, सामवेद के किन गायकों, तानसेनों ने इन लोकगीतों को लय में ढाला है! शायद ये शब्द और संगीत-लय सहजात हैं, सहजन्मा हैं।

एक गीत है नवविवाहिता बहन की ससुराल में भाई के आने और उसके सामने बहन द्वारा अपनी स्थिति के वर्णन का। पूरा गीत मुझे नहीं याद है। माँ के मुख से जितना सुन पाया हूँ, वह सब भी नहीं याद है; बीच-बीच की कुछ पंक्तियाँ ध्यान में हैं।

गीत शुरू होता है—बहन रास्ता देख रही है, सावन का महीना है। पति विदेश गया है, भाई की प्रतीक्षा है—(अवधी से खड़ी बोली में अनुवाद की अपर्याप्तता को झेलिए)।

'दो उजली छवियों को आते हुए देख रही हूँ। एक साँवली है, एक गोरी। साँवली छवि तो ननद के भाई की है। उजली छवि भाई की।

आओ, बैठो भाई, रतुली खटिया पर। (रतुली खटिया ऐसी चारपाई जिसके चारों पाये रँगे रहते हैं। यह अर्थ ससुराल में मेरी सास की सास की सास ने बताया था।)

भाई, मेरी जूड़ी (चोटी) देखो, कुतिया की पूँछ की तरह हो गई है। भाई, रात को जो अवशिष्ट खाना मिलता है, उसी में से मैं कुतिया को कौरा भी (उच्छिष्ट अन्न) देती हूँ।

भाई, रात को झिलंगी खटिया पर लहुरे देवर के साथ सोती हूँ।

बीरन, ननद, जेठानी, सास की फटकार सुनती हूँ। भइया, तुम्हारे पहुना (पति) शर्मीले हैं। कभी-कभी ही सबसे आँखें चुराकर दबे पाँव आते हैं और फौरन चले जाते हैं।

भइया, मेरा दुख बप्पा (बाप) से न कहना, सभा में बैठकर पछताएँगे।

भाई, यह दुख माँ से न कहना, छाती फाड़कर मर जाएगी।

भाई, यह दुख भौजी से मत कहना, पड़ोस में बाँट आएगी।

बीरन, यह दुख छोटी बहन से न कहना, ससुराल जाने से डरेगी।

भाई, मेरे बीरन, इस दुख को मजबूती से गठरी (गरुई गठरिया) में बाँधना और गहरी नदी में प्रवाहित कर देना। नदिया में दिहेव पवराय।'

गीतकथा का ऐसा अवसान साहित्यकार नहीं कर सकता। स्रष्टा—स्वयंभू—ही कर सकता है। जीवनानुभव की रचनाधर्मिता ही कर सकती है। यह गीत, इसकी लय, इसके गाने, सुनने का प्रभाव असीम रूप-समुद्र की तरंग में लीन हो जाना है और करुणा के सेतु से वापस जीवन में आकर बेहतर मनुष्य हो जाना है। करुणास्नात भावित व्यक्ति।

बहन-भाई की इस गीतकथा का सम्बन्ध पूर्वी उत्तर प्रदेश में विवाह की स्थितियों से है। वैवाहिक जीवन और वैवाहिकेतर जीवन से है। अनमेल विवाह आम था। लोग पीठ पीछे हँसते थे, बातें करते थे लेकिन सामने न कोई विरोध करता, न आलोचना। अनमेलता दोनों तरह की थी। ज्यादातर तो पुरुष अधेड़ या कभी-कभी वृद्ध होता था और लड़की कम उम्र की। कभी-कभी इसका उलटा भी होता था; लड़का कम उम्र का और लड़की ज्यादा उम्र की। तत्कालीन प्रचलित लोकगीतों में इसका प्रचुर उल्लेख पाया जाता था। 'नादान बलमा, बलम लरिकैयो' एक प्रसिद्ध गीत था :

छोटा-सा बालमा मोरे अँगने मा गिल्ली खेलै

ऐसी स्थितियों से पारिवारिक जीवन में विकृतियाँ पैदा होती थीं। अनेक प्रकार के सगोत्रीय यौन-सम्बन्ध (इनसेक्सुअल) होते थे। उसका विवरण बहुत बड़ा होगा और वह अलग से एक सामाजिक शोध का विषय है।

लड़कीवाला घर लड़केवाले घर से छोटा, कमतर माना जाता था। हरिशंकर परसाई ने लिखा है—विवाह योग्य लड़की के बाप से ऐसा बर्ताव किया जाता है मानो वह कोई अपराधी हो! वह दीनहीन हाथ जोड़े दासानुदास की भाँति लड़के वालों के सामने आगे-पीछे घूमता रहता था/है। बड़े जमींदारों के यहाँ की स्थिति भी अच्छी नहीं थी। उन्हें अपने से बड़े घर के लड़के की तलाश होती थी। उनके और भी नखरे होते थे। लड़कियों की उम्र ज्यादा हो जाती। जमींदार अक्सर जमीन का कोई टुकड़ा बेचकर शादी का इंतजाम करते। शादी तो धूमधाम से होनी ही होती थी। खानदान की इज्जत का सवाल रहता था। लड़की की शादी न होने की स्थिति में उसका शारीरिक सम्बन्ध कहीं हो गया, पेट से हो गई। ऐसी हालत में

दो ही समाधान थे—पेट गिरवा दिया जाए या किसी तरह लड़की को मार डाला जाए। अक्सर पेट गिरवाने के ही क्रम में उसकी मौत भी हो जाती। दोनों काम एक ही साथ निपट जाते।

विवाह और स्वतंत्रता के विषय में दलित और पिछड़े वर्गों की लड़कियों की हालत बेहतर थी। वहाँ विधवा-विवाह भी था। उनकी औरतें मजदूरी करती थीं। दूसरों के घरों में बर्तन, कपड़े धोने का भी काम करतीं। खेती-मजदूरी भी। पर्दे में नहीं रहतीं। अभावग्रस्त होने पर भी उनका जीवन सवर्ण उच्चतर घरों की औरतों से कहीं बेहतर था। उनके लिए यौन-सम्बन्धों की जकड़न भी उतनी ज्यादा नहीं थी। उनका यौन-शोषण तो होता था लेकिन वे खुला खेल भी खेलती थीं।

विवाह-सम्बन्ध कराने वाले दलाल भी होते थे। हालाँकि उन्हें दलाल या बिचौलिया कहा नहीं जाता था। उनकी आवभगत, खुशामद करनी पड़ती थी। लड़के वाले के यहाँ लड़के को देखने, शादी तय करने, दहेज आदि की बात करने बरदेखुआ आते थे। बरदेखुआ की इज्जत की जाती। अपना रोबदाब, आर्थिक स्थिति बढ़ा-चढ़ाकर दिखाई जाती। लड़के को सजा-सँवारकर उनके सामने पेश किया जाता। लड़का खेत में कुदाल चला रहा होता तो हाथ-पैर धुलवाकर, बालों में तेल लगाकर, अच्छे कपड़े पहनाकर पेश किया जाता। घर के अन्दर से कोई आवाज होती तो घर का बड़ा सदस्य जोर से डाँटकर बोलता—'अरे घी की हाँडी तो नहीं टूट गई?'

और बरदेखुआ भी घाघ होते। वे घर के पिछवाड़े नाबदान—घर से निकलने वाली नाली—को देखते—नाली से दाल-भात की जूठन बह रही है या सत्तू, कोदो या बेझरी की रोटी की? कई लोग तो चार महीने या और देर तक बरदेखुआ का ही काम करते। जहाँ जाते, आवभगत होती, अच्छा खाने को मिलता। दरिद्र ब्राह्मणों या अन्य सवर्णों के यहाँ बरदेखुआ का आना बहुत महत्त्वपूर्ण बात मानी जाती। वहाँ विशेष आवभगत होती। दरिद्र सवर्णों के लड़कों की शादी नहीं होती। लड़के या तो अविवाहित रह जाते या पैसे देकर अपने से दरिद्र घर की लड़की ले आते। अक्सर निम्न कही जाने वाली जाति की औरत को घर में रख लेते। तब अन्य सजातीयजन उनके घर का खाना-पीना छोड़ देते। अन्य जातियों में ऐसे लोगों को जाति से बाहर कर दिया जाता।

गाँवों में जीवन ठहरा हुआ था। सब काम पारम्परिक, पूर्व-निर्धारित, तरीके से होते थे। खेती ही मुख्य साधन था। ऐसे में ब्राह्मण, ठाकुर या अन्य जातियों में भी

विशेष रूप से अनुभवी वृद्ध लोगों की बड़ी जमात होती, जो निठल्ले लेकिन विदग्ध होते। उन्हें उस जीवन के 'इंटेलेक्चुअल्स'—बुद्धिजीवी—समझिए। वे दुनियाभर की अफवाहों, निंदा, स्तुतियों, जोड़तोड़, खुफियागीरी के स्रोत होते। तुलसीदास ने जिन खलों की वंदना की है, वे वस्तुत: ऐसे ही बुद्धिजीवी थे :

जे काहू की सुनैं बड़ाई, साँस लेहिं जनु जूड़ी आई।
परहित घृत जिनके मन माखी, जे पर दोष लहहिं सह साखी।

इनके कार्यकलापों का आघात प्राय: निम्नवर्गीय-निम्नवर्णीय या सहवर्णी कन्या के पिताओं को ही सहना पड़ता था। मतलब यह कि विवाहजोड़क होते थे तो विवाहतोड़क भी होते थे। गाँव में एक समृद्ध परिवार था। उसका पुत्र था योग्य, सुन्दर, लायक। लेकिन गाँव के जोगी महाराज ने शादी नहीं होने दी। कारण यह था कि जोगी की शादी उसके पिता ने तुड़वाई थी और जोगी अविवाहित रह गए थे। युवक की शादी को बरदेखुआ आए। उन्हें वर पसन्द आ गया। लेनदेन भी पक्का हो गया। बरदेखुआ बात पक्की करके अपने गाँव जा रहे थे। बाहर बसअड्डे पर जोगी मिले :

'कैसे हियाँ महराज का काम रहा?'

'जोगी बाबा, हम लड़की की बात पक्की करने आए थे।'

'बात पक्की हो गई? किसके यहाँ?'

'उनके हियाँ।'

'हाँ-हाँ, ठीक किया, बहुत अच्छा। ई बताओ, कितना में पक्का हुआ?'

'अब का बतावैं जोगी महराज, कुल मिलाकर पचास हजार के पेटे में जाएँगे।'

'हाँ, चलो, कोई बात नहीं। कन्या का विवाह है। दान-पुन्न का काम है। मुझे एक बात बताओ।'

'का महाराज?'

'कुछ नहीं, हम कहित हैं, पचास हज़ार खरच कर सकते थे, आठ आना नहीं?'

'का बात कहत हौ जोगी? साफ-साफ बताओ।'

'इहैं कि बिटेवा को एक पुड़िया संखिया जहर खिला देते, सबसे छुट्टी पाय जाते।'

'का बात बोलत हौ जोगी?'

'लड़कवा कै जाँच कराऔ। देखौ, कौनो लायक है कि नाहीं! कोई से कहेव

ना, हम तौ तुमको अपना जान कै कहि रहे हैं; कुदरती नुक्स है; अब हम जादा कुछ न कहब।'

और पक्की बात खतम हो गई।

बारात ऐसी सजती थी, मानो युद्ध के लिए सेना चल रही हो! बारात में कुछ लोग ऐसे जरूर होते थे जिनका काम होता था—खातिरदारी में कोई न कोई नुक्स निकालकर झगड़ा कराना। बारात पहुँची। जलपान हुआ। शरबत चीनी नहीं, गुड़ की आई। वरपक्ष वालों ने शरबत पीने से मना कर दिया। हल्ला मच गया।

लड़की के पिता हाथ जोड़े दौड़ते हुए आए।

'का गलती हो गई पांडे जी?'

'ई बताओ जब गां...मा दम नाहीं रहा, तब के कहा रहा कि बिटिया क बिआह रसूलपुर के तेवारी खानदान मा करौ? हमरे हियाँ हरवाहा क भेली क शरबत नाहीं पिआता, घिउ न होए तौ कूकुर कौरा नाहीं खात और हियाँ पानी के साथ न पेड़ा, न लड्डू, न जलेबी, न बर्फी—ई का है गुड़ भेली का शरबत? ई हमार नाक कटावै के बदे हमै बोलाएव रहा?'

पांडे जी हाथ जोड़े खड़े रहे। उनके पक्ष का एक आदमी फुसफुसाया—'अरे, हम रसूलपुर के तिवारी को जानते हैं। घर माँ भूँजी भाँग नहीं, कूकुर पादै चिउरा। कब्वौ पेड़ा-बर्फी खाये हैं अपने घरे कि इहैं सेखी बघार रहे हैं? पूछौ, ए अपनी बिटिया के बिआहे में बारातियों को चना-गुड़ खिलाया था कि नहीं?'

फिर दोनों पक्षों के वृद्ध आते हैं—'जाने दें, अपनी-अपनी जाँघ खोलकर देखाने का का फायदा! अब हमारी इज्जत—तुम्हारी इज्जत एक ही है।'

हमारे बचपन में बारात में नाच-गाना, सफेड़ा, नौटंकी न ले जाओ तो गाँव वाले तंग करते थे। रात को सोने नहीं देते। ढेला-ईंटा फेंकते। बारात आम की बगिया में टिकी थी। गाँव वालों ने बारातियों के बिछौने पर माटा का झोझा डाल दिया। (माटा का झोझा मतलब—लाल चींटियों का घोंसला, जो आम की पत्तियों से चीटियाँ बना लेती हैं।)

दोनों पक्ष अपनी-अपनी शेखी बघारते। पहले बारात दो दिन टिकती थी। शादी हो जाने तक वरपक्ष अकड़ता था। शादी हो जाने पर ढीला पड़ जाता था। दूसरे दिन शाम को 'शिष्टाचार' होता था। शिष्टाचार में नृत्यगान होता। इत्रपाश से सुगंधि के फौवारे छोड़े जाते। पान-इलायची चलती। कहीं-कहीं वर-वधू पक्षों के बीच शास्त्रार्थ होता था संस्कृत भाषा में। सारा आर्थिक-सामाजिक-पारिवारिक-मानसिक

बोझ कन्यापक्ष को उठाना पड़ता लेकिन यह सब निर्भर था कि उसके पास आर्थिक स्त्रोत-साधन कैसे हैं।

शिष्टाचार में शास्त्रार्थ शुरू होता था 'मंगलम्' से। एक पक्ष के पंडित जी बोलते 'मगलम्'। दूसरे पक्ष के पंडित जी बोलते 'मंगलम्'। फिर संस्कृत श्लोकों की बौछार शुरू हो जाती। बाकी बारातियों की निगाह में जिस पक्ष का पंडित ज्यादा जोर से ज्यादा बोलता, वह विजयी माना जाता। एक पंडित जी थे, वे शास्त्रार्थ करते समय हाथ में छड़ी लिये रहते। संस्कृत के श्लोक पढ़ते जाते और विपक्षी पंडित के सामने खिसकते जाते। जब छड़ी की स्पर्श की दूरी में विपक्षी पंडित आ जाता तब वे छड़ी उसकी तोंद में कोंच देते। विपक्षी पंडित घबराकर बोलना बन्द कर देता। इसके बाद नाच-गाना शुरू हो जाता। विवाह-शादी में हमारे बचपन तक कवि और भाँड आते थे। शिष्टाचार में कवि कविता पढ़ते। वे प्रायः वरपक्ष की यशोगाथा में कविता पढ़ते। रीतिकालीन दरबारी कवियों की कविताओं का—जिनमें आश्रयदाताओं के वैभव की प्रशंसा होती—वाचन करते। मेरे छोटे भाई की शादी में कवि वैभवगान कर ही रहे थे कि कन्यापक्ष के एक आदमी ने शोर मचाना शुरू कर दिया—तेवारी जी दक्षिणादान नहीं, रक्तदान ले रहे हैं यानी वे कन्यापक्ष से अनुचित माँगें कर रहे हैं। जैसे ही उसने शोर मचाना शुरू किया, वरपक्ष के आदमी ने उसे सबके बीच, कवितावाचन में ही, पीटना शुरू कर दिया। बाद में झगड़ा इतना बढ़ा कि रात में बारातियों ने खाना ही नहीं खाया। रात भर भूखे रहे और कन्यापक्ष वालों को भी इतना क्रोध आया कि उन्होंने गाय-बैलों को जनवासे में हाँक दिया।

छोटे भाई की शादी अकाल के दौर में हुई थी। उसकी उम्र शादी के लायक नहीं थी। दाढ़ी-मूँछ नहीं आई थीं। दाढ़ी-मूँछ आ जाने पर दूल्हे के बारे में औरतें कहतीं—'जाने दो, दाढ़ी-मूँछ आ गई तौ दुलहा अच्छा नाहीं लागत।' यह शादी करके दादा ने छोटे भाई का भला नहीं किया। वह इतना छोटा था कि इसी बात से बहुत खुश था कि उसकी शादी हो रही है। बासी खाते समय (शादी के दूसरे दिन सुबह ससुराल में बासी खिलाया जाता है। उस समय दूल्हा कुछ माँग करता है—यह दे दो, तब बासी खाऊँगा। उसे खाने के लिए मनाना पड़ता है।) उसने कन्यापक्ष के घर के एक सदस्य से उसकी कलाईघड़ी माँग ली। उसके हाथ से कलाईघड़ी उतरवा ली। छोटे भाई को ऐसा करने की राय मैंने ही दी थी।

छोटे भाई की शादी बहुत हड़बड़ी और असमय-कुसमय में हुई। अकाल था। हर चीज की कमी थी। लेकिन बाभन के घर बरदेखुआ आए तो शान की बात मानी

जाती थी। जब बरदेखुआ आए तो मेरी बहन, जिसकी शादी बलरामपुर में हुई थी, मायके में ही थी। दादा नहीं मान रहे थे, बड़ी बहन ने समझाया—'आती लक्ष्मी नहीं लौटाई जाती', और शादी तय हो गई।

'सुबही' (शुभ अवसर पर) कन्यापक्ष को भेजने के लिए न नये कपड़े थे, न जेवर। शायद बड़ी बहन के कपड़े ही भेज दिये गए। लड़की वाले ताड़ गए कि कपड़े नये नहीं हैं। हमारे घर की परम्परा थी; सल्तनत नहीं थी लेकिन सुल्तानी ज्यादा रहती थी। बारात में दलपुर के ठाकुर गुन्नू सिंह की लाठी देखकर मैंने कहा—'बाबा, लाठी तो जबर्दस्त है।' इस पर उन्होंने कहा—'बच्चा, शादी में ठंडा-गरम कब हो जाए, तैयारी रखनी चाहिए।' हमारी पट्टीदारी के महादेव बाबा थे। वे हर जगह झगड़ा करते थे। ऐसी कोई शादी नहीं हुई जिसमें उन्होंने झगड़ा न कराया हो। पहले मार-पीट करते फिर नाराज होकर बारात से लौट जाते। अक्सर उनके अपमान-आरोप से बारात भी लौट आती। घर में लड़की की शादी होती तो वरपक्ष से इतना झगड़ा करते कि उनकी बारात लौट जाने पर आमादा हो जाती। बहुत मान-मनौवल के बाद शान्ति होती।

मेरी शादी बलरामपुर में हुई। डी.ए.वी. स्कूल के प्रिंसिपल डॉ. भगवती प्रसाद सिंह ने शादी तय कराई थी। उन्होंने मेरी बड़ी सहायता की थी। वे बलरामपुर के उच्च प्रतिष्ठित ठाकुर खानदान के थे लेकिन झगड़ा मेरी शादी में भी हुआ। बड़के काका उत्साह के साथ शादी में शामिल हुए थे। मेरे जीजाजी बन्दूक लेकर शादी में शामिल हुए। झगड़ा बढ़ा, बारात लौट गई। बड़के काका और छोटके काका लौट गए। भाइयों का साथ कैसे न देते! यह सोच दादा भी लौट रहे थे कि रास्ते में याद आया, आज शनिवार है। शनिवार को ही बिंदा काका हनुमान भइया (अपने लड़के) की शादी से लौट आए थे और महीने भर में ही मर गए। उनकी भी तबीयत खराब थी, अत: वह डर के मारे चुपके से लौट आए। रास्ते में उल्टी हुई। मेरे ससुर वकील साहब ने दवा कराई, ठीक हो गए। बहुत दिनों के बाद जब बढ़नी गए तो बड़के काका ने शिकायत की—'गए न बेटवा की ओर! भाइयों का मुँह न देखा, लड़के की ओर रहे!' दादा ने शनिवार और बीमारी वाली बात बताई—शोहरतगढ़ के बिंदा काका की बात बताई—बड़के काका कुछ नहीं बोले। तीनों भाई भाँप गए।

विक्रमाजीत सिंह सनातन धर्म महाविद्यालय, कानपुर

विक्रमाजीत सिंह सनातन धर्म महाविद्यालय (वी.एस.एस.डी. कॉलेज) नवाबगंज, कानपुर में ठीक गंगातट पर था। नवाबगंज तब कानपुर का उपनगर मोहल्ला रहा होगा। चुन्नीगंज में निगार टाकीज था। वहाँ से आगे की बस्ती सघन नहीं थी। मकान दूर-दूर पर थे। धनिकों की बड़ी-बड़ी विशाल कोठियाँ थीं। आर्यनगर अपेक्षाकृत नई बस्ती रही होगी। कानपुर का विस्तार हो रहा था लेकिन उस गति से नहीं, जैसा अब हो रहा है। यहाँ बलरामपुर से भिन्न स्थिति थी। बलरामपुर में ठहरने का, खाने का, रात में सोने, नहाने-धोने का कोई निश्चित ठिकाना नहीं था। यथावसर ही सब कुछ हो जाता था या नहीं होता था। कानपुर में कॉलेज के हॉस्टल के कमरे में रहना हुआ। मेस में दोनों समय का भोजन, नहाने-धोने, सोने का स्थान था। सो जीवनक्रम ही बदल गया।

लेकिन इसके लिए नियमित पैसा चाहिए। दो-तीन महीने तक तो बड़के काका ने अपने वचन का पालन किया। बाद में गड़बड़ हो गया। वे व्यापारी थे। व्यापारी के लिए प्रतिमाह निश्चित रकम किसी को यूँ ही देना मुश्किल होता है। इससे बड़ी परेशानियाँ हुईं। जीवन-संघर्ष का रूप बदल गया और उन परेशानियों का समाधान भी हुआ जो आज मुझे चमत्कार लगती हैं। लेकिन यह सब थोड़ी देर बाद।

इंटरमीडिएट में—तब यह एफ.ए. कहलाता था—अंग्रेजी श्री शालिग्राम मिश्र पढ़ाते थे। बहुत अच्छा पढ़ाते थे। अंग्रेजी के दूसरे अध्यापक श्री प्रयाग नारायण त्रिपाठी थे जो एक साल बाद ही दिल्ली आकाशवाणी में चले आए। बाद में 'तीसरा सप्तक' के कवि हुए। प्रथम वर्ष का रिजल्ट आया तो उन्होंने मुझे अपने निवास

पर बुलाया, प्रोत्साहित किया और एक किताब—'वन हंड्रेड ग्रेट लाइब्ज़'—देकर कहा—'इसे पढ़ डालो।'

कॉलेज में पहला वर्ष घटनाविहीन नहीं था। कॉलेज में छात्रसंघ था। उसका चुनाव होता था। विद्यार्थियों में चुनाव की हलचल मेरे लिए रोमहर्षक नया अनुभव था। क्लास-क्लास में, कमरे-कमरे में कन्वेंसिंग होती। छात्रावास के प्रतियोगी शिविरों में लाउडस्पीकर से भाषण और फिल्मी गाने प्रसारित होते। चुनाव लड़ने वाले प्रत्याशी तत्कालीन नेताओं की तरह चेष्टाएँ करते। राजनीतिक पार्टियों—विशेषतः समाजवादी और आर.एस.एस. का दबाव छात्रसंघ के चुनाव पर था लेकिन दबा-दबा। चुनाव-प्रचार के लिए जो कार्ड बँटते, वे सुगंधित होते। लेकिन सब कुछ शान्तिपूर्ण और काफी अनुशासित रहता था।

चुनावी वक्ताओं के भाषण फर्राटे से अंग्रेजी में होते। धाराप्रवाह अंग्रेजी मैंने पहली बार सुनी तो मन पर बहुत असर पड़ा। धाराप्रवाह अंग्रेजी बोलने वाले छात्र प्रचारकों का रुतबा बहुत बढ़ जाता था। वे अपने-आप हीरो बन जाते। हिन्दी में भी अच्छा या धुआँधार भाषण देने वाले का रुतबा बढ़ जाता। लेकिन अंग्रेजी वालों जैसा नहीं। पहले चुनाव में समाजवादी पार्टी का प्रत्याशी जीत गया। आर.एस.एस. वाला हार गया। इससे मुझे बड़ी निराशा हुई।

तब कॉलेजों में रैगिंग का बोलबाला था। नये आनेवाले छात्र सीनियरों से बहुत घबड़ाते थे। जूनियर्स, यानी नवागंतुक छात्रों को तंग करने के तरीके भी बहुत स्थूल थे। कभी-कभी मार-पीट, यहाँ तक कि हत्या और आत्महत्या तक हो जाती थी। वी.एस.एस.डी. में यह हालत तो नहीं थी लेकिन रैगिंग का खौफ हम लोगों को जबरदस्त था।

एक दिन शाम को आठ बजे हम लोगों ने सुना कि आज रात को मेन हॉस्टल के सीनियर लड़के हम लोगों की रैगिंग करने आएँगे। अब हम क्या करें? एक सहपाठी ने राय दी—हम लोग हॉस्टल छोड़कर कहीं शहर चले जाएँ। देर रात तक लौटें। लेकिन शहर में रहें कहाँ? एक ने राय दी, इसमें क्या मुश्किल है! सेकेंड शो का सिनेमा देखें। राय सबको पसन्द आई। कहाँ, किस हॉल में सिनेमा देखें? कॉलेज से सबसे नजदीक चुन्नीगंज में निगार टॉकीज था। वहाँ दिलीप कुमार-कामिनी कौशल की पिक्चर 'नदिया के पार' लगी थी। चुन्नीगंज नवाबगंज से पाँच-छः किलोमीटर की दूरी पर था। लेकिन यह कौन बड़ी बात थी उस समय हम लोगों के लिए! हमने दूरी पैदल तय की। सिनेमा देखा। रात को दो बजे हॉस्टल लौटे।

यह कानपुर में पहली फिल्म थी जो मैंने देखी। इसके पहले गोंडा में दिलीप कुमार को 'मिलन' में देखा था। वह रवीन्द्रनाथ की कथा 'नौका डूबी' पर आधारित थी। 'नदिया के पार' का गाना—'अँखियाँ मिला के अँखियाँ रोवे दिन रतियाँ हो, भूले न बतिया न भूले हो सुरतिया तोहार' बहुत पापुलर हुआ। गीत मोती बी.ए. का था। एक सहपाठी था 'मल्ल'। वह कहता—'यह गीत मेरी बोली में है।' वह आजगमढ़ का था।

लेकिन हॉस्टल में सीनियर छात्रों की दादागीरी बरकरार थी। यह 'दादा' शब्द भी विचित्र है। 'दादा' बड़े भाई को कहते हैं। बड़ा भाई छोटे भाई-बहनों पर हुकुम चलाता है। आपको प्रेमचन्द की कहानी 'बड़े भाई साहब' जरूर याद आई होगी। दादा का अनुवाद इसी अर्थ में बिग ब्रदर हो गया है। सो अब दादागीरी रंगदारी का पर्याय हो गया है। बिलकुल ठीक उसी अर्थ में 'सीनियरगीरी' व्यवहार में प्रचलित थी। गोरे चिट्टे फ्रेशर्स नवागंतुक छात्रों की मुसीबत थी। वे किसी सीनियर दादा से पटकर बदनाम होते तो बच जाते।

फर्स्ट इयर 1949-50 के बीच सत्र में मैं सख्त बीमार पड़ा। अक्टूबर की छुट्टियों में बलरामपुर आया। वहाँ महाविष्णु यज्ञ हो रहा था। वहाँ से बढ़नी गया। वहीं बीमार पड़ा। टाइफाइड हो गया। करीब एक महीने बिस्तर पकड़े रहा। कॉलेज खुल गया था। मैं बढ़नी में पड़ा रहा। पढ़ाई छूट गई। कॉलेज पहुँचा तो नाम कट गया था। पढ़ाई में पीछे छूट गया था। बहुत दिक्कत हुई; अपने को विस्थापित महसूस करने लगा। जैसे नागरिकता खत्म हो गई हो! तब मैं आर.एस.एस. में था। कॉलेज की प्रबन्ध समिति के अध्यक्ष बैरिस्टर नरेन्द्रजीत सिंह थे। उन्हीं के पिता विक्रमाजीत सिंह थे जिनके नाम पर कॉलेज खुला था। मेरी फीस माफ हो गई और येन-केन-प्रकारेण मेरी पढ़ाई फिर शुरू हो गई।

बलरामपुर में मेरे शुभचिन्तक अध्यापक पं. शिवबख्श जी नमक नहीं खाते थे। उनके बारे में प्रसिद्ध था कि एक बार बिच्छू ने काटा तो बिच्छू मर गया। नमक न खाने से उनका शरीर ऐसा हो गया था कि विष का प्रभाव न पड़ा। वे मेरे आदर्श थे। मैंने उनसे पूछा तो उन्होंने भी राय दी—'हाँ, नमक खाना जरूरी नहीं।' मैंने भी नमक खाना छोड़ दिया। और उसी के फलस्वरूप सख्त बीमार पड़ा। डॉक्टरों ने कहा, नमक स्वास्थ्य के लिए जरूरी है। फिर नमक खाना शुरू किया और नॉर्मल हो गया।

प्रथम या द्वितीय वर्ष एफ.ए. में दो व्याख्यानों की याद है—एक था तत्कालीन

सूचना-प्रसारण मंत्री आर.आर. दिवाकर का व्याख्यान। उन्होंने भाषण में कहा—'भारतवर्ष में जन्म लेने का सबसे बड़ा लाभ यह है कि तुम कालिदास पढ़ सकते हो।' उनका यह वाक्य मुझे अक्सर याद आता है।

दूसरा भाषण उत्तर प्रदेश के तत्कालीन मुख्यमंत्री गोविन्द वल्लभ पंत के सचिव गोविन्द सहाय का था। गोविन्द सहाय प्रभावशाली वक्ता थे। राष्ट्रीय स्वयंसेवक संघ के घोर अनथक विरोधी। मेरी जानकारी में संघ का जैसा तीव्र विरोध उन्होंने किया, वैसा आज तक किसी पार्टी के किसी नेता ने नहीं किया है। वे नेहरूवादी थे। उनका यह वाक्य भी मुझे अक्सर याद आता है—'फासिज्म कल्चर का नाम लेकर आता है।' वे आर.एस.एस. की विचारधारा को हिटलर और मुसोलिनी की विचारधारा का अनुकरण बताते थे।

और तब मैं संघ का प्रतिबद्ध स्वयंसेवक था। पुराने कानपुर की एक शाखा में मुख्य शिक्षक था। गोविन्द सहाय ने भाषण के बीच कहा—'संस्कृति क्या है? क्या इस सभा में बैठा कोई संघ समर्थक मुझे बता सकता है कि संस्कृति क्या है?' मैं भावावेश में खड़ा हो गया, बोला—'मैं बता सकता हूँ कि संस्कृति क्या है। मुझे बोलने दीजिए,' लेकिन तब तक पूरी सभा में शोर मच गया—'बैठ जा, बैठ जा' की इतनी आवाजें आईं कि मैं बोल नहीं पाया, बैठ गया। हालाँकि मैं संस्कृति समझाने के लिए आवेश में खड़ा हो गया था लेकिन जानता नहीं था कि क्या बोलूँगा।

दूसरे दिन मैं लोगों की निगाह में आ गया। संघ के समर्थक छात्रों ने कहा—'बोलने देते तो यह लड़का करारा जवाब देता।'

क्लास टीचर प्रयाग नारायण त्रिपाठीजी क्लास में मुझे देखकर मुस्कराने लगे।

कानपुर में मेरा आर.एस.एस. से सम्बन्ध प्रथम वर्ष में बना रहा। बलरामपुर में संघ के अधिकारियों ने कानपुर के लोगों को मेरे बारे में सूचित कर दिया था। मैं जब प्रथम वर्ष में था यानी 1949 में, गुरु जी राष्ट्रीय सेवक संघ के सरसंघ चालक माधव राव सदाशिव गोलवलकर बैतूल जेल से छूटकर लखनऊ आए। वहाँ चारबाग स्टेशन पर उनका भव्य स्वागत किया गया। उस स्वागत-समारोह में शरीक होने जो दल कानपुर से गया था, उसमें मैं भी था। वहाँ मंच पर अटल जी ने कविता-पाठ किया था—गुरु जी के प्रति सम्मान प्रकट करते हुए, जिसकी एक पंक्ति थी—'देव के पावन चरण पखार'।

कानपुर में एक बंगाली संघ प्रचारक थे रजनीकांत लहरी, जो 'रकाल' नाम से लिखते थे। उन्हें छोड़कर किसी अन्य प्रचारक से मेरा विशेष सम्बन्ध नहीं

बना। कॉलेज में अवश्य संघ के अनेक पुराने स्वयंसेवक थे। कालान्तर में दिल्ली विश्वविद्यालय में हिन्दी विभाग के रीडर डॉ. रमानाथ त्रिपाठी तब कॉलेज में एम.ए. हिन्दी के विद्यार्थी थे। वे कभी-कभी क्लास भी लेते थे। उन्होंने कुछ दिनों तक मुझे बी.ए. में पढ़ाया है। बाबूराम शुक्ल थे जो कार्यालय में काम करते थे। रामचन्द्र गुप्त थे जो लाइब्रेरियन थे। कॉलेज की प्रबन्ध समिति पर संघ का वर्चस्व था इसलिए छोटी-छोटी जगहों पर स्वयंसेवकों को रख लिया जाता था। लेकिन अध्यापकों की नियुक्ति में ऐसा कोई भेदभाव नहीं किया जाता था। उनकी नियुक्ति योग्यता के आधार पर ही की जाती थी।

कॉलेज मुख्यतया कॉमर्स की पढ़ाई के लिए विख्यात था। वह उत्तर भारत में कॉमर्स की शिक्षा के प्रमुख विद्यालयों में था। दूर-दूर तक के विद्यार्थी वहाँ पढ़ने आते थे। इसलिए वातावरण लगभग अखिल भारतीय था। वैसे अंग्रेजी, हिन्दी, इतिहास, अर्थशास्त्र, संस्कृत विभाग में अवश्य स्थानीय अध्यापकों, छात्रों की बहुतायत थी। हिन्दी विभाग के अध्यापक पं. अयोध्यानाथ शर्मा थे। शर्मा जी बहुत सम्माननीय अध्यापक थे। वे काशी विश्वविद्यालय के हिन्दी विभाग के प्रथम बैच के छात्र थे। बाबू श्यामसुन्दर दास और आचार्य रामचन्द्र शुक्ल के शिष्य—उदार, शान्त, सौम्य, शिष्य-वत्सल थे। मैं अर्थाभाव के कारण पढ़ाई छोड़कर घर जा रहा था। उन्होंने ऐन वक्त पर मुझे घर बुलाकर आश्वस्त किया। फीस और मेस के पैसे दिये जिसकी कथा मैं आगे कहूँगा। आजीवन प्रतिवर्ष आचार्य रामचन्द्र शुक्ल के परिवार को एक हजार रुपये भेजते रहे, यह लिखकर कि—'यह मेरे जीवित रहने का प्रमाण है'। पता नहीं, कितने छात्रों को उन्होंने अपने आशीर्वाद का वरदान देकर, उन्हें अभावमुक्त करके, जीवन के रास्ते पर लाकर खड़ा किया।

इतिहास के अध्यापक प्रो. एस.के. भटनागर ऐसे आदर्शवादी, विद्वान अध्यापक थे कि प्रिंसिपल होने से मना करके अध्यापक बने रहना ही उचित समझा। एकाध बार उन्होंने मुझे समझाया—'तुम अर्थाभाव में याचना मत करो। तुम योग्य छात्र हो। शिक्षा मिलना तुम्हारा अधिकार है।' वे प्रगतिशील विचारों के रहे होंगे। मैंने संस्कृति पर बात करते हुए गोर्की के विचारों को उद्धृत किया तो वे तपाक से बोले—'बिलकुल यही विचार और परिभाषा ठीक है।' उन्होंने सुना कि मैं सिनेमा बहुत देखने लगा हूँ तो बोले—'अगर बी.ए. में प्रथम श्रेणी नहीं आई तो तुम्हें फाँसी पर लटका देंगे—यू विल बी हैंग्ड इफ यू फेल टू गेट ए फर्स्ट क्लास।' मेरी बी.ए. में फर्स्ट क्लास नहीं आई और मैं कानपुर में उन जैसे अध्यापकों से मिलने के डर

से करीब पच्चीस वर्षों तक कानपुर नहीं गया। 1953, जुलाई में रिजल्ट निकला। मैं 1988 में कानपुर गया।

श्री एम.पी. श्रीवास्तव अंग्रेजी के सीनियर अध्यापक थे। उन्होंने बी.ए. में पढ़ाया। उनके अध्यापन की याद मुझे सबसे ज्यादा है। बहुत अच्छे अध्यापक थे। उनकी क्लास में हम मंत्रमुग्ध होकर पढ़ते-सुनते थे। उनके अध्यापन का ढंग विचित्र था। ठीक समय पर आते। घड़ी नहीं पहनते थे। लेकिन क्लास का घंटा कब बजेगा, इसका सटीक अनुमान करके ठीक समय पर क्लास छोड़ देते थे। पढ़ाते समय, खास तौर पर तन्मयता के अवसरों पर, मेज के निचले स्तर को दाहिने पैर से ठोकते रहते। जितना अच्छा पढ़ाते, उसी लय में, उसी द्रुति में पैर ठकाठक बजाते रहते। वाक्यों के आरोहावरोह में। वे इतना अच्छा न पढ़ाते तो यह सब निहायत हास्यास्पद लगता। हम लोग उनके पढ़ाने को लेकर आपस में मजा ले-लेकर बातें करते।

कहते हैं, उनका चयन आई.सी.एस. के लिए हो गया था। आँख कमजोर थी इसलिए नौकरी में बहाल नहीं हुए। इलाहाबाद विश्वविद्यालय से प्रथम श्रेणी में एम.ए. थे। पूरा नाम महादेव प्रसाद श्रीवास्तव था। बाद में पता चला, हिन्दी कवि रघुवीर सहाय के श्वसुर थे। रघुवीर सहाय मुझसे कहते—'मेरे साथ चलो, बी.ए. में फर्स्ट क्लास न आने के कारण तुम्हें नहीं डाटेंगे।'

एक दिन उन्होंने क्लास में इतना अच्छा पढ़ाया कि मैं उनके घर पहुँच गया। गर्मी के दिन थे। वे सिर्फ धोती पहने, बिना कमीज व बनियान के किसी छोटे बच्चे को खेला रहे थे। मुझे देखते ही बोले :

'कैसे आए? ह्वाट ब्रिंग्स यू हियर?'

मैं क्या कहता, सीधे बोला—'सर, आप बहुत अच्छा पढ़ाते हैं।'

वे कुछ नहीं बोले, सिर्फ एक वाक्य कहा—'मैं जानता हूँ कि मैं अच्छा टीचर हूँ। आइ नो दैट आइ एम ए गुड टीचर। जाओ, पढ़ाई मेहनत से करो।'

इम्तहान देने के बाद मिले तो कहा—'मैंने सुना है, तुम्हारे पेपर अच्छे नहीं हुए हैं?'

मैं डर गया, बोला—'सर, मेरे पेपर्स अच्छे हुए हैं।'

मेरी प्रथम श्रेणी तीन अंकों की कमी से रुक गई। इसके बाद मैं उनके दर्शन नहीं कर पाया।

अंग्रेजी के दो और अध्यापक थे—श्री शालिग्राम मिश्र और के.एन. पांडेय।

मिश्र जी हिन्दी के कवि और लेखक भी थे। कई वर्षों बाद उनका उपन्यास 'खजुराहो की वधू' प्रकाशित हुआ। वे कॉलेज के कवि-सम्मेलनों में आते थे और कविता सुनाते थे। उन्होंने मेरी सहायता के लिए कुछ दिन अपने यहाँ—लड़की को पढ़ाने के लिए ट्यूशन भी लगवा दिया था जो मेरे प्रमादवश चल नहीं सका। मैं नियमित ट्यूशन पढ़ाने नहीं जा पाता। बीच-बीच में नागा बहुत करता था। ट्यूशन छूट गई तो मैं बहुत डरा। होली पर मिलने उनके घर गया और मैंने क्षमा माँगी तो उन्होंने निहायत आत्मीयता और उदारता से कहा—'यू माइट हैव नॉट डन इट—समझ लो, तुमने ऐसा किया ही नहीं।'

के.एन. पांडे, कैलाश नाथ पांडे हमारे क्लास टीचर और परम आत्मीय थे। बहुत अनौपचारिक। एफ.ए. की पढ़ाई समाप्त होने पर इम्तहान के पहले हॉस्टल में रहने वाले हम विद्यार्थियों ने उन्हें निमंत्रित किया—उनसे बातचीत करने, अनौपचारिक वार्ता के लिए। वे इतने प्रिय थे हमारे।

वे क्लास में फिल्मों की बातें करते। गीताबाली के परम प्रशंसक थे। भारतभूषण और गीताबाली की फिल्म 'सुहागरात' उन्हें बहुत पसन्द थी। उनकी बातें सुनकर मैं भी गीताबाली का फैन बन गया और अब भी हूँ। मेरे विचार से, यह बात मैंने कृष्णा सोबती से कही भी कि 'मित्रो मरजानी' की भूमिका केवल गीताबाली अदा कर सकती थी। उस फिल्म का गाना—'किस पापी संग उलझी अँखियाँ रो रो नैन गँवाए'—आज तक मुझे तड़पाता है। श्री के.एन. पांडेय ऐसे अध्यापक थे जिन्होंने क्लास में घोषणा करके मुझसे और सतीश से कहा—'मुझसे पैसे ले लो टिकट के और जाओ, 'रामराज्य' देख आओ।' वे मेरी और सतीश की दोस्ती समझते थे और हमारी जेब का खालीपन भी समझते थे। ऐसे थे श्री के.एन. पांडे।

उन्होंने हमें गार्डिनर के निबन्ध और जूलियस सीजर पढ़ाया था।

एक बार क्लास में तुलसीदास पर वे बोल रहे थे। बहुत प्रशंसा की। मैंने लड़कपन की मूर्खता में कहा—'आज के वैज्ञानिक युग में तुलसीदास की अतिशयोक्तियाँ गले नहीं उतरतीं।' उन्होंने कुछ नहीं कहा। उन्हीं दिनों कानपुर में प्रसिद्ध वैज्ञानिक नोबेल पुरस्कार विजेता सी.वी. रमन आए थे। उनका भाषण हुआ। हम भी उसे सुनने गए थे।

सी.वी. रमन ने विज्ञान के युग में कविता की उपयोगिता की वकालत की। जीवन-जगत में फैले सौन्दर्य को आँकने की क्षमता अर्जित करने की बात की।

दूसरे दिन क्लास में श्री पांडेय ने मुझे सम्बोधित करते हुए कहा—'यू द साइंटिस्ट विश्वनाथ त्रिपाठी, आई होप यू डिड लिसेन टू सी.वी. रमन।' (विश्वनाथ

त्रिपाठी, तुम वैज्ञानिक बनते हो, तुमने सी.वी. रमन का भाषण सुना होगा।)

मैं शर्मिंदा और पुलकित।

क्लास में आग्रह करते—'किताब लेकर आया करो।' मेरे पास किताब नहीं होती। मुझे क्लास में खड़ा किया, बोले—'आई स्पेयर नो बडी, माई ब्वाय!' (बच्चो, मैं किसी को नहीं बख्शता।)

पता नहीं, अब वे हैं या नहीं! मैं एक बार भी बाद में उनसे नहीं मिल पाया। 'ऐसे नोन हरामी।'

स्मृतिदंश भी क्या है! इतना घातक और इतना पुनरुज्जीवक। अतीत से इतना साक्षात्कार कराने वाली—मनुष्य को कालजयी बना देने का भ्रम पैदा कराने वाली—कालपाश से मुक्त कर देने वाली—और इतना विवश चीत्कार करा देनेवाली होती है स्मृति। काल से मुक्त करा देने का अहसास और काल से विवश बना देने वाली मानसिक प्रक्रिया है सुरति। कबीर साधना में सुरति को निरति में पर्यवसित कर देने की बात करते हैं। सुरति (स्मृति) घनीभूत होकर निरति (स्मृतिहीनता) में पर्यवसित हो जाती है। गुणात्मक परिवर्तन हो जाता है। स्मृति घनीभूत होकर साधक को ध्येय से तदरूपा तन्मय करके एक कर देती है। दो सत्ताओं को एक कर देती है। विकल को संकुल कर देती है। लेकिन अन्तस्साधना में! कबीर बाह्य जगत से विक्षुब्ध अन्तर्जगत में सिद्धि पानेवाले साधक हैं। इसी अन्तर्लोक में भविष्य के लिए विजन है। स्वप्नलोक है जो आज हमारा ध्येय बन रहा है।

लेकिन हम जैसे गैर-साधकों की इतनी बड़ी जमात के साथ क्या होता है?

स्मृतियाँ अतीत में गहरे समाई रहती हैं। दिनोंदिन समय के साथ अतीत में गहराती जाती हैं। गहरे जाती हुई क्या वे कमजोर—कम प्रभावशाली—हो जाती हैं? नहीं। जितना गहरे वे समय में, मन में, व्यक्तित्व में गहराती जाती हैं, ज्यादा तीव्र प्रभावशाली होती जाती हैं। दूर जाकर और ज्यादा तात्कालिक होकर प्रकट होती हैं। अपना देशकाल एक क्षण में त्यागकर सामने और मन में रास्ता रोककर खड़ी हो जाती हैं और लुप्त हो जाती हैं। हमें कालजयी होने का अहसास या भ्रम देकर एक अजीब सन्तोष दे जाती हैं। दूर-दूर की यात्रा करनेवाले की थकावट से पैदा होनेवाले सन्तोष का अहसास।

गृध्रकूट पर्वत पर मोमबत्तियाँ जलाकर बुद्ध की पूजा करनेवाले चीनी यात्री ह्वेनसांग ने आँसू बहाते हुए कहा था—'हाय, मैं इतने दिनों बाद पैदा हुआ हूँ कि मैं उनके दर्शन नहीं कर सकता।'

पहला साल, एफ.ए. का, निकल गया। रिजल्ट आया तो मेरे नम्बर सबसे अच्छे थे। नम्बर सबसे अच्छे थे लेकिन मेरे पास कॉलेज की फीस, हॉस्टल और मेस का बकाया भरने के लिए पैसे नहीं थे। मुझे हॉस्टल का कमरा खाली कर देने, फीस न देने पर नाम काट देने की चेतावनी और मेस महाराज के तगादे पर तगादे मिल रहे थे। एक दिन ज्यादा गड़बड़ हो गया। हॉस्टल में बलरामपुर के कुछ छात्र रहते थे—मैं, अमरपाल सिंह, महावीर अग्रवाल, सन्तशरण, अनंतशरण, अग्निहोत्री-बन्धु और कोई एक, जिसका नाम मुझे नहीं याद आ रहा। अमरपाल सिंह दबंग थे। मुझसे थोड़ा खिंचे रहते थे। शाम को कमरे में साथियों के सामने ही मुझे भला-बुरा कहने लगे—'तुम बलरामपुर का नाम कलंकित कर रहे हो, मेस के महराज का पैसा क्यों नहीं देते? वह जगह-जगह घूमकर बलरामपुर वालों की इज्जत धूल में मिला रहा है। तुम इतने जलील हो बिसनाथ!"

मैं हक्का-बक्का। इतनी बेइज्जती! मैं कुछ नहीं बोला। मैं हॉस्टल के पास प्लेग्राउंड में जाकर अकेले में रोने लगा। मुझे अम्मा की, पिता की, गाँव की, साथियों की याद आने लगी और मैं भोंकार फाड़कर रो पड़ा। साथियों ने बहुत देर तक मुझे न पाकर खोज की तो देखा, मैं रो रहा था। उन्होंने कारण समझ लिया और कहा—'चलो, अभी अमरपाल सिंह की खबर लेते हैं।'

दिक्कत यह थी कि हमारे साथियों के पास भी इतने पैसे नहीं थे कि वे मेरी मदद कर सकें। कोई कमाने वाला तो था नहीं। सबके घरवाले सीमित रकम घर से भेजते थे। आखिरी में मैंने फैसला किया—पढ़ाई छोड़कर घर वापस चलो। बिना पैसे के पढ़ाई नहीं हो पाएगी। लेकिन वापस जाने को भी पैसा चाहिए। रेल का टिकट तो चाहिए न! सो मन मारकर, किंकर्तव्यविमूढ़ पड़ा रहा। किंकर्तव्यविमूढ़ शब्द नहीं, उसकी जीवन-स्थिति को भोगता हुआ।

दूसरे दिन शाम को नवाबगंज बसस्टैंड के पास वही अमरपाल सिंह मिले। बोले—'बिसनाथ! तुम्हें पं. अयोध्यानाथ शर्मा पूछ रहे थे। मुझसे कहा है, फौरन उसे मेरे पास भेजो।'

मैं उसी क्षण उनके पास, आर्यनगर, उनके घर पहुँचा। चरणस्पर्श किया। वे शान्त सहज मुद्रा में बोले—'सभी विषयों में तुम्हारे अंक सर्वोच्च हैं। क्या तुम्हें कुछ आर्थिक कष्ट है?' मैं उनके पैर पकड़कर रोने लगा। सारी स्थिति बता दी। उन्होंने उसी सहजता से कहा—'अब तुम आर्थिक चिन्ता मत करो। पढ़ाई पर ध्यान दो।' उसी समय उन्होंने सौ रुपये दिये। कहा—'इन पैसों से तुम फीस, मेस, हॉस्टल

के पैसे दो। जब कोई जरूरत हो, मुझसे कह दिया करो।' और कोई ज्यादा बात उन्होंने नहीं की।

मैं स्तब्ध, चकित मन से रुपये लेकर हॉस्टल वापस आया। पैसे चुकाए और निश्चिन्त होकर पढ़ने, सोने, चहकने लगा।

आज जीवन के इस निर्णायक मोड़ की घटना पर आश्चर्य होता है। पं. अयोध्यानाथ शर्मा न होते, उन्होंने बिना कहे मेरी खबर न ली होती, तो मेरा जीवन क्या होता? क्या उनका ऋण सौ जन्मों में भी उतार सकता हूँ? उससे भी बड़ा आश्चर्य यह कि न तो मैं उनके यहाँ जाने लगा, न मैं उनका कोई विशेष प्रिय छात्र या प्रशंसक शिष्य बना। वे ठीकठाक लेकिन अनाकर्षक पढ़ाते थे। विद्यार्थियों की लगातार सहायता करते थे। लेकिन उसका यश प्राप्त करने की कोई ललक नहीं थी उनमें। सहायता करने पर आत्मौचित्य का कोई संचारी व्यभिचारी भाव उनकी चाल या वाणी में नहीं आता था। निर्विकार सहज रहते। वे 103 वर्षों तक जीवित रहे। 1999 ई. में उनकी मृत्यु हुई। देहांत के दो-तीन दिन पूर्व ही मुझे उनके चरणों का स्पर्श करने का सौभाग्य मिला। लेटे थे। उनकी बड़ी लड़की इंदिरा जी उनकी सेवा कर रही थीं। जगने पर उन्होंने उसी सहज मुद्रा में मुझसे पूछा—'ठीक हो? डॉ. नगेंद्र कैसे हैं? डॉ. रमानाथ त्रिपाठी कैसे हैं?'

डॉ. नगेंद्र उनका बेहद सम्मान करते थे। डॉ. रमानाथ त्रिपाठी उनके शिष्य थे।

इंटरमीडियट में सिविक्स पढ़ाने के लिए श्री त्रिलोकीनाथ श्रीवास्तव की नियुक्ति हुई। वे इतना अच्छा पढ़ाते थे कि जल्दी ही हमारे प्रिय अध्यापक हो गए। छोटे कद के थे। उनका कद देखकर तो निराशा होती लेकिन क्लास में बोलते ही उनका कद ऊँचा हो जाता। बाद में पता चला कि वे अटल बिहारी वाजपेयी के क्लास-फेलो थे। एम.ए. में उनकी पहली पोजीशन आई थी। अटल जी की दूसरी। सबसे पहले उन्हीं से राहुल सांकृत्यायन और रूसो का नाम सुना। इन दोनों के व्यक्तित्व के प्रति उन्होंने ही मेरे मन में आकर्षण पैदा किया। राजनीतिशास्त्र के अध्ययन में मेरी रुचि उन्हीं के कारण हुई। मूर्खतावश उनसे मैंने एक बार अजीब व्यवहार किया जिसे याद करके मुझे आज हँसी आती है।

उनके पिता का देहांत हुआ। मैं उनके घर शोक प्रकट करने गया। सहानुभूति के अतिरेक में मैंने सोचा—हाय, टी.एन. साहब कितने दुखी हैं! अकेले हैं, कोई साथ देनेवाला नहीं। कर्मकांड में पैसे की जरूरत पड़ेगी। मेरे पास उस समय कुछ पैसे रहे होंगे। मैंने संकोच और उदारता के साथ कहा—'टी.एन. साहब, आपको

पैसों की जरूरत होगी। इस समय मेरे पास पन्द्रह रुपये हैं, आप ले लीजिए।'

उन्होंने विस्मयपूर्वक मुझे देखा और कहा—'धन्यवाद! मेरे पास काम भर के पैसे हैं, बेटा, तुम चिन्ता मत करो।'

मेरी मूर्खता, अव्यावहारिकता का उन पर ऐसा प्रभाव पड़ा कि आजन्म वे मुझे अव्यावहारिक और बेवकूफ समझते रहे। मेरा ध्यान रखते रहे। नैनीताल गवर्नमेंट कॉलेज में जब मैं पढ़ाने गया तब वहाँ वह पहले से ही आ गए थे।

शाखा में नियमित रूप से मैं अब भी जाता था। पुराना कानपुर की एक शाखा का मुख्य शिक्षक था। लेकिन अन्दर-अन्दर कुछ विचलन हो रहा था। मैं देखता कि संघ में खाते-पीते, उच्च स्थिति वाले घरों के स्वयंसेवकों का ज्यादा सम्मान होता। अन्दर ही अन्दर मैं गांधी, नेहरू, पटेल, किदवई, मौलाना आजाद का सम्मान करता था। मेरे गाँव में और बलरामपुर में भी अनेक मुसलमान दोस्त थे। गाँव में मौलवी जकाउल्ला 'जाकिर' के सम्पर्क में मैं उर्दू साहित्य का प्रशंसक हो रहा था। कम्यूनिस्ट पार्टी का कानपुर में बहुत अच्छा काम था। अंग्रेजी में पत्रिका आती 'ब्लिट्ज', उसे पढ़ता। वह पत्रिका लोकप्रिय थी और आर.एस.एस. का प्रबल विरोध करती थी।

इस बीच एक और घटना हो गई जिसने मेरे जीवन को बहुत प्रभावित किया। प्रथम वर्ष 1949-50 में सहपाठी सतीश बजाज से मेरा परिचय हुआ। द्वितीय वर्ष तक उससे मेरी पक्की दोस्ती हो गई। हम दोनों अक्सर साथ रहते। साथ पढ़ते। मैं जब मेस का पैसा नहीं दे पाता, खाना बन्द हो जाता, वह रात की अपनी थाली कमरे में मँगाता। हम दोनों एक ही थाली में खा लेते। वह भी मेरी तरह अधपेटा रह जाता। सतीश भी घर का बहुत सम्पन्न नहीं था लेकिन उसके पिता आर्मी में थे, शायद जे.सी.ओ.। वह प्रतिमास पचास रुपये भेजते। सतीश के चाचा हैलेट नगर, गोविन्दपुरी में निजी डॉक्टर थे। सतीश पढ़ने में बहुत अच्छा नहीं था। मैं उसकी पढ़ाई में मदद करता।

सतीश फिल्मों का शौकीन था। मैं हर महीने मशीन चलवाकर हजामत करवा लेने वाला। भारतीय संस्कृति, सदाचार, ब्रह्मचर्य का वीर बालक। मैंने उससे साफ कह दिया, सिनेमा देखोगे तो मुझसे मित्रता नहीं चलेगी। मैं शाखा चलने को कहता लेकिन वह शाखा नहीं गया। हाँ, उसने मुझसे वादा किया कि सिनेमा नहीं देखेगा। मुझे यकीन हो गया कि उसने मेरी बात मान ली।

तीन-चार हफ्ते बाद एक दिन वह तीसरे पहर गायब हो गया और रात को

आठ बजे लौटा। मुझे शक हो गया कि उसने मैटिनी शो—तीन से छः बजे शाम वाला शो—देखा है। मैंने उससे पूछना शुरू किया। डाँटना भी। वह सीधा था, कबूल कर लिया। अब मेरी उससे कुट्टी हो गई। बोलचाल बन्द। चार-पाँच दिन हमारी बातचीत नहीं हुई। वह उदास गुमसुम।

एक दिन वह खिड़की के पास कुर्सी पर बैठा चुपचाप बाहर देख रहा था। मुझे बड़ी सहानुभूति लगी। मैंने उसके कंधे पर हाथ रखकर कहा—सतीश!

उसने पीछे मुड़कर मुझे देखा और लगा हिचक-हिचककर रोने। उसकी बड़ी-बड़ी आँखों से आँसू गिरते गए, बोला—'त्रिपाठी, तू एक बार वह फिल्म देख ले फिर मैं तुमसे फिल्म देखने के लिए नहीं कहूँगा। इतनी अच्छी फिल्म है कि मैं बिना देखे नहीं रह पाया।'

मैंने वरदान देने वाले देवता की मुद्रा में कहा—'चल, मैं फिल्म देख लूँगा।'

उसने मेरे लिए टिकट खरीदा, कहा—'तुम टिकट लेकर बिना देखे लौट आओगे।' इसलिए मेरे साथ मिनर्वा टाकीज गया। मुझे हॉल में बिठाकर तब लौटा। मैंने फिल्म देखी। राजकपूर की पहली फिल्म थी : 'आग'। राजकपूर हीरो और कामिनी कौशल, निगार, नरगिस—तीन हीरोइनें। मशहूर गाना—शायद बहजाद लखनवी का लिखा, मुकेश का गाया :

जिन्दा हूँ इस तरह कि ग़मे ज़िन्दगी नहीं
जलता हुआ दीया हूँ मगर रोशनी नहीं
ओठों के पास आए हँसी क्या मजाल है
दिल का मुआमिला है कोई दिल्लगी नहीं
गो मुद्दतें हुई हैं किसी से मिले हुए
लेकिन ये दिल की आग अभी तक बुझी नहीं

सतीश यह गाना बहुत भावुक, गम्भीर होकर अक्सर गाता। उसमें एक सीन था जिसमें हीरो अपना रिजल्ट देखता है। वह फेल हो जाता है। हीरो का बाप कहता है—'बेटा, हर कोई पास हो जाए तो रिजल्ट निकले ही न।' सतीश इस सीन की बहुत तारीफ करता। हीरो बहुत खूबसूरत है लेकिन दिल की कशमकश में अपना चेहरा झुलसाकर बहुत डरावना, बदसूरत कर लेता है। आखिरी में उसकी पहली प्रेमिका निगार ही उसे मिलती है। प्रेमनाथ 'आग' फिल्म में सहनायक है।

और फिर उसके बाद मैं सतीश का सिनेमा सहचर बन गया। संयोगवश सतीश

के पिता ने एक साइकिल खरीद दी। हैलेट नगर से नवाबगंज आने-जाने के लिए। उस साइकिल के पीछे या आगे मैं बैठता; हम सिनेमा देखते। कभी-कभी हम एक दिन में चार शो देखते। सतीश से अब भी झगड़ा होता लेकिन फिल्म न देखने के लिए नहीं; इस बात पर कि दिलीप कुमार बड़ा एक्टर है कि राजकपूर।

उन दिनों देखी हुई फिल्मों के नायकों, नायिकाओं, सहनायकों, खलनायकों, कमेडियंस, गानों, गायकों का मेरे ऊपर अभी भी बहुत असर है। इस प्रसंग को इतनी जल्दी छोड़ने का मन नहीं कर रहा लेकिन कुछ दूसरी जरूरी बातें हैं। फिल्मों पर आगे कहीं-न-कहीं बात होगी।

पिछली शताब्दी के पाँचवें दशक की शुरुआत थी। देश में उग्र वामपंथी अन्दोलन छिड़ा था। रणदिवे की लाइन चल रही थी। 'किसान जागा, जमींदार भागा' का नारा दिया गया था। बस्ती जिले में मेरे पिता के एक मित्र जमींदार थे बाबू लाखन सिंह। वे भनवापुर बाँसी के पास के थे। उनकी बहन की शादी जिले के ही सगरागढ़ के राजा से हुई थी। उनसे कुछ विवाद चल रहा था। लाखन सिंह कभी-कभी मेरे घर भी आते थे। लखनऊ के प्रसिद्ध पहलवान सादिक भी उनके साथ एकाध बार आए हैं। कानपुर में एक दिन कॉलेज में मैंने एक पोस्टर लगा देखा—'बस्ती जिले का रावण लाखन सिंह'। बाद में सुना कि किसानों ने उनकी हत्या कर दी। उनके भाई बेनी माधव सिंह की भी। आन्दोलन के नेता का नाम—जिसमें लाखन सिंह मारे गए—कृष्ण मुहम्मद सिंह था। जाहिर है कि उनका यह नाम वामपंथी विचारधारा को स्वीकार करने के बाद रखा गया होगा। इससे पिताजी को बहुत दुख हुआ। कृष्ण मोहम्मद सिंह को सजा हुई। छूटने के बाद वे, जैसाकि मैंने सुना है, अध्यात्म की ओर मुड़ गए।

लाखन सिंह की दबंगई और अन्याय की कहानियाँ कभी-कभी पिताजी के एक पंडित मित्र छिटाई पंडित सुनाया करते थे। उत्तर प्रदेश में कानपुर वामपंथी आन्दोलन का केन्द्र था। सन्त सिंह यूसुफ कानपुर के मशहूर कम्यूनिस्ट नेता थे। आन्दोलन के ही प्रभाव में एक ऐसी जातीय संस्कृति पनप रही थी जो साम्प्रदायिकता को मानसिकता से दूर कर रही थी। कृष्ण मोहम्मद सिंह, सन्त सिंह यूसुफ जैसे नाम इसके प्रमाण थे। प्रगतिशील लेखक संघ के महासचिव डॉ. रामविलास शर्मा एक ऐसी भाषा-संस्कृति के समर्थक थे जिसमें हिन्दी-उर्दू की रचनाएँ किसान-मजदूर के

संघर्ष का चित्रण करें। इस चित्रण से एक ऐसी भाषा का विकास अपने-आप हो रहा था जो बहुत दूर तक समान थी—अपनी विशेषताओं, अस्मिता को खोए बगैर।

नागार्जुन, केदारनाथ अग्रवाल, शील, त्रिलोचन, शिवमंगल सिंह 'सुमन', फैज, फिराक, मख्दूम, मजाज, कैफी, सरदार जाफरी की कविताएँ छप रही थीं। संगठन की सभाओं में गूँज रही थीं। इप्टा की लोकप्रियता चरम पर थी। बंगाल के अकाल के दिनों में वामपंथी लेखक-संगठनों ने भरपूर काम किया था। इस आन्दोलन ने भारतीय भाषाओं के साहित्य में क्रान्तिकारी परिवर्तन किया। कालजयी रचनाकार, रंगकर्मी, गायक और अभिनेताओं की एकाधिक पीढ़ियों को जन्म दिया। वह भारतीय रचनाधर्मिता का स्वर्णयुग था। फिल्मों पर तो इप्टा का जैसे अधिकार हो गया था। प्रायः हर बड़ा नाम इप्टा से किसी-न-किसी रूप में जुड़ा था।

यह अखिल भारतीय व्यापक ऊर्जा आन्तरिकता में भक्ति-आन्दोलन और स्वाधीनता-आन्दोलन की परम्परा में थी। भक्ति-आन्दोलन मूलतः वर्ण-व्यवस्था का तिरस्कार करके जन्मा, विकसित हुआ था। राष्ट्रीय आन्दोलन की स्वाधीनता राजनीतिक ही नहीं, सांस्कृतिक भी थी। नया भारतीय रोमांटिक साहित्य-संस्कृति आन्दोलन यूरोपीय रोमांटिक साहित्य का पिछलग्गू नहीं था। यूरोपीय रोमांटिक साहित्य सिर्फ सामन्तवाद का विरोधी था। भारतीय स्वाधीनता-संग्राम सामन्तवाद और साम्राज्यवाद, दोनों का विरोध करता था। इसलिए वह साहित्य-संस्कृति का स्वर्णयुग था। अखिल भारतीय था। भक्ति-आन्दोलन से सीधा जुड़ता था—अपने अन्तर्विरोधों के साथ-साथ। वह कालान्तर में शिथिल कैसे हुआ, इसकी कहानी अलग है। उसके विषय में अलग से कभी।

1951 में मेरी बड़ी बहन की मृत्यु हो गई; उसकी मृत्यु प्रसव-पीड़ा में हुई। मैं मिडिल स्कूल पास करने के बाद बलरामपुर उसी के पास पढ़ने के लिए आया था। मेरी बहन सुन्दर थी। उसकी शादी पिताजी ने अपनी बीमारी के दिनों में, बड़ी आर्थिक तंगी के दिनों में, की थी।

पूर्वी उत्तर प्रदेश में अभावग्रस्त ब्राह्मण समाज में लड़की की शादी का मतलब उन दिनों क्या होता था, वह आज भी समझा जा सकता है। लेकिन तब वातावरण आज की अपेक्षा कहीं अधिक घातक और पीड़ादायक था। सबसे अधिक पीड़ा अपने सगे-सम्बन्धी और ब्राह्मण समाज के लोग ही देते थे। लड़की बारह-तेरह

वर्ष की हुई नहीं कि कहने लगते—'हाँ, भइया, बिटिया तो योग्य हो गई।' योग्य माने विवाह योग्य।

पिताजी थाने में 'हिस्ट्रीशीटर' दर्ज हो चुके थे। पकड़े जाने के डर से बिस्कोहर से शोहरतगढ़ अपने चाचा के पास रहने लगे थे—पुलिस के डर से भागा हुआ आदमी अपनी विवाह योग्य कन्या के साथ, अपने अल्पवयस्क पुत्र के साथ। बिंदा बाबा पहलवान थे, दुकानदारी भी करते थे। अधेड़ अवस्था में दूसरी शादी की थी। घर में पिताजी की, उनकी विवाह योग्य लड़की की, अल्पवयस्क पुत्र की क्या स्थिति रही होगी, सोचने की बात है।

इस हालत में उन्होंने गाँव आकर बहन की शादी की थी। जीजाजी स्वभाव से बुरे नहीं थे, कुरूप नहीं थे, लेकिन पढ़े-लिखे नहीं थे। अपने बड़े भाई की बस में ड्राइवरी करते थे। कुल मिलाकर मेरी बहन के योग्य नहीं थे। पिताजी के पास पैसा नहीं था। मुझे याद है, कठिन संकट में पकड़ी गाँव (पास ही के) के एक अहीर ने उन दिनों उन्हें पैसों से मदद की थी।

माँ ने छोटे भाई शेर सिंह से कहा—'चनपरभा (बहन का नाम चन्द्रप्रभा था) मर गई।' छोटे भाई ने कहा—'अम्मा, बढ़नी में बड़के काका पकड़ा गए।'

उन्हीं दिनों बढ़नी वाले बड़के काका को—जिन्होंने कॉलेज में नाम लिखवाने में मेरी आर्थिक सहायता की थी—पुलिस ने पकड़ लिया। बहुत संकट का समय था। भीषण अकाल का समय था। तिवारी परिवार के पास बीस-पच्चीस बीघे जमीन थी। फुलवारी थी लेकिन अब वे खेती नहीं करते थे। खेती बड़के काका करते थे लेकिन वे बढ़नी चले गए थे। दादा जमींदारों की तरह रहना पसन्द करते थे। काम नहीं करते। कभी-कभी बीच में मन आता तो काम करते लेकिन कर नहीं पाते। खेत बटाई पर दे देते थे। कुछ पैसे लेते, कुछ अनाज का आधा हिस्सा, काम चल जाता। लेकिन अभाव सब समय मँडराता रहता। मोहल्ले में रोब सिर्फ इसलिए था कि परिवार के लोग कद-काठी में जबर्दस्त थे और मौका पाते ही पीट देते। बहन हँसमुख स्वभाव की थी। अपने स्वभाव और सुन्दरता के कारण जीजाजी उसे मानते थे। उसकी मृत्यु हो जाने के बाद उनके परिवार से मेरा सम्बन्ध लगभग खत्म ही हो गया।

अनाज की कमी थी। गेहूँ नहीं हुआ था। अरहर हुई थी। हमें याद है, माँ अरहर उबाल देती थी। फुलवारी में इमली के दो पेड़ थे। आम के भी कई पेड़ थे। माँ उबली हुई समूची अरहर में इमली का घोल मिलाकर खिलाती, तथापि

वह अकालावस्था का भोजन स्वादिष्ट था। स्वादिष्ट तो था लेकिन दाल-भात का स्थानापन्न न था। फिर भी हम एकाध दिन उबली हुई अरहर इमली के घोल के साथ खाकर रह जाते।

इस अकाल बेला में सुअन्न का घोर अभाव था। दाल-भात गाँव के बनियों या जमींदार के यहाँ ही बनता। कभी-कभी तो जमींदार बाबू साहब के यहाँ भी चावल कम पड़ जाता। बलरामपुर से या कानपुर से गाँव जाता तो अच्छा न खिला पाने का दादा को मन-ही-मन बहुत दुख होता। दादा इस मामले में भावुक थे। वे सोचते, बिसनाथ (घर के और मोहल्ले के लोग मुझे बड़का बाबू कहते थे और कुछ लोग नंगातलाई) घर आता है और हम उसे दाल-भात, पूड़ी-तरकारी नहीं खिला पाते।

हमारे पड़ोस में फागू बाबा रहते थे। फागू बाबा ब्राह्मण थे। मिश्र। उनसे अपनापन भी था और प्रतियोगिता भी। झगड़ा भी होता और मंत्रणा भी। फागू बाबा बाबू साहब के यहाँ 'सिरवार' थे। सिरवार यानी सीर खेती का कामकाज देखने वाला कर्मचारी। उनकी चलती थी। दबंग थे। ऊपर की आमदनी भी थी। उनका एक पुत्र बच्चा-सा, शादी के बहुत दिनों बाद पैदा हुआ था। रिश्ते में मेरा काका, चाचा लगता था। उनके यहाँ दाल-भात बनता था, अकाल में भी।

दादा ने फागू बाबा से कुछ कहा होगा। फागू बाबा ने एक दिन मुझसे कहा—'बिसनाथ, तुम कुद्दन को (उनके पुत्र का नाम), जब तक यहाँ हो, पढ़ा दिया करो। पढ़ाने के बाद खाना यहीं खाया करो।'

घर पर खाने का कष्ट मुझे था लेकिन मैं अभाव के दिनों में उनके यहाँ या किसी के यहाँ खाना तो बिलकुल नहीं खा सकता था। मैंने कहा—'पढ़ा दूँगा लेकिन खाना नहीं खाऊँगा। छुट्टियों में कुछ दिन के लिए आता हूँ। अम्मा के हाथ का नहीं खाऊँगा तो कैसा लगेगा?'

मैं समझ गया, दादा ने यह इंतजाम अपना स्वाभिमान मारकर मेरे लिए किया होगा। आज सोचकर कैसा-कैसा लगता है! दादा का तेज, चौड़ा सीना, लगभग आजानु भुज, गन्ने जैसा पतला छरहरा लम्बा शरीर, ऊपर से जिसने कभी प्यार नहीं जताया मेरे लिए, अपने स्वाभिमान को मारकर मेरी इतनी चिन्ता कर रहे थे! और मैं मरते समय उनके पास भी नहीं था। छुट्टियों में जाता तो कहते—'एतना तो पक्का है कि मरते समय तुम रहोगे नहीं। तार जाएगा तब हफ्ते भर बाद आओगे।' और यही हुआ।

असगर वजाहत का उपन्यास 'सात आसमान' मुझे बहुत पसन्द है। दूर नौकरी न करके गाँव में रह जाने के लिए बाप तामीलयाफ्ता पुत्र के लिए घर की मरम्मत कराता है, सुखद जीवन-यापन की व्यवस्था करता है और पुत्र से कहता है—यहीं रहकर नौकरी करो।

पुत्र कुछ नहीं कहता। पिता और पुत्र, दोनों समझते हैं, कहते नहीं कि यह असम्भव है।

इन्हीं दिनों की ऐसी ही एक और घटना की याद है—जब दादा को मैंने असहाय होकर झुकते देखा। घर में अन्न का अभाव था।

बिस्कोहर के पास ही एक बड़ा गाँव है डोमसरा। वहाँ ब्राह्मणों की अच्छी बस्ती है। मेरे एक खाते-पीते रिश्तेदार—मेरे पिता की बुआ—की शादी उस गाँव में हुई थी। वे मेरे घर साल में एकाध बार आती थीं। उनके पति दुबले-पतले थे। चिड़चिड़े। कभी-कभी उन्हें 'भवानी' आती थीं। बोलने लगतीं मानो देवीजी बोल रही हैं। गाँव में इसे 'देवी आना' कहते हैं। सामान्यत: देवी औरतों के सिर पर आती थीं। इस स्थिति में उनके व्यवहार को 'अभुआना' कहते थे।

एक दिन दादा ने मुझे बुलाया, पास बैठाया, कागज दिया, कलम दी और कहा, 'चिट्ठी लिखो।' मैंने चिट्ठी लिखनी शुरू की। दादा ने डाँटा—'एतना तमीज नहीं है, हाशिया छोड़कर लिखो?'

मैंने हाशिया छोड़कर लिखना शुरू किया। चिट्ठी बहुत विनम्रतापूर्वक लिखवाई गई थी। अपने घर में अन्नाभाव की स्थिति बताई गई थी और कुछ अन्न भेज देने की प्रार्थना की गई थी। चिट्ठी के साथ दादा ने हलवाहे बदरी के हाथ मिठाई भी भिजवाई। मुझे डाँट दिया था सो फुसलाने के लिए टोकरी में से एक लड्डू निकालकर मुझे भी दिया।

डोमसरा से अन्न नहीं आया। बदरी खाली बोरा लेकर लौट आया।

आजादी के बाद गाँव छोड़कर बेहतर सुख-सुविधा के लिए शहर आ जाने वाली हमारी पीढ़ी इस अपराधबोध से ग्रस्त है और रहेगी। मुक्तिबोध ने कहा है :

लोकहित पिता को घर से निकाल दिया
जन मन करुणा सी माँ को हँकाल दिया
पाल लिये स्वार्थों के टेरियर।

यह हमारा नया, विघटित परिवार है। संकीर्ण हृदय और संकीर्ण जगह। वाह!

दो-तीन कमरों का घर, जहाँ हमारा भाई-भतीजा, कोई मित्र ठिकाने से रातभर रह भी नहीं सकता।

सतीश के साथ साइकिल पर बैठकर सिनेमा देखने के साथ-साथ वामपंथी साहित्य पढ़ने में भी रुचि बढ़ने लगी। 'ब्लिट्ज' तो पढ़ता ही था। उन दिनों सोवियत संघ द्वारा प्रकाशित-विज्ञापित-वितरित साहित्य भी सस्ते में मिलता था। दो प्रकार के साहित्य सस्ते थे : गीता प्रेस, गोरखपुर से छपा विपुल प्राचीन धार्मिक साहित्य। रामचरितमानस दो आने में। वाल्मीकि रामायण एक रुपये में। दूसरा, वामपंथी साहित्य। स्तालिन की जीवनी नौ आने में। गोर्की का उपन्यास आठ आने में। इसी तरह तोल्स्तोय, पुश्किन, तुर्गनेव, चेखव की रचनाएँ। अच्छा साहित्य खूब पढ़ने को मिलता। कानपुर में कम्यूनिस्ट पार्टी का काम भी बहुत मजबूत था। छात्रावास में पार्टी के कार्यकर्ता आते। प्रतिभाशाली, पढ़ने में तेज विद्यार्थी प्राय: वामपंथी रुझान के होते। वी.एस.एस.डी. कॉलेज की प्रबन्ध समिति के अध्यक्ष बैरिस्टर नरेंद्रजीत सिंह आर.एस.एस. के थे किन्तु कॉलेज में वामपंथी छात्रों का यूनियन पर कब्जा था। एक बार मेरे कमरे में कामरेड झारखंडे राय आए। वे अरुणा आसफ अली के साथ कॉलेज में भाषण देने आए थे। वे आर.एस.पी. छोड़कर कम्यूनिस्ट पार्टी में आ गए थे। बलरामपुर के क्रान्तिकारी युवक केशवप्रसाद शुक्ल ने उनसे मेरा परिचय कराया था। उन्होंने मुझे राहुल सांकृत्यायन की किताबें पढ़ने को कहा था। कानपुर में क्लास में पढ़ने के पहले मैं राहुल जी का नाम सुन चुका था। पहले शायद लिख दिया है कि राहुल का नाम सबसे पहले एन. श्रीवास्तव की क्लास में सुना, जो गलत है। तब बी.ए. इंग्लिश के पाठ्यक्रम में 'वोल्गा से गंगा' की एक कहानी 'प्रभा' भी (हिन्दी से अंग्रेजी में अनूदित लगी हुई थी) पढ़ी।

सो धीरे-धीरे सिनेमा और पढ़ाई के कारण संघप्रेम शिथिल पड़ गया। सिनेमा शाम को देखता। शाखा भी शाम को ही लगती। अब शाखा में जाने में आलस्य लगता। बहाना कर देता। दिक्कत यह थी कि मैं मुख्य शिक्षक था।

निर्णायक घटना यह हुई :

परमपूज्य गुरुजी (माधवराव सदाशिव गोलवलकर) कानपुर आए। गुरुजी गौरवपूर्ण, पतले, मँझोले कद के, दाढ़ी वाले व्यक्ति थे। प्राय: काषाय वस्त्र पहनते—धोती और काषाय वस्त्र की कमीज। हँसमुख और प्रीतिकर व्यक्तित्व

वाले। बहुत सवेरे मुख्य शिक्षकों की बैठक बुलाई गई। मैं सवेरे सो गया—जा नहीं पाया। पिछली शाम राजकपूर-नरगिस की फिल्म देखी थी। वहाँ जब पता चला, तब सुना है, गुरुजी ने दाढ़ी पर हाथ फेरते हुए मुस्कराकर कहा—'मुख्य शिक्षक ही गायब!'

इसके बाद मेरा शाखा जाना छूट गया। लेकिन संघ के स्वयंसेवकों और अधिकारियों से व्यक्तिगत सम्बन्ध बना रहा। आज भी, जब मैं वामपंथी हूँ, संघ के कई पुराने परिचितों से मेरे व्यक्तिगत सम्बन्ध बहुत अच्छे हैं। मैं व्यक्तिगत रूप से जानता-मानता हूँ कि अनेक स्वयंसेवक और संगठन के नेता, अधिकारी ईमानदार और त्यागी थे। वे गलत थे, भ्रमित थे लेकिन बेईमान नहीं थे। ज्यादातर निम्नमध्यवर्ग के छोटे व्यक्ति, छोटे किसान, बनिया, ब्राह्मण, कायस्थ और ठाकुर थे। पिछड़े वर्ग या दलित उस समय न के बराबर थे। उच्चपदस्थ व्यक्तियों से संघ के नेता मिलते और उन्हें अपनी ओर लाने का प्रयास करते। संघ के सांगठनिक महत्त्वपूर्ण पदों पर महाराष्ट्रीय ब्राह्मणों की संख्या अधिक थी। उनके मन में अपने अतीत और इतिहास को लेकर अत्यधिक स्वाभिमान और उच्च भ्रू भाव था। उन्होंने अपना जीवन भी इस कार्य को समर्पित कर दिया था। घर-बार छोड़कर अविवाहित रहकर वे कस्बों-नगरों में 'राष्ट्रीय कार्य' करते। शाखाओं का जाल देशभर में फैला रहे थे और स्वयंसेवकों की फौज तैयार कर रहे थे। हिन्दू राष्ट्र की स्थापना की अधारभूमि तैयार कर रहे थे।

भूख लगी हो और खाना न मिले, इसका अनुभव मुझे गाँव में नहीं, बलरामपुर में हुआ। भूख लगने पर खाना न मिलने का अनुभव साल में एकाध बार गाँव में भी हो जाता था। पितृपक्ष में श्राद्ध पर जब ब्राह्मण-भोजन कराया जाता या जिस दिन माँ ऐसा व्रत रखतीं या जिस दिन पूजा-पाठ के बिना बच्चों को भी खाना नहीं मिलता था, तब ऐसे अवसरों पर सामान्य दिनों से बेहतर खाना मिलने की आशा में भूख बर्दाश्त कर ली जाती। श्राद्ध या व्रत-उपवास के दिनों पर प्रायः पूड़ी-कचौड़ी, मिष्ठान्न मिलता। खाना चाहे जितना ज्यादा बनाना हो, प्रायः माँ ही बनातीं। उनके हाथ से बनाए हुए भोजन में विशेष प्रकार की सुगंध होती, आज भी उसकी स्मृति ताजा है। हम आज भी बेटियों और पत्नी के साथ माँ के हाथ के भोजन की सुगंध और स्वाद की बात करते हैं। दादा जब हम लोगों से बेहद नाराज होते तो माँ से

कहते—'ई सारेन को तुम बनाए-बनाए के न खवाओ, तो इनके मुराही (अकड़) अपने आप ठीक हो जाए।'

दादा के कोप का भाजन प्रायः छोटा भाई शेर सिंह होता। वह पढ़ने नहीं जाता, मारपीट करता, अनाज खलिहान से ही बेच लेता, उसकी शिकायतें भी आती थीं। बड़े होने पर युवकोचित शिकायतें भी आने लगीं। दादा कहते—'इस सारे को घर में घुसने न देना।'

वह पिछवाड़े से घर में आ जाता। माँ बुलाकर खाना खिलाकर फिर भगा देतीं। रहने-सोने के उसके अड्डों की कमी नहीं थी। छोटा भाई दादा के कोपभाजन के कारण माँ का विशेष प्रिय हो गया था।

बलरामपुर में प्रारम्भिक दिनों में बहन के घर रहता, सो वहाँ भूख-निवारण का इंतजाम था। मुझे याद है, एक बार उनके यहाँ ब्राह्मण-भोजन में सुबह स्कूल जाने के पहले खाने को कुछ नहीं मिला। स्कूल से शाम को चार बजे लौटा तो बहन ने देखकर कहा—'इसके मुँह का कमल मुरझा गया है।' भूखे रहने और भोजन के कारण अपमान सहने का सिलसिला बलरामपुर से शुरू हो गया और काशी में 1957 तक चला।

बलरामपुर में मेरे जीजा के भाई बच्च बाबू (जे. पी. तिवारी) विशेष रूप से सज्जन, सहृदय थे। उन्होंने बड़ी उदारता से मेरा नाम स्कूल में लिखा दिया था। जीजा पाँच भाई थे। सब एक साथ रहते थे। समृद्ध बच्च बाबू थे। उनकी बस चलती थी, आटा चक्की चलती थी। जीजा जी की हैसियत उनके नौकर-सी थी। अब मैं उनका साला, उन्हीं पर आश्रित, सो धीरे-धीरे उनकी उदारता घिसने लगी और यथार्थ प्रकट होने लगा।

लेकिन वे मेरे प्रति क्रूर कभी नहीं हुए। मुझे मारा-पीटा कभी नहीं। मेरी पढ़ाई चालू रखने में उनकी उदारता की सर्वाधिक भूमिका है। बलरामपुर पहुँचने पर उन्हीं के सहारे मेरा स्कूल में दाखिला हुआ।

मध्यवर्गीय भारतीय परिवारों में पारिवारिक कलह प्रायः औरतों के कारण होती है। इस कलह के निर्लज्ज, सलज्ज, आत्मीय-अनात्मीय, करुण, मनोरंजक अश्लील-श्लील पहलू हैं। इन सबको समझ पाता न समझ पाता, झेलता। किस्साकोताह एक दिन मैंने अपनी दो-तीन किताबें उठाईं और गाँव के पास के ही एक गाँव से आए हुए विद्यार्थी के साथ रहने लगा। वह एक बुजुर्ग रिटायर्ड वकील, जमींदार रामलाल के मकान के एक छोटे-से कमरे में रहता था। कमरे के बाहर बरामदे में एक चौकी

पड़ी रहती थी, वहीं सो जाता। कमरे में उसकी किताबें पड़ी रहतीं। कमरे में खाना बनाता, खाता। वह सिर्फ रहने देता था, खाना नहीं खिलाता। मैं कहाँ खाता-पीता था—याद नहीं पड़ रहा है; अन्य सभी बातें याद हैं। खाना-पीना, उसकी व्यवस्था याद नहीं। व्यवस्था शायद थी ही नहीं, तब काम कैसे चलता था, सोचता हूँ।

ऐन उसी समय मैं आर. एस. एस. का स्वयंसेवक बना था। मुख्य काम पढ़ने-लिखने से भी ज्यादा, छात्रों के साथ उठना-बैठना, उन्हें शाखा में लाने का प्रयास करना हो गया था। इसे शाखा की भाषा में 'हंटिंग' कहते थे। छात्रों की टोलियाँ प्राय: दो-तीन की किसी जगह किराए पर या व्यक्तिगत सम्बन्धों के आधार पर रहतीं। गाँव से चावल-दाल लाकर अंगीठी पर खाना बनता, बर्तन वगैरह सब खुद माँजते और पढ़ते-लिखते भी। अब मैं ज्यादा समय ऐसी ही टोलियों के बीच गुजारता। लड़ता-झगड़ता, बहस करता, खाने का समय होता तो वहीं खाना मिल जाता। न मिलता तो बिना खाए रह जाता। यही हाल सोने का भी था। जहाँ रात हुई, वहीं सो लिये। अक्सर चारपाई या जमीन पर किसी के साथ या अकेले। नित्यकर्म के लिए बड़े सवेरे किसी पोखर या तालाब की तरफ निकल जाता। तब ब्रश नहीं था, किसी पेड़-पौधे की टहनी तोड़कर दतुवन कर लिया। लंगोट पहनता था सो लंगोट पहनकर नहा लिया। फिर धोती या पैंट पहन ली। यह याद नहीं पड़ता कि चाय वगैरह कहाँ पीता था। चाय का चलन कम था। विद्यार्थी प्राय: सवेरे, स्कूल जाने से पहले, खाना बनाकर, खाकर, बर्तन साफ करके, तब स्कूल जाते। सवेरे अगर मैं भी खाना किसी के साथ खाता तो बर्तन धो देता।

ज्यादातर स्वयंसेवक विद्यार्थी, यथोचित आत्मीयता से भोजन कराते। कभी-कभी कुछ व्यंग्य-उपहास भी करते कानाफूसी में।

मैं इतना राष्ट्रीय कार्य करता था, लेकिन मेरे खाने-पीने की चिन्ता कोई संघ अधिकारी नहीं करता। हाँ, एक बार जिन दिनों संघ पर प्रतिबन्ध लग गया था, कैलाश जी ने मेरे दोपहर के भोजन की व्यवस्था एक गृहस्थ स्वयंसेवक के यहाँ करा दी थी। कैलाश अग्रवाल सोने-चाँदी के व्यापारी थे। धनिक थे। उनका घर स्वयंसेवकों का अड्डा था।

जिसके घर मेरे भोजन की व्यवस्था हुई थी, वह छोटा दुकानदार था। साँवला, मोटा। भोजन वह सामान्य कराता; लेकिन आदर के साथ। फिर पता नहीं क्यों, बहुत दिनों तक मैं उसके घर जा नहीं प[illegible]। दरअसल मुझे नियमित जीवन-यापन की आदत कभी नहीं पड़ी। आज भी नहीं है।

लेकिन इस अनियमित स्थान और भोजन-व्यवस्था में कभी-कभी असह्य भूख की यातना होती। सवेरे कुछ खाकर नहीं जाता। रात को भी खाना नहीं मिला करता था। क्लास में पढ़ने बैठता, थोड़ी देर तक तो मन लगता लेकिन कुछ देर बाद दिमाग सनसनाने लगता। कुछ समझ में नहीं आता। कभी-कभी लगता, सो जाऊँगा, फिर भी क्लास में बैठा रहता। एक बार खाना मिल जाता तो दो-तीन वक्त निकल जाता। लेकिन सच्ची बात यह है कि खाना कम-से-कम एक वक्त कहीं-न-कहीं मिल जाता और काम चल जाता था।

बिस्कोहर के एक जमींदार व्यापारी 'रस्तोगी' बलरामपुर में ही रहते थे—पूरब टोला में। उनके घर के दो लड़कों—विश्वंभर और इन्द्रा—से मेरी जान-पहचान थी। विश्वंभर उम्र में मुझसे बड़े थे। उनसे मेरी अच्छी पटती थी। धर्मभीरु थे। मैं ब्राह्मण हूँ, यह मानकर वे मेरी आवभगत भी करते थे। उनके साथ मैंने ऐसा व्यवहार किया, जैसा अन्यत्र मैंने जीवन में कभी नहीं किया।

भूख से बहुत परेशान रहता था। पढ़ाई तक में मन नहीं लगता था। उम्र चौदह-पन्द्रह की रही होगी। मन में आया कि यहाँ रोज खाना मिल जाए तो कैसा हो? इतना अच्छा खाना इनके यहाँ बनता है—दाल, चावल, सब्जी, रोटी घी में चुपड़ी, तो क्या मैं इनसे कहूँ कि 'मुझे खाना रोज खिला दिया करो?'—पर हिम्मत नहीं पड़ती थी। तिवारी खानदान की इज्जत भी आड़े आती थी। लेकिन यह स्वयंसेवक भी तो हैं और मैं राष्ट्रीय कार्य कर रहा हूँ। राष्ट्र के लिए तो स्वयंसेवक तन-मन-धन सब न्योछावर कर सकते हैं। मेरा शरीर, रक्त की आखिरी बूँद तक राष्ट्रीय कार्य के लिए ही तो है और मैंने मनोयोग के एक झटके में उन दोनों के बड़े भाई 'गोपीनाथ रस्तोगी' से कहा—'गोपीनाथ जी, मैं दस-पन्द्रह दिनों तक दोनों समय भोजन आपके ही यहाँ करूँगा।' गोपीनाथ जी ने आश्चर्य से मुझे देखा और बोले, 'बिसनाथ जी, आप संकोच न करें। आप जब तक चाहें, भोजन मेरे यहाँ कर लिया कीजिए।'

और मैं उनके यहाँ भोजन करने लगा।

लेकिन पता नहीं क्यों, दो-तीन दिनों से ज्यादा यह क्रम नहीं चला। क्यों? मैं नहीं जानता। यह धुँधला-सा याद है कि उनके घर जाने का क्रम टूटा तो एक अजीब तरह की मुक्ति की साँस लेने जैसा अनुभव हुआ।

परान्न ग्रहण कर पाना सबके लिए आसान नहीं होता।

ग़ैरत को सुस्तो-असास कर देता है
अहसान भी बदहवास कर देता है

इंसां का जज़्ब-ए-तशक्कुर हमदम
मुझको अक्सर उदास कर देता है,

—फ़िराक़

यह अनुभव मेरे जीवन का स्मारक अनुभव है और वामपंथ की ओर मोड़ देने में काफी कारगर था। मुझे लगता कि एक-दो दिन के लिए जब मैं उनके यहाँ भोजन करता था, तो कोई दूसरा व्यक्ति हो गया हूँ—न छात्र रह गया हूँ, न अपने खानदान का, न राष्ट्रीय कार्यकर्ता। बस, एक दूसरे के घर खाना खाने वाला प्राणी। गोपीनाथ रस्तोगी मेरे लिए मित्र के बड़े भाई या हिन्दू राष्ट्र के व्यक्ति नहीं—'दिल्लीश्वरो वा जगदीश्वरो वा ममोदरं पूरयितुं समर्थः' हो गए। मेरे मन में परान्नजीवी समुदाय विशेषतः पुरोहितों के लिए नापसन्दगी का भाव पैदा हो गया। तुलसीदास की पंक्ति 'उपरोहिती करम अति मन्दा' का अर्थ समझ में आ गया और बाद में भूख की यातना के सबसे बड़े कवि तुलसीदास के प्रति ऐसा भाव पैदा हो गया मानो वे भूखे, असहायों और गरीबों के प्रतिनिधि कवि हैं और राम उन वंचितों के नायक!

मैं वामपंथ की ओर किताबें पढ़कर, भाषण सुनकर नहीं, अपनी और अपने जैसे असंख्य व्यक्तियों की आर्थिक असहायता का अनुभव करके आया। साहिर लुधियानवी की एक मशहूर पंक्ति है :

भूख आदाब के साँचे में नहीं ढल सकती।

भूख पर लिखी जो कविता मुझे बेहद पसन्द है—वह कवि मित्र इब्बार रब्बी की है।

माँ का बच्चे को दूध पिलाना संसार का शायद सुन्दरतम दृश्य है। यह दुग्धपायी पशुओं में भी है। माँ बच्चे को दूध पिलाते समय उसे आँचल में छुपा लेती हैं। बच्चा दूध ही नहीं पीता है, वह क्रीड़ा-कौतुक की चेष्टाएँ भी करता है। बच्चे कोई काम कर्तव्यवश नहीं करते। वे हर काम को खेल बनाकर या समझकर करते हैं। बच्चा माँ के स्तनों से खेलता भी है, कभी-कभी दाँत निकलने पर काट भी लेता है, जिस पर उसकी पिटाई भी होती है। कभी-कभी बच्चा अपना मुँह आँचल से बाहर निकाल सामने बैठे व्यक्तियों को देखकर शरारतन—निरीह शरारत से—हँसता-मुस्कराता भी है। रब्बी ने कहा—'बच्चा भूख के विरुद्ध गुप्त कार्रवाई कर रहा है।' अपने से अधिक ताकतवर विरोधी के विरुद्ध गोरिल्ला लड़ाई को कवि ने ऐतिहासिक सौंदर्य भावना से पूरित कर दिया है। इसी प्रक्रिया से कला निरन्तर विकसित सांस्कृतिक

परिधि को समृद्धतर करती है। जितनी सनातन भूख है, लगभग उतना ही सनातन माँ का बच्चे को दुग्धपान कराना।

मैक्सिम गोर्की का कोई संस्मरणनुमा निबन्ध पढ़ा है जिसमें उन्होंने लिखा है कि एक बार उन्होंने गरीब घरों के बच्चों को दावत दी। बच्चों के सामने जब इतनी अच्छी भोज्य-सामग्री परोसी गई तो वे अचम्भे में पड़कर सोचने लगे—क्या करें? किंकर्तव्यविमूढ़ जैसा होकर इधर-उधर झाँकने लगे, खाँसने लगे, गम्भीर हो गए। सामान्य ढंग से खाना उन्होंने थोड़ी देर बाद शुरू किया। बचपन में कभी-कभी उत्सव-त्योहार या शादी जैसे अवसर पर 'बैना'—उपायन खाने की सामग्री—मिठाई वगैरह आती थी। जो लेकर आता था, हम बच्चे उसके सामने ही बैना की सामग्री खाने के लिए छीना-झपटी करने लगते। माँ हमें डाँटतीं—'कैसे लड़ रहे हो, जैसे मिठाई कभी आँख से देखी न हो!' बाद में समझातीं वह—'सोचता होगा, ये बच्चे ऐसी सामग्री कभी खाने को नहीं पाते हैं, इसलिए छीना-झपटी कर रहे हैं।' बात सच होती लेकिन घर की इज्जत का मामला था।

हमारी तरफ दाल-भात-तरकारी—ये तीनों पदार्थ एक साथ थाली में हों, यह हमेशा नहीं होता। सब्जी या दाल की जगह चटनी, खटाई या ऐसी ही कोई चीज अक्सर होती। नागार्जुन की कविता में मजदूर कहता है—'दाल-भात-तरकारी जब तक नहीं पेट भर पाएँगे।'

एक बार हम किसी रिश्तेदार के यहाँ पहुँचे। रात का समय था और हम एकाएक पहुँचे थे, इसलिए तरकारी की व्यवस्था नहीं हो पाई थी। खाना खाते समय मेजबान रिश्तेदार बार-बार कहते—'क्या करें तेवारी जी, तरकारी नहीं मिल पाई।'

दादा ने कहा—'कोई बात नहीं।'

वह रिश्तेदार बार-बार कहते—'थाली में जब तक हाथ तीन जगह न पहुँचे, खाने का मजा नहीं आता है।'

तीन जगह यानी दाल, भात और तरकारी। रोटी हमारे यहाँ कम खाई जाती है। खाने में जब तक भात न हो, थाली सजती नहीं।

एक बार एक सज्जन आए थे। उनके साथ उनका बच्चा भी था। खाना सामने आते ही बच्चा बोला—'आज भात खाने को मिला।'

अभिभावक ने डाँटकर कहा—'अबे, अभी पिछले इतवार को ही तो खाया है!'

यह किस्सा हमारे घर में रिश्तेदार का मजाक उड़ाने के लिए बहुत कहा-सुना जाता।

रिश्तेदारों या अन्य तरह के मेहमानों का आगमन भी खाने की समस्या पैदा कर देता। शाम का आगंतुक विशेष रूप से खतरनाक होता। दामाद, समधी जैसे नजदीकी रिश्तेदारों की बात छोड़ दीजिए लेकिन दूर के कम नजदीकी ऐरे-गैरे परिचितों के आने पर उन्हें शाम होते ही या खाने के समय के पहले टरका दिया जाता। टरका देने की कोशिश की जाती। कभी-कभी ये अतिथि इतने प्रतिबद्ध होते कि टरकाने की सारी कोशिशें बेकार हो जातीं। हमारे यहाँ कहा जाता है—साँझ का बादल और साँझ का मेहमान जल्दी नहीं जाता। कई बार तो ऐसे मेहमान, जिनका अपने घर पर कोई खास छोटा बच्चा, पत्नी या अन्य कोई न हो, आजीवन के लिए रुक जाते। वे घर के सदस्यों की ही तरह रहते। खेत में या दुकान पर काम करते या हरवाही करते। अगर वे उस घर के मामा होते तो गाँव भर के मामा हो जाते। फिल्म 'अतिथि देवो भव' में परेश रावल ने ऐसे सत्याग्रही अतिथि की बहुत अच्छी एक्टिंग की है।

संस्कृत साहित्य में ऐसे अडिग अचल रिश्तेदारों की एक अति प्रचलित मनोरंजक कथा है। एक गृहस्थ के यहाँ चार रिश्तेदार एक साथ आ गए। बहुत दिन रह गए। गृहस्थ परेशान। घी कम किया, एक चला गया। सब्जी कम की, तो दूसरा चला गया। चटनी गायब की, तीसरा चला गया। चौथा अटल। तब गृहस्थ ने मास्टर समाधान निकाला—उसे गर्दन पकड़कर घर से निकाला—'अर्धचन्द्रेण धनंजयं'। चौथे का नाम धनंजय था।

गाँव में पड़ोस में नाथे बाबा रहते थे। नाथे बाबा की दूसरी शादी हुई थी। अधेड़ अवस्था में शादी की थी। शाम होने को हुई तो सास ने समझाया—'बेटा, शाम हो रही है। तुमको रतौंधी है, जल्दी चले जाओ, नहीं तो परेशानी होगी।'

नाथे बाबा बोले—'चाची, देर तो हो गई है। अब सवेरे जाऊँगा।' नाथे रुक तो गए लेकिन भोजन में हाथ तीन जगह जाने की नौबत नहीं आई। दाल-भात-तरकारी नहीं थी। बाबा बोले—'चाची, कुछ नहीं तो तनिक चोखवै दै देतिउ।' सास बोली—'वैसे तुम सेर भर खाते हो, चोखा होगा तो दो सेर खाओगे, इसलिए नहीं रखा कि तोहार पेट न चल जाए।'

दादा के एक परम घनिष्ठ मित्र थे। वे दादा के हमनाम भी थे। उनका भी नाम तेज बहादुर था। दादा तिवारी थे, वे सिंह—बस, इतना ही अन्तर था। वे जब भी आते, उनकी बहुत खातिरदारी होती। उनको माँ के हाथ का खाना बहुत पसन्द था। एक बार भरी दुपहरी जेठ के महीने में पहुँचे। दादा भोजन करके सो रहे थे।

दोपहर में भोजन करके सोना पुरबियों का प्रिय विलास है। नींद भंग होने पर वे बहुत नाराज हो जाते थे। लेकिन मित्रता के कारण दादा उठे। माँ से भोजन की व्यवस्था करने को भी कहा लेकिन अतिथि तेज बहादुर का आग्रह था—कालानमक का भात, अरहर की दाल और परवल की सूखी तरकारी। दाल-भात का इंतजाम तो था लेकिन इस दुपहरी में परवल ढूँढ़ने कौन निकले? अतिथि के बहुत जिद करने पर दादा के धैर्य का बाँध टूट पड़ा। बोले—'खाए के होय तो जौन बना हो तौन खाए लेव, नाहीं तो अपने घर जाओ।'

'अब हम इस दुपहरिया में झाड़े गए खटमल की तरह कहाँ-कहाँ इधर-उधर घूमें?'

एक बार यात्रा में दादा के साथ ऐसा अनुभव हुआ जिसे याद करके मैं जीवन भर अपराध-बोध की भावना से ग्रस्त रहूँगा। मेरे कारण पिताजी को ऐसा अपमान सहना पड़ा जो सिर्फ अपमान नहीं था—असहाय आदमी की अपमानजनित पीड़ा थी। वे स्वस्थ नहीं थे। कोई रोजगार नहीं था। बड़के काका के अर्थाश्रित थे और मेरी ननिहाल यानी अपनी ससुराल में रहते थे। दादा परम स्वाभिमानी थे लेकिन स्थितियों ने उन्हें दर-दर भटकने वाला और सहारे की तलाश करने वाला बना रखा था। वे मुझे मिडिल का इम्तहान दिलाने बस्ती ले गए थे। उनके अच्छे दिनों के एक वकील मित्र—शिवराम सिंह—बस्ती में वकालत करते थे। हम वहीं तीन-चार दिन रुके थे। दादा ने शिवराम सिंह से प्रार्थना की थी कि वह मुझे अपने यहाँ रखकर मिडिल के बाद हाईस्कूल की पढ़ाई की व्यवस्था कर दें यानी चार-पाँच वर्ष तक मेरी पढ़ाई, रहने-खाने-पीने की व्यवस्था वही कर दें।

वकील साहब ने आश्वासन दे दिया लेकिन ऐन वक्त पर मुकर गए। बहाना बना दिया कि आजकल बस्ती में बीमारी फैली है; बिसनाथ को यहाँ रखना ठीक नहीं है।

सब बच्चे सवेरे खा-पीकर इम्तहान देने जाते। मैं बिना कुछ खाए-पिए। दादा यह देखते होंगे और कुछ नहीं कर पाते होंगे और सहते होंगे।

एक दिन वे इंटरवल में मेरे लिए हलवा बनाकर लाए। मुझे ताज्जुब हुआ। दादा प्यार जताते नहीं थे। मुझे याद नहीं पड़ता कि उन्होंने कभी मुझे चिपकाकर साथ सुलाया हो, प्यार किया हो या त्योहार-उत्सव पर पैसे दिये हों या साथ लेकर बाजार में कुछ खिलाया-पिलाया हो। मेरे पढ़ने-लिखने की लोग उनसे तारीफ करते तो चुपचाप निर्विकार भाव से सुनते रहते। कभी-कभी कहते—'पढ़े-लिखेंगे तो ससुर अपने लिए, हमका का करैक है?' अन्दर से सन्तुष्ट होते।

तो मिडिल इम्तहान देने के बाद मुझे अपने साथ लेकर रेलगाड़ी से लौट रहे थे। 'उस्का' स्टेशन के प्लेटफार्म पर कोई फेरीवाला कुछ बेच रहा था। मुझे भूख लगी थी। अक्सर दादा से कुछ माँगने-वाँगने की हिम्मत नहीं पड़ती थी लेकिन भूख ज्यादा लगी थी, सो मैंने हिम्मत करके कहा—'दादा, हमें खोमचा लै देव।'

दादा कुछ नहीं बोले। मैं चुप हो गया। रेल आगे चलती रही। कई स्टेशन आए-गए। हमारे डिब्बे में एक ही आदमी बैठा था। साफ-सुथरे कपड़े पहने, पढ़ा-लिखा लगता था। उसने दादा से कहा—'क्यों साहब, इस लड़के ने इतना पहले आपसे कुछ खिलाने को कहा था। इसे भूख लगी है। आप कैसे बाप हैं? बच्चे पर हम लोगों को तरस आ रहा है और आप कैसे हैं?'

दादा चुप—क्या कहते! बोले—'हम घर जाकर ही खाना खाएँगे।'

और भूख का शायद सबसे शिद्दत भरा अनुभव गोंडा जेल का ही है। जेल जाने के दो दिन बाद ही हम स्वयंसेवकों ने अनशन घोषित कर दिया। तब मैं सोलह वर्ष का था। ज्यादातर स्वयंसेवक इसी वय के आसपास के थे। माँग रखी कि सभी स्वयंसेवकों को एक ही बैरक में रखा जाए। अनशन का नाम अखबारों में पढ़ा था। सोचते थे, देशभक्ति वीरता का कार्य है। अनशन करना, भूखे रहना, प्राण त्याग करना, लाठी खाना, कौन बड़ा काम है! यह तो भारत के सपूतों का शृंगार है। सो दिन का खाना नहीं खाया। भूख तो लगी लेकिन कोई बात नहीं। राष्ट्रीय कार्य में कष्ट सह रहे हैं।

तीसरा पहर हुआ, शाम हुई, भूख बढ़ने लगी। अँधेरा बढ़ा तो खाने का समय हो गया। जेल के कर्मचारी सबका खाना—रोटी-दाल-सब्जी रख गए। हम कहते थे—यह कोई खाना है? रोटी में गेहूँ को छोड़कर, बाकी सब अनाजों का आटा। दाल, कड़वी सब्जी—गोभी की जड़ को कूटकर बनाई गई थी, जिसको झलरा कहते थे, लेकिन वही खाना अब वांछित हो गया था। हम कह रहे थे—अनशन है, खाना नहीं खाएँगे। हम अनशन नहीं तोड़ेंगे। खाना हटा लो, नहीं तो हम फेंक देंगे—और अन्दर से उसी खाने के लिए तरस रहे थे। ऐसा झूठ पहले के झूठों से भिन्न था।

जेल के कर्मचारी एक नम्बर के घाघ। उन्होंने खाना बीच बैरक में रखकर छोड़ दिया और चले गए। हम भूख से बिलबिला रहे हैं जबकि खाना सामने रखा है। और हम राष्ट्रीय कार्य कर रहे हैं। राष्ट्रीय कार्य समझ में आ रहा है। भूख समझ में आ रही है। भूख समझ नहीं—अनुभव है, पीड़ा है। जैसे फ्रैक्चर शब्द नहीं है—हड्डी का टूटना है। और अन्त में वही हुआ जो होना था। हममें से अधिसंख्य ने छककर

खाना खाया और सो गए। सवेरे जेल अधिकारी आए। बोले—'हमने 121 रोटियाँ रखी थीं, कुल सात बचीं।'

वे रोटियाँ गिनकर रख गए थे।

अनशन एक ही दिन चल पाया था। पहले दिन जब हम स्वयंसेवक जेल में पहुँचे तब जेल का खाना देखकर ज्यादातर ने खूब नाक-भौंहें सिकोड़ीं। कोई कहता—'ऐसा खाना तो जानवर भी नहीं खाएँगे। हमने तो ऐसे खराब खाने की कल्पना भी नहीं की थी।' कोई कहता—'हमारे घर में मालवा का गेहूँ आता है।' कोई कहता—'हम अपने घर घी निकलवाकर खाते हैं।' लोग तरह-तरह की बातें करते। बात यह थी कि सब-के-सब हाईस्कूल के छात्र थे और मध्यवर्गीय उच्च घरों के थे। अनशन करके भूख और भूख में खाना न मिलने का अनुभव हुआ तो आँखों के सामने तारे चमकने लगे और 'पेट में चूहे दौड़ना'—मुहावरे का मतलब समझ में आया।

इस दौरान एक मजेदार घटना भी हुई। तीसरे पहर भूख तो लगी थी लेकिन वह उतनी तीव्र नहीं थी। राष्ट्रीय भावना का जोश बचा हुआ था। स्वयंसेवक आपस में बैठकर अच्छे-अच्छे व्यंजनों, खाद्य-पदार्थों के खाने का अभिनय करते और मजा लेते। कोई कहता—'हम तो रसगुल्ले खा रहे हैं।' दूसरा कहता—'यार, रस मुझे दे देना, गुल्ले तुम खा लेना।' कोई कहता—'खीर खा रहा हूँ।' कोई—'गोभी-आलू की सब्जी।'

जाहिर है कि अभिनय ज्यादा देर तक चलने वाला नहीं था। मैंने बलरामपुर में और आसपास में कंगाल भुक्खड़ों को जूठन पर टूट पड़ते देखा है। गर्मी में दाल-भात और अन्य खाद्य पदार्थ सड़ जाते हैं। दुर्गंध आने लगती है, तब भी उसे खाते देखा है। फसल कटने पर गरीबों को खेत में बचे हुए अनाज को बीनते देखा है। फसल की दवईं के दाने कूटकर भूसी निकालते समय बैल अनाज खाते जाते हैं। ज्यादा खा लेने से पेट खराब हो जाता है, तो गोबर कर देते हैं—पोंक देते हैं। लोग गोबर को धों-पोंछकर, अनाज निकालकर सुखा लेते और खाते थे। खाते-पीते घरों में बर्तन माँजने वाले और उनके घर के बाल-बच्चे प्रायः जूठा भोजन ही करते थे।

बड़े आदमियों की एक रीति या पहचान थी कि वे थाली में खाना छोड़ देते थे। थाली में जूठा न छोड़ना रईसी का अपमान करना था। भुखमरी आज भी है लेकिन तब की स्थिति और आज की स्थिति में उल्लेखनीय अन्तर है। अकाल पड़ने पर

पशु ही नहीं, गरीब-गुरबा ही नहीं, सामान्य लोग भी अपना क्षेत्र छोड़कर नगरों की ओर खाने-पीने की तलाश में दौड़ते थे।

शादी के लिए तो लड़की बेचना-खरीदना आज भी कम नहीं है। 'पद्मावत' में बालिकाएँ परस्पर बात करते हुए कहती हैं कि 'हमारे बाप ने हमें गेहूँ के लिए बेच दिया है।' यह गेहूँ के लिए बेचना आध्यात्मिक प्रतीक नहीं है, कविता में यथार्थ ही प्रतीक बनता है। जो है नहीं, उसका प्रतीक भी नहीं बन सकता। प्रतीक द्वार्थक या अनेकार्थक होता है। एकार्थक नहीं। और वे अर्थ सच होते हैं। कल्पित अर्थ भाव-सत्य हो सकता है किन्तु मूल अर्थ प्रत्यक्ष से ही उठाया जाता है।

इस भूख का हमारी संस्कृति, सभ्यता, धर्म, इतिहास, साहित्य, पाप-पुण्य पर कितना प्रभाव-दबाव है, इस पर यहाँ विचार करेंगे तो अन्य सब कुछ धरा रह जाएगा। यह जो श्राद्ध, क्रियाकर्म और ब्राह्मण-भोजन के पूर्व महापात्र को भोजन कराया जाता है—महापात्र चीख-चीखकर, चिल्ला-चिल्लाकर दान के लोभ में भोजन का एक-एक ग्रास उठाते हैं, वह भूख की विभीषिका का परंपरा पर दबाव है।

आगि बड़वागि ते बड़ी है आगि पेट की।

जो लोग लगातार घोषणा करते हैं कि सत्तर वर्षों में कुछ नहीं हुआ, वे नहीं जानते या उन्हें जानने या न जानने से कोई मतलब नहीं है कि देश में एक दौर में पी.एल. फोर एट्टी का गेहूँ—सड़ा गेहूँ—अमेरिका से आता था। देश खाद्यान्न में स्वावलम्बी इंदिरा गांधी के समय में हुआ है। आशा है, बना रहेगा।

स्वाधीनता—संयम का सौन्दर्य

वह स्वातंत्र्योत्तर भारत का प्रारम्भिक काल यानी नेहरू-युग का प्रारम्भिक दौर था। पराधीन भारत राजनीतिक दृष्टि से स्वतंत्र हुआ था। कहते हैं कि कांग्रेस संगठन पटेल को प्रधानमंत्री बनाना चाहता था लेकिन महात्मा गांधी की राय जवाहरलाल नेहरू के पक्ष में थी। जिन दिनों नेहरू प्रधानमंत्री घोषित हुए, उन्हीं दिनों की गांधी जी की प्रवचन-सभा का एक प्रवचन मैंने सुना है। गांधी कहते हैं कि 'जवाहरलाल प्रधानमंत्री नहीं, देश का प्रधान सेवक बना है। उसने काँटों का ताज पहना है।' नेहरू के बारे में गांधी जी का कहा हुआ यह वाक्य प्रसिद्ध है—'नेहरू मेरे बाद मेरी भाषा बोलेगा।'

मैंने नेहरू जी को बलरामपुर में देखा-सुना था। तब मैं चौदह-पन्द्रह साल का रहा हूँगा और सातवीं या आठवीं कक्षा में पढ़ता था। वह जेल से छूटे थे और देश में घूम-घूमकर भाषण दे रहे थे। तेज और अकड़ के साथ चलते थे। दुबले-पतले, खूबसूरत, साफ आवाज—दैवोपम श्रद्धा-मंडित व्यक्तित्व। उनके कहे पर जान देने को आमादा जनसमुदाय। तब मैं आर.एस.एस. का कट्टर स्वयंसेवक था। नेहरू का नहीं, गुरुजी का भक्त। लेकिन नेहरू के व्यक्तित्व के प्रति अन्दर-ही-अन्दर गहरा लगाव था। नेहरू तब भी अन्तरराष्ट्रीय समस्याओं में गहरी रुचि लेते थे। अंग्रेजी तो लगभग अपनी जबान की तरह बोलते ही थे, लेकिन हिन्दुस्तानी वे स्थानीय, बिलकुल इलाहाबादी लय में बोलते थे—'दिमाग में इत्ते-इत्ते नक्शे हैं'। 'इतने' नहीं, इत्ते। स्वाधीनता-आन्दोलन के कारण भाषणों के रेटरिक उजागर थे। वह रेटरिक उनके अंग्रेजी भाषणों—संसद में भी मौजूद रहती थी। नेहरू के वक्तव्यों में रेटरिक न हो, ऐसा बहुत कम मिलेगा। यह रेटरिक मंच या जादू का काम करती थी। जगाने और काम करने की प्रेरणा देती थी।

गांधी के बोलने में रेटरिक मानो थी ही नहीं। उनकी वाणी का प्रभाव संतों की वाणी के प्रभाव जैसा पड़ता था; या घर के बुजुर्ग—सबकी देखभाल करनेवाले पारिवारिक मुखिया—की जैसी आवाज का प्रभाव पड़ता है।

गांधी और नेहरू से घृणा करनेवाले, उन्हें पाखंडी समझने वाले हिन्दू-मुसलमान, दोनों तब भी थे। गांधी जी ने साम्प्रदायिक हिंसा से तंग आकर कहा—'मैं 120 वर्ष तक जीवित रहना चाहता था जनता की सेवा करने के लिए, लेकिन अब मैं जीवित नहीं रहना चाहता।' एक हिन्दी दैनिक ने टिप्पणी की—'नहीं बुढ़ऊ, तुम ऐसे ही टिलों-टिलों जीवित रहो और भारत को गारत करते रहो।' गांधी ने साम्प्रदायिक हिंसा के विरुद्ध अनशन शुरू किया। कुछ लोगों ने प्रदर्शन में नारे लगाए—'गांधी जी को मरने दो।' गोडसे प्रतीक था गांधी-विरोधी हिंसा का। वह एक व्यक्ति नहीं, एक समुदाय का प्रतिनिधि था। गांधी की हत्या के बाद मेरे गाँव बिस्कोहर में एक चित्र मुन्ना सर्राफ की दुकान पर लगा था। गोडसे गांधी को शूट कर रहा है। ताज्जुब है, चित्रकार ने गोडसे को कोट, पैंट पहने दिखाया था। जगदंबा पंडित उस चित्र में गोडसे का पैर छूते थे। वह गांधी-हत्या नहीं, गांधी-वध कहते थे। कहते—'राम ने रावण को मारा, कृष्ण ने कंस को और गोडसे ने गांधी को।' दिनकर ने गांधी-हत्या के बाद लिखा : 'गांधी का पी रक्त जवाहर पर फुँकार रहे हैं'।

दिनकर राष्ट्रवादी वाणी के कवि हैं और इतिहासचेता कवि। गांधी-नेहरू के सम्बन्धों के बारे में कई बातें विचारणीय हैं। नेहरू इतिहास के विद्यार्थी आजीवन रहे। वे दार्शनिक राजनीतिक थे। संकीर्ण वे हो ही नहीं सकते थे।

गांधी जी परंपरा में समाहित मान्यता का आग्रह (सत्याग्रह) करने वाले। प्रह्लाद में सत्याग्रह ढूँढ़ने वाले और फिर उसका राजनीतिक-सांस्कृतिक आग्रह करने वाले। उनके व्यक्तित्व का रूप पारंपरिक और अन्तर्वस्तु परम आधुनिक। इसीलिए वे संत लगते थे। मध्यकालीन संतों के अनुयायी और उन जैसे लगने वाले। वह बुद्ध, ईसा, नानक की पंक्ति में थे। इसलिए जनता उनकी बातों पर ज्यादा तर्क-वितर्क नहीं करती थी, उन्हें मान लेती थी। आप्तवाक्य की तरह।

नेहरू इसके बिलकुल उलट। वे सत्य के प्रयोग नहीं करते थे। ब्रिटिश संसदीय प्रणाली वाले चुनाव जनतंत्र में अटल विश्वास रखते थे। एकाधिकार के परम विरोधी। भारत के खोजी। तर्क-वितर्क से, आधुनिक यूरोपीय दृष्टि से उस पर विचार करने वाले और अपनी परंपरा के मानवीय पक्षों पर गर्व करने वाले। प्राचीन भारत की उपलब्धियों को नकारने वाले नहीं, बल्कि उसे महिमा-मंडित करने वाले।

उनके समय में भारतीय राज्य का चिह्न अशोक चक्र बना। राष्ट्रपति, अध्यक्ष, निगम, संसद, दूरदर्शन, आकाशवाणी, आई.एन.एस.—विराट जैसे शब्दों का प्रयोग-उपयोग उन्हीं के समय में शुरू हुआ। सेना के काशन हिन्दी में किए गए। जिन्होंने नेहरू को प्रधानमंत्री पद की शपथ लेते हुए देखा है, वे महसूस करते होंगे कि संस्कृतनिष्ठ शब्दों का उच्चारण कितनी सतर्कता से करते थे।

साहित्य अकादेमी के अध्यक्ष होने पर पहला काम उन्होंने किया—सचिव कृष्ण कृपलानी को निराला की आर्थिक सहायता के लिए पत्र लिखा। वे मैथिलीशरण गुप्त, महादेवी वर्मा, पंडित बालकृष्ण शर्मा 'नवीन', जैनेन्द्र कुमार, हजारी प्रसाद द्विवेदी, दिनकर के मित्र या सुपरिचित थे। गणतंत्र दिवस पर सभी भारतीय भाषाओं का कवि-सम्मेलन, लाल किले में हिन्दी कवि-सम्मेलन उन्हीं की प्रेरणा से प्रारम्भ हुआ था। साहित्य अकादेमी, ललित कला अकादमी, संगीत नाटक अकादमी उन्हीं की प्रेरणा से स्थापित हुईं।

'जोश' से उनकी पटरी थी। 'जोश' के पाकिस्तान चले जाने पर खीझे थे। फ़ैज़ दिल्ली आते तो नेहरू के घर पर मुशायरा होता। वे स्वयं अंग्रेजी के लेखक थे। सेठ गोविन्द दास के ललकारने पर कि आप जिस देश के प्रधानमंत्री हैं, उसकी प्रधान भाषा में कुछ नहीं लिखा, तो उन्होंने एक पुस्तक हिन्दी में लिखनी शुरू की थी। उसके कुछ अंश सेठ गोविन्द दास की एक किताब में संकलित है। यह किताब किरोड़ीमल कॉलेज की लाइब्रेरी में मैंने देखी है। दुर्भाग्यवश तब मैंने उस किताब का महत्त्व नहीं समझा। अब नाम वगैरह भूल गया हूँ।

नेहरू ने हिन्दी अपनी माँ स्वरूपरानी को पत्र लिखने और उनके पत्रों को पढ़ने के लिए सीखी थी। जवाहरलाल नेहरू शान्तिनिकेतन के चांसलर थे। उनका एक पत्र पंडित हजारी प्रसाद द्विवेदी के पास आया। पत्र हिन्दी में था। हमने उत्सुकतावश पंडित जी से पूछा—'पंडित जी, नेहरू जी की हिन्दी कैसी है?'

पंडित जी ने कहा—'हम लोगों से अच्छी है।' जाहिर है, यह बात उन्होंने विनम्रता में कही होगी।

नेहरू की शिक्षा-दीक्षा संस्कारवश यूरोपीय और भारतीयता के खोजी, उसमें गर्व का अनुभव करने वाले थे; वे भारतीय सामाजिक, वैचारिक, आर्थिक पिछड़ेपन से बेहद क्षुब्ध और जल्दी से जल्दी उसे सुधारने के लिए आतुर। जवाहरलाल नेहरू मार्क्सवादी नहीं थे, पर वे मार्क्सवाद के ऐतिहासिक महत्त्व को स्वीकार करते थे। जवाहरलाल नेहरू ने प्रधानमंत्री होने के कुछ दिनों बाद 'मार्क्सिज्म इज आउट ऑफ

डेट' ('मार्क्सवाद समय से पिछड़ गया है') लेख लिखा जिसका उत्तर 'पैट्रियोट' के सम्पादक एदत नारायण ने दिया था।

नेहरू तपस्वी, संत या अनासक्त नहीं थे। वे स्वयं सुन्दर थे और सुन्दरता से आकृष्ट होते थे। जापान की नवविवाहिता राजवधू के बारे में कहा—'सौन्दर्य और शालीनता का स्वप्नदृश्य।' माउंटबेटन दम्पती के बारे में कहा—'आपकी सुन्दरता के बारे में सुना था लेकिन कल्पना नहीं कर सकता था, वह इतनी विध्वंसक है।' वह अभिनेत्री देविका रानी के प्रशंसक थे। फिल्मी सितारों के बीच आह्लादित होते थे। अनेक किंवदंतियाँ प्रचलित थीं। लेकिन वह मर्यादा की सीमा में रहने वाले व्यक्ति थे। व्यक्ति की अस्मिता का सम्मान करते थे। ईमानदारी और जनतांत्रिकता के कायल थे। किंवदंतियाँ, लोक में व्याप्त वाद-विवाद वार्ताएँ आपके व्यक्तित्व के बारे में बहुत कुछ कहती हैं। वे अतिशयोक्ति भी होती हैं, फिर भी आपके बारे में बहुत कुछ कहती हैं।

आज 2019 में सत्ताधारियों के विषय में फैली हुई बातें और नेहरू-युग की अफवाहों में अन्तर है। यह अन्तर बहुत कुछ बताता है। नेहरू के कमरे में कूलर या 'एसी' नहीं होता था। विदेशी दूत अखबारों से पंखों का काम लेते थे। वे पुराने फाउंटेनपेन या मोटरगाड़ी जल्दी नहीं बदलते थे। वे जब गाड़ी नहीं बदल रहे थे, तो उनसे कहा गया कि पंत जी, पंडित गोविन्द वल्लभ पंत, को आपकी गाड़ी में बैठने पर तकलीफ होती है, तब जाकर गाड़ी बदल गई।

उनके सिरहाने 'श्रीमद्‌भागवत गीता' का गुटका संस्करण और डिबिया में कमला नेहरू की चिता की राख रखी रहती थी। किसी ने पद्मजा नायडू की फोटो उनके शयनकक्ष में लगवा दी। उन्होंने फौरन बाहर फिंकवा दिया। हरिशंकर परसाई ने लिखा है—'किसी कांग्रेसी नेता ने सभा में उनके पूर्व भाषण में उनकी तारीफ करनी शुरू की तो माइक पर से उसे हटाकर बोले—यह क्या बदतमीजी है—मेरे सामने ही मेरी तारीफ!'

श्रद्धा माता से मिलने वे अक्सर जाते थे। मौलाना आजाद के घर की पकौड़ी और चाय बहुत पसन्द थी।

मौलाना अबुल कलाम आजाद के बारे में दिल्ली के भूतपूर्व उपराज्यपाल मार्कंडेय सिंह ने बताया कि मौलाना के कोई भतीजे उनके साथ रहते थे। उनके सचिव प्रोफेसर हुमायूँ कबीर ने उन्हें शिक्षा विभाग में कोई नौकरी दे दी। एकआध महीने बाद मौलाना ने भतीजे से पूछा—'बरखुरदार, अब तुम मुझसे जेबखर्च नहीं

ले रहे हो, काम कैसे चलता है?'—नौकरी का पता चलने पर मौलाना ने उनकी तनख्वाह वापस करवा दी। नौकरी छुड़वा दी। बोले—'यह नौकरी मेरे दबाव से उन्हें दी गई है।'

नेहरू भारत का प्रथम राष्ट्रपति डॉक्टर राधाकृष्णन् को बनाना चाहते थे। मौलाना ने राजेन्द्र प्रसाद के नाम का समर्थन किया। उन्होंने नोट में लिखा—'सर सर्वपल्ली राधाकृष्णन् का नाम हिन्दुस्तान की जंग-ए-आज़ादी की तारीख़ में कहीं नहीं दिखलाई पड़ता।'

रफी अहमद किदवई नेहरू के बहुत करीबी थे। किदवई साहब के बारे में कहा जाता था कि जेल में चोर-डाकू भी उनके दोस्त बन गए थे। वे उनके दस्तरखाने पर शामिल होते हैं, उनके यहाँ आकर ठहरते थे। बिड़ला ने हिन्दुस्तान मोटर्स कम्पनी में गाड़ी बनाई तो एक कार रफी साहब को भेंट करनी चाही। कोई अफसर गाड़ी लेकर उनके यहाँ गया। रफी साहब ने कहा—'बिड़ला साहब से शुक्रिया कहिएगा लेकिन मेरे पास इतने पैसे नहीं हैं कि मैं खरीद सकूँ।'

लेकिन यह भी सच है कि नेहरू और उनके परिवार के विरुद्ध दक्षिणपंथी लगातार निंदा प्रसार में लगे रहते थे। इमरजेंसी में नेहरू के सचिव ओ.पी. मथाई ने नेहरू का चरित्र-हनन करते हुए एक किताब छपवाई थी। लेडी माउंटबेटन से उनके सम्बन्ध की चर्चा को हवा दी। ऊपर की सारी बातें, लोकवार्ताएँ बलरामपुर में प्रचलित थीं।

मेरे रिश्तेदार अनंते काका नेहरू के प्रशंसक थे लेकिन कहते कि 'भगवान को नहीं मानते तो कौन बड़ा अच्छा निकला, लड़का कौनो नहीं दिहिन भगवान। चलो, कोई बात नहीं, भगवान को नहीं मानता, ब्राह्मण तो है! तव्वै हम पंडित कहते हैं उसे—मांस-मछली तो कश्मीरी खाते ही हैं।'

नेहरू और सुभाषचन्द्र बोस को लोग प्यार करते थे। सुभाष के बारे में किंवदंतियाँ अपेक्षाकृत कम प्रचलित थीं। यह कि वे क्रान्तिकारी हैं, अंग्रेजों को मारकर भगा देना चाहते हैं, जर्मनी-जापान गए हैं और जापान की सैनिक सहायता से हिन्दुस्तान पर हमला करके देश को आजाद करा लेंगे।

अनहद या अत्यधिक प्यार जनता भगत सिंह को करती थी। नाम चन्द्रशेखर आजाद, राजगुरु, सुखदेव, अशफाकुल्लाह, रामप्रसाद बिस्मिल का भी था लेकिन भगत सिंह का नाम कण-कण में व्याप्त था। अनेक लोकगीत रचित थे जो सुनाई पड़ते। नौजवान गाते घूमते :

सीने पर गोली खाए गया सरदार भगत सिंह
फाँसी का फंदा झूल गया सरदार भगत सिंह
सर बाँधो कफनिया रे शहीदों की टोली निकली
कलेजे बिच गोली निकली
मेरा रंग दे बसन्ती चोला।

भगत सिंह को लेकर लोग गांधी जी की दबी जबान से आलोचना भी करते।

नेहरू-सुभाष के बारे में जानकारी तो बलरामपुर में आकर मिली। लेकिन गांधी जी की चर्चा गाँव में बलरामपुर से कम नहीं थी। नेहरू जी का एक कैलेंडर बलरामपुर में देखा जिसमें वे तिरंगा लिये एक रथ में बैठे हैं। रथ में दो शेर बँधे हैं—वे रथ को खींच रहे हैं। रथ के बीच में भारत माता खड़ी हैं। सुभाष का कैलेंडर फौजी पोशाक में था। भगत सिंह का फोटो प्राय: वही क्लीन शेव्ड, हल्की-हल्की ऐंठी मूँछ, फेल्ट कैप लगाए। गांधी जी का कैलेंडर बाद में देखा, पहले फोटो देखा।

आर्यसमाज का भी व्यापक प्रसार था। बलरामपुर में पं. सुन्दरलाल अग्निहोत्री नगर आर्यसमाज के सचिव थे। दबंग थे। डी.ए.वी. हाईस्कूल उन्हीं के उद्यम से खुला था। प्रति रविवार आर्यसमाज मन्दिर में हवन, यज्ञ होता। मैं भी जाता। वर्ष में एक बार समागम होता। भव्य समारोह—उसमें सनातन धर्म और इस्लाम के विरुद्ध भाषण होता, शास्त्रार्थ होता। लेकिन साम्प्रदायिकता का तनाव आर्यसमाज के कारण कभी नहीं होता। लोग भाषण में गाते :

गुजरात से निकला चन्द
हुआ बड़ा आनन्द
था नाम दयानन्द

कहते—'वाह रे गुजरात! देश को दो बड़े महापुरुष दिये—दयानन्द और गांधी।' आर्यसमाज के लोगों से आर.एस.एस. वालों की पटरी नहीं बैठती। आर्यसमाज की अलग संस्था थी—आर्य वीर दल। दोनों में खींचातानी रहती।

बलरामपुर में मुस्लिम लीग जरूर रही होगी लेकिन वहाँ हिन्दू-मुसलमान का झगड़ा कभी नहीं हुआ। रियासत के कई उच्चाधिकारी शिया मुसलमान थे। अनेक अच्छे हिन्दू साहित्यकार थे जो हिन्दी-उर्दू, दोनों भाषाओं के अच्छे जानकार थे। उर्दू के मशहूर शायर अली सरदार जाफरी बलरामपुर के थे। असगर गोंडवी गोंडा के थे और हजरत जिगर मुरादाबादी गोंडा में ही रहने लगे थे।

कम्यूनिस्ट पार्टी का नाम तो मैंने बलरामपुर में ही सुना था। लेकिन बी.टी. रणदिवे के समय में हुई एक हिंसक घटना मेरे गाँव के पास भनवापुर में हुई थी।

मेरे दादा के मित्र थे लाखन सिंह। उनके और उनके भाई बेनीमाधो सिंह की हत्या कम्यूनिस्टों ने की थी। कम्यूनिस्ट-आन्दोलन के नेता का नाम रामकृष्ण मोहम्मद सिंह था। वह भी ठाकुर थे। लेकिन नाम से ही पता चल जाता है कि कम्यूनिस्ट-आन्दोलन उन दिनों जहाँ-जहाँ था और कितना तीव्र था। यह भी कि एक ठाकुर के कम्यूनिस्ट होने पर हिन्दू-मुस्लिम एकता का कितना प्रबल समर्थक हो सकता है, इस सबका एक अलग और महत्त्वपूर्ण इतिहास है। इन आन्दोलनों का निश्चित ही व्यापक सांस्कृतिक प्रभाव था—लोगों के रहन-सहन पर, उनकी रुचियों पर और उनकी कलात्मक वृत्तियों पर।

उन दिनों, 1945-50 में, बलरामपुर के वातावरण में स्वाधीनता-आन्दोलन की गूँज थी। सामाजिक-ऐतिहासिक दृष्टि से कम-से-कम बलरामपुर जैसा रियासती कस्बा जो एक ओर सामन्ती व्यवस्था में आकंठ डूबा था, जहाँ वर्ण-व्यवस्था का कोई सक्रिय विरोध नहीं था लेकिन स्वाधीनता-आन्दोलन से स्पंदित था। प्रभात फेरी होती। कोई भी नेता आता, उसका भाषण सुनने भीड़ उमड़ पड़ती। लोग पारंपरिक पुरातनपंथ की वाचिक बौद्धिक आलोचना करते किन्तु व्यवहारतः उससे चिपके रहते लेकिन यह वाचिक बौद्धिक विरोध नये युग की अर्थात् स्वतंत्र मानसिकता की भूमिका बना रहा था। बल्कि यों कहिए कि स्वतंत्र मानसिकता से ही आन्दोलन लड़ा जा रहा था।

इसी दौर में आर्यसमाज की भी बहुत बड़ी भूमिका थी। आर्यसमाज का आदर्श वैदिक युग था। वे हिन्दू समाज की अनेक संकीर्ण संस्थाओं का विरोध करते। वह नारी-शिक्षा की बात करते। उन्हें यज्ञोपवीत धारण करने को कहते। दहेज-प्रथा और जातिवाद का विरोध करते। मूर्ति-पूजा का विरोध करते। भक्ति-भावना के प्रति उनके मन में कोई अनुराग नहीं था। अवतारवाद को भी नहीं मानते। वे इस्लाम के प्रति बेहद संकीर्ण थे। मैंने किसी के मुँह से सुना है कि गांधी जी से 'सत्यार्थ प्रकाश' के बारे में पूछा गया तो उन्होंने कहा—'इतने बड़े विद्वान की ऐसी निराशाजनक पुस्तक मैंने और कोई नहीं पढ़ी है।'

लेकिन आर्यसमाजी खादी पहनते, स्वतंत्रता की बात करते। उनमें से अनेक कांग्रेसी थे। गांधी की कुछ बातों ने उन्हें लाजवाब बना रखा था। जैसे—गांधी जी

अंग्रेजी शासन से डरते नहीं थे। उनकी निर्भीकता आश्चर्यजनक थी जबकि बड़े-बड़े धर्म-सुधारक, वकील-बैरिस्टर, राजे-महाराजे, पंडित-मौलवी—सब अंग्रेज के चापलूस थे। डरते थे। और यह आदमी अंग्रेज से नहीं डरता था। सिवाय सर्वशक्तिशाली भगवान की कृपा के ऐसा कोई हो सकता है जो अंग्रेज बहादुर से न डरे? जेल-हवालात से नहीं डरे?

दूसरे वे देशी थे। धोती, कुर्ता, पगड़ी, लंगोट पहनते थे। अंग्रेजी बोलते थे मगर वे अपनों से देसी भाषा में बोलते। राम-अल्लाह का नाम लेते थे। पूजा-भजन करते थे। संत थे। मध्यकाल में ऐसे ही लोग चमत्कारी माने जाते थे। प्रह्लाद, नानक, कबीर, सूर, तुलसी, मीरा ऐसे ही चमत्कारी थे। पहाड़ से धकेला गया, भगवान ने बचा लिया। जहर का प्याला पिया, असर नहीं हुआ।

वही बात, अंग्रेज ने जेल भेजा—छूट के बाहर आ गए। डरे नहीं। गांधी मध्यकाल की चमत्कारिक अलौकिक शक्ति से लैस आधुनिक आन्दोलनकारी थे। यह प्रभाव, आलोक आधुनिक भारत में किसी और नेता के पास न था, न है। गांधी को लोग पूजते भी थे, प्यार भी करते थे। यह संयुक्त भाव भक्ति का है। ब्रिटिश साम्राज्य के विरुद्ध निर्भीकता जादू का काम करती थी। सकर्मक वाचिक निर्भीकता।

आचार्य द्विवेदी पंडित बालकृष्ण शर्मा 'नवीन' के मुँह से सुनी एक बात बताते थे। लॉर्ड इरविन कलकत्ते से चले तो उन्हें इलाहाबाद में कांग्रेस के कुछ नेताओं से बात करनी थी। दरअसल वे कांग्रेसी नेताओं से बात करने के लिए राजी हो गए थे। और क्या बात करनी है, इसके लिए तत्कालीन कांग्रेसी नेताओं ने अपनी दलीलें तैयार कर ली थीं। उस मंडल में मोतीलाल नेहरू, सर तेज बहादुर सप्रू जैसे प्रचंड लोग थे। हुआ यह कि इसी बीच यानी लॉर्ड इरविन की यात्रा के ही दौरान कलकत्ता और इलाहाबाद के बीच उसे खबर मिली कि किसी ने बम विस्फोट किया है। अब प्रतीक्षा करता हुआ मंडल इस खबर से अनजान और वायसराय गुस्से में चूर। पहुँचने पर न कोई दुआ-सलाम, न अच्छी-अच्छी औपचारिक बातें।

'तुम हिन्दुस्तानी लोग इधर बात करने के लिए कहते हो, उधर बम विस्फोट करवाते हो। क्या बात करोगे, इसका कोई जवाब है? क्या जवाब है तुम्हारे पास? क्या कहोगे?' लॉर्ड इरविन का बार-बार यह कहना 'व्हाट यू हैव टू से' और पूरे नेता मंडल की चुप्पी।

कहते हैं कि गांधी जी नये-नये आए थे। वे चुपचाप बैठे थे, शायद चरखा कातते हुए। जब तीसरी-चौथी बार वायसराय ने पूछा तो गांधी ने उसी मुद्रा में धीमे स्वर में कहा—'लॉर्ड इरविन, आप कहिए कि आपको क्या कहना है? आपने भारत पर कब्जा कर रखा है। आप उसे लूट रहे हैं। आप उस पर जुल्म ढा रहे हैं। आपको बताना है कि आप यह सब क्यों कर रहे हैं और आपको बताना है कि आप इस देश से कब विदा हो रहे हैं? लॉर्ड इरविन, यू हैव टू से, व्हेन आर यू क्विटिंग इंडिया?' और लॉर्ड इरविन चुप हो गए।

तैयार तर्क-योजना काम में आने लगी। कहते हैं, उसी दिन उस नेता मंडली ने मान लिया कि हमारे नेता गांधी जी ही हो सकते हैं। भविष्य के निर्णायक व्यक्ति वही हैं। गांधी इज द मैन ऑफ डेस्टिनी। सलाम न करने, राम-राम न करने, वंदे मातरम कहने, जय हिन्द कहने पर पिटाई होती थी। जेलखाना जाना होता था। लोग बड़े नाराज हो जाते थे लेकिन इस व्याप्त होती निर्भीकता के बल पर लोग नमस्ते, वंदे मातरम, जय हिन्द कहते थे। खादी पहनने पर गाली मिलती थी, पिटाई होती थी। तिरंगा लेकर चलने पर पिटाई होती थी लेकिन लोगों में बल आ गया था। गांधी की निर्भीकता ने उन्हें भी निर्भीक बना दिया था और यह सब मध्यकालीन सामन्तवादी व्यवस्था से ग्रस्त बलरामपुर में भी था।

बलरामपुर में वही हो रहा था, जो पूरे देश में हो रहा था। इस सबने लोगों की मानसिकता ही नहीं, उनकी वाणी, उनकी पोशाक, उनके खानपान, व्यावहारिक जीवन पर भी असर डालना शुरू किया था। उस समय की कविता, साहित्य, नृत्य, चित्रकला, फिल्में—सब पर इसका असर पड़ रहा था। अपनी आँखों-देखी और कुछ सुनी-सुनाई बातों तक ही अपने को सीमित रखूँगा। इतिहास अनेकानेक धाराओं-उपधाराओं के संयोग-वियोग से बनता है। वह प्राकृतिक या मशीनी नियम-पालन का आग्रह ही नहीं है। मनुष्य का मन उसमें भूमिका अदा करता है।

हम गांधी को मानते थे। उनके सिद्धान्तों, उनकी बातों के प्रशंसक महज उसे सर्वथा स्वीकार कर लेते थे। उस पर अमल करने की थोड़ी-बहुत कोशिश भी करते थे। लेकिन कर नहीं पाते थे। बाहरी तौर पर हमने उसे जगह-जगह स्थापित कर दिया। मूर्तियाँ बनवा दीं। संस्थानों के नाम रख दिये। नोट पर उनकी फोटो रख दी। उनके भाषण, लेख, प्रवचन प्रकाशित करवा दिये लेकिन समय के साथ-साथ गांधी हमारे लिए मंत्रजाप—कर्मकांड—बन गए लेकिन इसका मतलब यह भी नहीं कि हमारे जीवन पर उनका कुछ असर नहीं पड़ा।

अभी तक इस बात पर बहुत कम विचार हुआ है कि स्वाधीनता-आन्दोलन के दौरान और उसके बाद बहुत दिनों तक गांधी के व्यक्तित्व ने हमारी रुचियों को कितना प्रभावित किया है। गांधी के व्यक्तित्व का प्रभाव हमारे सौन्दर्यबोध पर कितना पड़ा है। क्या गांधीवादी सौन्दर्य जैसी कोई चीज है?

मेरे विचार से है। बलरामपुर आकर मैंने देखा कि नेता ही नहीं, पढ़े-लिखे बुजुर्ग, विद्यार्थी बहुत बड़ी संख्या में खादी का कुर्ता-धोती और टोपी पहनते हैं। कोई भी आदमी आगे बढ़कर काम करने वाला होता तो वह खादी पहनता। बड़े आदमियों, जमींदारों के बच्चे कोट-पैंट पहनते। लेकिन ये कोट-पैंटधारी सामाजिक नेता कभी नहीं बन सकते थे। स्कूलों में अगर कहीं कोई समारोह हो रहा है, बहुत बड़ी संख्या में लोग एकत्र हैं तो उसका संचालन या नेतृत्व कोई खादी वस्त्र पहनने वाला ही कर रहा होगा। और खादी का मतलब स्वाधीनता-आन्दोलन में शामिल होना। मामूली आदमी से जुड़ना। अंग्रेजों से ज्यादा अंग्रेजियत का विरोध। सहजता। यह सहजता सिर्फ पोशाक, खान-पान, विवाह, जाति-पाँति, भाषा, नारी के प्रति दृष्टि, दलितों के प्रति सहानुभूति—सबका लक्षण थी। खादी सिर्फ रूपगत चिह्न नहीं था। वह मानसिकता, रुचि, सौन्दर्यबोध का भी परिचायक था।

स्वतंत्रता मानसिक शक्ति है। वह प्रत्येक तरह की जकड़न से मुक्ति चाहती है। वह आडंबर, अतिरिक्त प्रदर्शन, अहंकार—सब पर रोक लगाती है। जवाहरलाल नेहरू बलरामपुर आए तो नगर के धनीमानी नागरिकों ने भोज दिया। भोज में चाँदी के गिलास में पानी पीने को दिया। नेहरू ने गिलास देखा, कहा—'मैं चाँदी के गिलास में पानी नहीं पियूँगा। इस देश की जनता भूखी-प्यासी है और चाँदी के गिलास में मैं पानी पीऊँ?'

गांधी का चरखा और शरीर पर काम भर के ही कपड़े सिर्फ राजनीति या आर्थिक स्थिति के कारण नहीं थे। जरूरत से ज्यादा का इस्तेमाल न करना, बहुत गहरे, हमारे सौन्दर्यबोध का भी परिचायक है क्योंकि जरूरत सामाजिक स्थिति और उसकी व्यवस्था से परिभाषित या सन्दर्भित है। स्वतंत्रता और जरूरत का इसलिए परस्पर सम्बन्ध है। 'फ्रीडम इज रिक्गनिशन ऑफ नेसेसिटी'। गैरजरूरी से बचे रहना सौन्दर्य का लक्षण है, इस सूझ पर जितना ज्यादा ध्यान दें, बात ठीक लगती है और आश्चर्यजनक तौर पर अनेक क्षेत्रों में। लेकिन सबसे पहले यह ध्यान रखें कि गैरबराबरी से बचने का मतलब जरूरी का संग्रह भी है। जो जरूरी है, वह तो मिलना ही चाहिए। गैरजरूरी का संग्रह सौन्दर्य नहीं, कुरूपता पैदा करता है। शरीर

में जितना मांस होना चाहिए, उससे ज्यादा हो तो आदमी मोटा हो जाता है। नाक लम्बी होनी चाहिए लेकिन ज्यादा लम्बी हो तो बुरी लगेगी। यह बात जितना सौन्दर्य के क्षेत्र में लागू होती है, उतनी ही स्वास्थ्य के बारे में और शायद सबसे ज्यादा मानव चरित्र के बारे में लागू होती है। अस्मिता का भाव उचित है किन्तु अतिरिक्त अस्मिता का आग्रह अहंकार है। सो गांधी का चरखा, खादी परिधान सिर्फ अपनी चीज नहीं थी, वह आत्मा तक को स्वस्थ करती थी। कह सकते हैं—त्याग, संयम और अहिंसा के लिए तैयार करती थी।

स्वाधीनता-आन्दोलन में शामिल हर व्यक्ति सन्त या सिद्ध नहीं था लेकिन भीतर एक वातावरण ऐसा बना था जिससे व्यक्ति अपने से ज्यादा या अपने साथ-साथ देश यानी देश की जनता, विशेषतः अपने से निम्नस्तर अभावग्रस्त जनता के बारे में सोचता था और उसके लिए अपना कुछ छोड़ने के लिए तैयार रहता था—बिना किसी प्रतिदान की आशा या भाव के।

बलरामपुर में मैंने देखा कि मन्दिरों में या स्वयंसेवी संस्थाओं में दान की परम्परा थी। गुप्तदान यानी दाता अपना नाम नहीं बताता था। यह आज की पूँजीवादी विज्ञापनी मानसिकता में अजीब लग सकता है किन्तु सभा में आकर आयोजक या सचिव घोषणा करता था—'देवियो और सज्जनो, एक और सज्जन ने दस रुपये का गुप्तदान किया है। उन्हें धन्यवाद...' फिर सभा ताली बजाती थी। लोग जैसे धर्म का वास्तविक रूप समझने लगे थे। यह प्रथा चल पड़ी थी कि धार्मिक क्रिया-कर्म में पैसा खर्च करने के बजाय लोग उतना पैसा गरीब छात्रों को देते या किसी गरीब आदमी की कन्या के विवाह में देते। ये जो इतने स्कूल, महाविद्यालय, जातियों के नाम पर संस्थाएँ खुली हैं, और चली हैं, और जिन्होंने शिक्षा-प्रसार में अपनी भूमिका अदा की है, कई अच्छाइयों और कुछ बुराइयों के साथ उसी प्रवृत्ति का फल हैं। दान यानी जो सम्पदा जहाँ जानी चाहिए, वहाँ पहुँच जाए। और दान स्वयं अपने-आपमें एक सिद्धि है, यश या नाम से बढ़कर।

जवाहरलाल नेहरू, जयप्रकाश, लोहिया को धोती, कुर्ता, गांधी-टोपी लगाए, शॉल ओढ़े देखना साक्षात् भारतीय सुन्दर युवा रूप के जादू को देखना था। बलरामपुर के नजदीक मनकापुर रियासत के राजा को धोती-कुर्ता में, केशव प्रसाद शुक्ल जैसे युवा क्रान्तिकारी को उसी लिबास में देखना जैसे किसी देवदूत को देखना था। और किसी युवती को खादी की साड़ी में और वह भी बलरामपुर जैसे कस्बे में देखना किसी चलते-फिरते जीवित स्वप्न को देखना था। विजयलक्ष्मी पंडित, अरुणा

आसफ अली, सुचेता कृपलानी, सुशीला नैयर आदि खादी परिधान में देवी लगती थीं। उनका शारीरिक सौन्दर्य स्वाधीनता-आन्दोलन के अलौकिक सौन्दर्य से कहीं अधिक दीप्त हो उठता था। उनके सामने जेवरों और बहुमूल्य वस्त्रों से अलंकृत अन्य युवतियाँ हास्यास्पद और भद्दी या कृत्रिम लगती थीं।

इस सौन्दर्यबोध और सुरुचि का सबसे ज्यादा असर तत्कालीन फिल्मों पर था। तब फिल्मों का हीरो कुर्ता-धोती पहनता था। बलरामपुर में सिनेमा हाउस बाद में खुला; सबसे पहले चौक के पास खुला था। वह बन्द हो गया तो उसी में कुछ दिन के लिए डी.ए.वी. स्कूल खोल दिया गया था। बाद में सिल्वर टॉकीज खुला जो डाकखाना चौक के पास था। वह बाद में प्रकाश टॉकीज के नाम से चला।

सिनेमा से पहले समाज-सुधार के नाटकों में भी नायक देशभक्त होते थे। राधेश्याम कथावाचक का नाटक 'परिवर्तन' बहुत चला। फिल्मों के नायक देसी वेशभूषा वाले प्राय: गरीब गाँव के होते और नायिका समृद्ध परिवार की, खलनायक सूटबूटधारी अंग्रेजी बोलने वाला, अहंकारी। चीन-जापान की लड़ाई के दौरान नेताओं ने अपील की। डॉ. कोटनीस चीन गए सेवा करने, वहाँ शहीद हो गए। इस घटना पर शान्ताराम ने फिल्म बनाई—'डॉक्टर कोटनीस की अमर कहानी'। उन्होंने नेहरूजी से कहा—'आप इसकी रिलीज पर आइए।' नेहरूजी ने मना कर दिया—'मैं किसी व्यवसाय के विज्ञापन का साधन नहीं बनना चाहता।' आज हर क्षेत्र की हस्तियों की विज्ञापन कमाई को देखिए तो यह घटना कैसी लगती है? दिलीप कुमार, राज कपूर, बलराज साहनी, देवानन्द, धर्मेन्द्र, संजीव कुमार आदि ने ज्यादातर स्मरणीय भूमिकाएँ अभावग्रस्त ग्रामीण युवकों के ही रोल में की हैं। शैलेन्द्र, मजरूह सुल्तानपुरी, कैफी आजमी, प्रदीप, नरेन्द्र शर्मा आदि के गीत प्रगतिशील जनवादी लेखकों की रचनाएँ हैं। ये गीत देश में गाए जाते थे। मैंने उन गीतों को ज्यादातर या पहली बार बलरामपुर में ही सुना। मजाज की मशहूर नज़्म 'आवारा', 'ठोकरें' फिल्म में फिल्माई गई थी। स्वर तलत महमूद का था। 'आवारा' नज़्म को मेरे बलरामपुर के दोस्त इबरार रिजवी इतनी ठसक के साथ पढ़ते कि समाँ बँध जाता। हम लोग 'ए ग़मे दिल' पढ़ते, वह 'ऐ' ग़मे दिल। 'ए' पर जोर देकर। फिल्में भी जैसे स्वाधीनता-आन्दोलन का हिस्सा थीं लेकिन हमारे बलरामपुर में वे स्वातंत्र्योत्तर भारत के प्रगतिशील आन्दोलन का हिस्सा थीं। निश्चय ही प्रगतिशील आन्दोलन भी अंशत: गांधीवादी सौन्दर्यबोध की भाव-परिधि में ही आ जाता था।

आर.एस.एस. की शाखाओं में जानेवाले सभी स्वयंसेवक कट्टर या मुस्लिमद्रोही नहीं थे। अनेक तो सिर्फ खेलने-कूदने आ जाते थे। कुछ देर बाद छोड़कर कहीं अलग जाने लगते। मजाज की एक मशहूर नज़्म 'नूरा नर्स' सबसे पहले मैंने एक स्वयंसेवक के मुँह से शाखा में ही सुनी थी। उन दिनों भी संघ पर प्रतिबन्ध लगा हुआ था। हम एम.एल.के. महाविद्यालय के पास एक कोने में इकट्ठा होते। एक पुलिस अधिकारी वहाँ आता। सब घेरे में बैठते। हर स्वयंसेवक कुछ न कुछ सुनाता। एक ने यही नज़्म सुनाई। कुछ पंक्तियाँ मुझे याद हैं :

मेरी हुक्मरानी है अहले ज़मीं पर
यह तहरीर था साफ़ उसकी जबीं पर

हँसो और हँसो इस तरह खिलखिलाकर
कि शम-ए-हया रह गई झिलमिलाकर

ये पैग़ाम आता ही रहता है अक्सर
कि कब आओगे फिर से बीमार होकर।

मैं कट्टर स्वयंसेवक था लेकिन मेरी दोस्ती ज्यादा मुसलमान लड़कों से थी। बलरामपुर में और गाँव में भी। उर्दू भाषा और कविता से मुझे प्रेम था। समाजवादी क्रान्तिकारी पार्टी के युवक नेता केशव शुक्ला से मेरी खूब बहस होती। जिस सांस्कृतिक माहौल की बात मैं कर रहा हूँ, वह बलरामपुर में व्याप्त था लेकिन यह साझी संस्कृति का वातावरण बलरामपुर जैसा सब जगह नहीं था। इलाहाबाद और लखनऊ में तो था।

मजाज वामपंथी उर्दू शायर थे। उन्होंने 'बोल अरी ओ धरती बोल', 'राजसिंहासन' 'डाँवाँडोल' जैसी कविताएँ लिखी हैं। कहते हैं कि गुरुदत्त की 'प्यासा' फिल्म मजाज की ही जिन्दगी की कहानी है।

जिन दिनों मैं बलरामपुर में पढ़ता था, उन दिनों वामपंथी पार्टियों की स्थिति विचित्र थी। 1942 में वे काफी बदनाम हो चुकी थीं लेकिन 1948-49 तक वे नई ताकत से उभर रही थीं। तेलंगाना आन्दोलन चल रहा था। बलरामपुर में कम्यूनिस्ट पार्टी की चुनाव-सभा हुई। सभा में ज्यादा लोग नहीं थे। कांग्रेसियों ने उनकी सभा भंग की। उनकी धुनाई भी हुई लेकिन यह देखकर ताज्जुब होता है कि वे अपनी

बात पर अटल रहते थे। पिटते, तब भी दबते नहीं। उनमें अपने सिद्धान्तों के प्रति बहुत आस्था थी और अपने विरोधियों को घृणा से देखते।

कुछ ही वर्षों में राजनीति में वामपंथ और साहित्य में प्रगतिशील लेखक संघ का तेजी से विस्तार हुआ। इसका आभास मिलने लगा था।

संकट के समय में कविता

बलरामपुर, एम.एल.के. कॉलेज के अध्यापक डॉ. प्रकाश चन्द्र गिरि से पूछा कि बलरामपुर में कोरोना की क्या स्थिति है? डॉ. गिरि ने बताया कि लॉकडाउन यहाँ भी है। पूरा बाजार बन्द है। मजदूर बड़ी संख्या में यहाँ पहुँच रहे हैं। लेकिन शहर में संक्रमित लोगों की संख्या ज्यादा नहीं है, एकाध केस ही सुनाई पड़े हैं।

कुछ दिनों बाद दूरदर्शन के चैनल पर समाचार देखा कि बलरामपुर में कोविड से मृत एक व्यक्ति का लावारिस शव म्युनिसिपैलिटी की कूड़ागाड़ी में फेंक दिया गया है। जगह दिखलाई पड़ रही थी और मैं याद करने की कोशिश में था कि जगह कौन-सी है, शायद मेवालाल ताल के किनारे। बहुत दिनों के बाद का बलरामपुर समझ में नहीं पाया। एल.सी. कॉलेज, नियर पोस्ट ऑफिस का चौराहा बन्द होकर, निर्जन होकर कैसा लग रहा होगा? चौक कैसा लग रहा होगा? भगवतीगंज का बाजार, पूरब टोला, टेढ़ी बाजार, खलवा मोहल्ला...? चूँकि पहले कभी निर्जन, बन्द बलरामपुर देखा ही नहीं था, अत: मन में कहीं कोई तसवीर नहीं उभरी। अपने मित्र पशुपति प्रो. पी.पी. सिंह को मैंने फोन किया। वे बरेली में थे। कोरोना के कारण कहीं आ-जा नहीं सकते थे।

दिल्ली में दिलशाद गार्डन में रहता हूँ। डी.डी.ए. के फ्लैट में। फ्लैट न ले लिया होता तब? आज की स्थिति से बहुत सस्ते करीब एक लाख रुपये में मिला था। वह भी सात साल की किस्त पर। लेकिन तब सोलह सौ रुपये की तनख्वाह में आठ सौ पैंसठ रुपये हर माह देना बहुत दुष्कर था। वह तो कॉलेज में मेरे शुभचिन्तक कॉमरेड नन्दलाल गुप्त थे जिन्होंने समझाया था—'मोटे! डी.डी.ए. की लाइन में लग जा। तू दिल्ली में मकान नहीं बनवा पाएगा।' लाइन में लग गया और फ्लैट दिलशाद गार्डन में मिल गया।

जमुनापार के बारे में तब कहा जाता था—'दुखिया सब संसार, लेकिन सबसे दुखिया जमुनापार।' अब दिलशाद गार्डन जगमगाती जगह है। यह जगमगाती जगह भी लॉकडाउन में है। घर में जो बुढ़िया अधेड़ रामवती बर्तन, कपड़े, झाड़ू करने आती थी, नहीं आ रही है, बेकार है। खाना बनाने वाली पंद्रह साल से आने वाली रीता नहीं आ रही है, बेकार है। यह न समझिए कि इतने पैसे वाले हैं कि इतने काम करने वाले रखे हैं। मैं नब्बे साल का हूँ और पत्नी 82 वर्ष की। हम बूढ़े-बुढ़िया काम नहीं कर पाते, इसलिए इनकी जरूरत पड़ती है। पेंशन में से पैसा निकालकर इन्हें बुलाते हैं। ये आते नहीं लेकिन इन्हें मजदूरी देता हूँ क्योंकि ये अच्छा काम करते हैं। मेरे यहाँ का काम छोड़ देंगे, कहीं और पकड़ लेंगे, तो हम मुश्किल में पड़ जाएँगे।

दिल्ली के लगभग पचास प्रतिशत निवासी दोपहर में छोले-कुल्चे खाते हैं। दिल्ली में कदम-कदम पर छोले-कुल्चे की रेढ़ी, साइकिल आदि खड़ी रहती हैं। अब सब बेकार हैं। क्षेत्र में बी ब्लॉक के चौराहे पर चाय वाला बैठता है। वहीं रिक्शे का अड्डा है। लगभग सभी रिक्शेवाले बिहार के हैं। मुजफ्फरपुर जिले के गौसपुर गाँव के। लगभग आधे मुसलमान हैं और आधे हिन्दू। हिन्दुओं में ज्यादा यादव जाति के; पूछने पर ग्वाल बताते हैं। चाय की दुकान बहुत चलती है। सबेरे नौ बजे से रात दस बजे तक रामफल चुपचाप लगातार काम करता रहता है। उसका सहायक एक लड़का है। जमुना का लड़का। जमुना जौनपुर का बनिया था। बड़े घर का था। लेकिन व्यापार में नुकसान हो गया तो यहीं रहने लगा। भगवान की लीला कि उसके सब लड़के मन्दबुद्धि। खुद बहुत होशियार था, लड़के दिमागी तौर पर असामान्य। उन्हीं में से एक लड़का रामफल का सहायक है। रामफल का बड़ा भाई बगल में पान की दुकान चलाता है। मेरा प्रिय रिक्शे वाला बैजनाथ उसी अड्डे पर रिक्शा टिकाता है। बैजनाथ हमारे घर का हाथ-पाँव है। पहले वहीं शकूर रहता था। शकूर कुछ दिन पहले मेरे घर काम करता था। उस चाय की दुकान का ही एक सदस्य कुत्ता है, दिनभर सोता रहता है। रात को रखवाली करता है। दिनभर फेंके हुए बिस्कुट के टुकड़ों, फैन, डबलरोटी की कमी नहीं। उसके भोजन की कमी नहीं होती। लॉकडाउन में दुकान बन्द है। रिक्शेवाले गाँव चले गए। कोई बाहर निकलता नहीं तो सवारी क्या मिले! दुकान चार महीने से बन्द है। जमुना का लड़का कुछ दिन भटकता रहा, फिर पता नहीं, कहाँ चला गया! दुकान का कुत्ता नागार्जुन की कानी कुतिया बन गया। कई दिनों के बाद भी दाने नहीं मिले तो भूखा रहकर पहले हिंसक हो गया, आने-जाने वालों को काटने लगा, फिर मर गया।

बी ब्लॉक के सामने आर ब्लॉक है। उसमें लक्ष्मी नारायण मन्दिर है। प्रसिद्ध। क्षेत्र के हिन्दू परिवारों की धार्मिक मनौतियाँ वहीं मनती हैं। भव्य। समृद्ध। चमाचम। 'रामचरितमानस' का पाठ। वृद्धाओं की संगीतसभा का भजन लाउड स्पीकर से प्रसारित होता रहता है। लॉक डाउन में श्रद्धालु नहीं पहुँचते। लाउड स्पीकर बन्द है। चढ़ावा बन्द हो गया है। पूड़ी-कचौड़ी-लड्डू का भोजन भगवान को मिलता है या नहीं, पता नहीं। पुजारी महोदय का मामला चकाचक नहीं रह गया। गीता प्रवचन बन्द है।

अस्पताल अधिकांशतः कोविड अस्पताल हो गए हैं। मुझे दाँतों का दर्द हुआ, क्या करूँ? पच्चीस-तीस वर्षों से डॉ. अग्रवाल को दिखा रहा था। उन्हें फोन किया। बोले—'अंकल! पहले का कोई पर्चा हो तो उसी से काम चला लीजिए। मैं काम पर नहीं आ रहा हूँ।' दाँतों को देखना तो आजकल सबसे खतरनाक है। पूरा मुँह खोलकर नजदीक से देखना पड़ता है। उनकी दुकान अभी नहीं खुली है। तीन कर्मचारी काम करते थे। एक-दो सहायक। डॉक्टर साहब बेकार घर में कैद हैं। छोटे कारोबारी, दुकानदार, रेढ़ी-पटरी वाले, साइकिल पंक्चर वाले, मीट की दुकान वाले, सब रोज कुआँ खोदकर पानी पीने वाले...।

और भी रोजगार, लड़की-लड़कों का मिलना, मोबाइल स्नैचिंग, सब बन्द। मैं अपनी ओर से कुछ नहीं कहूँगा लेकिन नजीर अकबराबादी ने अकाल पर जो नज़्म लिखी है, उसका एक टुकड़ा है—'लिखा कि हफ्तों तक बाजार बन्द, कारोबार बन्द' और कोठोंवालियों का जिक्र किया और लिखा—'हफ्तों तक खुलते नहीं उनके अजारबन्द।' कोरोना काल में सर्वाधिक व्यस्तता सिर्फ राजनीतिक दाँवपेंच की है। कोरोना राजनीति के तिकड़मबाजों को नहीं डरा सकती। देश में किसी भी पार्टी का एक भी राजनेता नहीं, जो रिजाइन करने की धमकी दे। एक भी नेता नहीं, जो खीझकर कहे—मैं भ्रष्टाचारियों, दलबदलुओं के सहयोग से सरकार नहीं बनाऊँगा। इन नेताओं के साथ राजसत्ता भी स्वर्ग में जाएगी—'त्वया यास्यति वसुंधरा।'

ये जो स्मृतियाँ और यादें होती हैं, वे उतनी निरपेक्ष नहीं होतीं। हर तरह की यादें हर समय नहीं आतीं। जो हमारा वर्तमान होता है और वर्तमान की भी जो तात्कालिकता होती है, वह कुछ हद तक हमारी यादों और हमारी स्मृतियों को प्रेरित करती है, उन्हें जगाती है। यानी ये जो यादें आती हैं, वे भी कुछ खास स्थितियों में आती हैं। जैसे इस समय, आप जानते हैं कि एक वैश्विक महामारी फैली हुई है और वह ऐसी महामारी है, जो सिर्फ महामारी ही नहीं है बल्कि वह एक अभूतपूर्व

सांस्कृतिक संकट भी है। वह हमारे सम्बन्धों को, हमारे सोचने के ढंग को, हमारे मूल्यों को—सबको ऐसा लगता है, एक प्रकार से बदलकर रख देगी। पहले जो विपत्तियाँ आती थीं, मुसीबतें आती थीं, उनमें आदमी—आदमी के लिए दौड़ता था, आदमी—आदमी के पास जाता था। अब ऐसा कहा जा रहा है कि नहीं, यह ऐसी विपत्ति है, ऐसी महामारी है कि आदमी को आदमी से दूर रहना चाहिए। हाँ, यह जरूर याद रखना चाहिए कि आदमी को आदमी से दूर रहना चाहिए, आदमियत को आदमी से दूर नहीं रहना चाहिए। हमें कुछ ऐसा करना चाहिए कि आदमी तो आदमी से दूर रहे लेकिन आदमियत से आदमी दूर न रहे। और ऐसे ही समय में कविता याद आती है, संस्कृति याद आती है, हमारे सोचने-समझने में परिवर्तन होता है, हमारी परम्परा याद आती है। पता नहीं क्यों, इन दिनों मुझे, जब से यह महामारी फैली है, इकबाल के कुछ शेर बहुत याद आते हैं। खास तौर से यह शेर :

तुम्हारी तहज़ीब ख़ुद अपने ख़ंजर से आप ख़ुदकुशी करेगी
जो शाख़े नाज़ुक पे आशियाना बनेगा नापायेदार होगा।

इकबाल की जो खुदी की अवधारणा है, उसको उन्होंने प्रस्तुत किया था और जब कभी आदमी कोई बड़ा काम करने के क्षेत्र में काफी कुछ सोचता है, समझता है तो यह अजीब बात है कि कोई भी सोचने-समझने वाला आदमी खुदा से, काल से और सर्वशक्तिमान से जरूर टकराता है। तो इकबाल की कविता में जो व्यक्ति उभरता है, वह खुदा से टकराता है बल्कि कभी-कभी वह खुदा को पीछे छोड़ देता है। और वह उनके समय का ऐसा मनुष्य है जो वैज्ञानिक प्रगति कर रहा है; जो यह समझता है कि मुझे आगे ही बढ़ते जाना है। कभी-कभी वह कहता है कि ठीक है, मैं दुनिया की फिक्र क्यों करूँ? दुनिया अगर तुम्हारी है तो हम फिक्र क्यों करें, तुम फिक्र करो! यानी उसके मन में कहीं-न-कहीं यह भी आकांक्षा है कि दुनिया हमारी हो जाए। 'आसमाँ तेरा है या मेरा?' तो वह कहता है कि आदमी की खुदी इतनी बड़ी होनी चाहिए कि खुदा उससे पूछे कि तू बता, क्या चाहता है? जो तू चाहता है, वह मैं पूरा कर दूँ। और उसको भी खुदा से मिलने की, खुदा से बात करने की फुर्सत नहीं है।

यह इकबाल का अजीब किस्म का आदमी है जो कहता है कि अब मेरा इंतजार कर। तो वह खुदा से भी इंतजार करवाता है। इकबाल का यह जो वैश्विक मनुष्य है, वह अकेला नहीं है। शायद उस समय का चिन्तन, उस समय की वैज्ञानिक प्रगति

एक ऐसे आदमी को जन्म दे रही थी; नीत्शे जर्मनी में पैदा हो चुके थे, जिन्होंने घोषणा कर दी थी कि 'ईश्वर मर चुका है।'

पता नहीं क्यों, मुझे इस समय हिन्दी की जो रचना बहुत ज्यादा याद आ रही है, वह जयशंकर प्रसाद की 'कामायनी' है। आप जानते हैं कि 'कामायनी' का मनु सामन्ती व्यवस्था से निकला हुआ पूँजीवाद का सन्देशवाहक है। और उसने यह देख लिया है, अनुभव किया है कि देव-संस्कृति जो पशुबलि करती थी, यज्ञ करती थी, अंध सुरापान करती थी, किसी को कुछ नहीं समझती थी, अपने को दुर्जेय समझती थी, तो वह जो कुछ करती थी, वह समझती थी कि उस संस्कृति का कोई विकल्प नहीं है। लेकिन मनु यह महसूस करता है कि अन्तरिक्ष में कोई था, वह विकल-अधीर, जो इतना रोया है कि उसी से इतनी ज्यादा वृष्टि हुई है, उसी से यह देव-संस्कृति ध्वस्त हो गई है। बिलकुल वही बात कि 'तुम्हारी तहजीब खुद अपने खंजर से आप खुदकुशी करेगी'। यह कौन-सा रास्ता है और यह रास्ता, जो विकास के नाम पर हमें विनाश को ले जाता है? वह साम्राज्यवादी और वित्तीय पूँजीवादी ऐसा रास्ता है जिसे संस्कृति नहीं, अपसंस्कृति कहा जाता है। और किसी धर्म के आदमी ने नहीं बल्कि ईसाई धर्म के ही बहुत बड़े पादरी पोप फ्रांसिस ने अभी इस व्यवस्था को 'शैतान की विष्ठा' कहा है। यह किसी विचारधारा में विश्वास नहीं करती। यह अपने को, अपनी गति को किसी विचार से, किसी मूल्य से अपने को रोकना नहीं चाहती। बल्कि इनके यहाँ विचारधारा अपकर्षक मानी जाती है। वह कहती है कि यह आइडियोलॉजी है और आइडियोलॉजी को हम कुछ नहीं समझते। क्योंकि आइडियोलॉजी गति को रोक देती है।

'कामायनी' का मनु अपने को 'ज्वलनशील पतंग' कहता है—'अगजग को छोड़कर' बढ़ता हुआ और बाद में जब वह अकेला रह जाता है तो वही प्रकृति, जिसको उसने कुछ नहीं समझा था, जिसकी परवाह उसने कभी नहीं की थी, वह प्रकृति अकेले में बैठी हुई उस पर व्यंग्य करती है, उस पर हँसती है और कहती है कि तुमने अपने-आपको बहुत समझा था।

अजीब बात है कि कबीर ने व्यापार की बात की थी—'मोहे ऐसे बनिज को कौन काम, जेहि घटे मूल नित बढ़े ब्याज'। वह गति, जो विकास के नाम पर हमारे पंचमहाभूतों को भी नष्ट कर दे, हवा को नष्ट कर दे, आकाश को नष्ट कर दे, पृथ्वी को नष्ट कर दे, जल को नष्ट कर दे। मनुष्य खुद प्रकृति का ही अंग है। मनुष्य प्रकृति में ही है। अगर प्रकृति ही नष्ट हो जाएगी तो मनुष्य कैसे बचेगा? यह

जो पूरा विश्व-प्रपंच है, मूलतः प्रकृति का ही प्रपंच है। इसी को कबीर ने कहा था कि हमें वह काम नहीं करना चाहिए जिससे हमारा जो मूल आधार है, प्रकृति है, पंचमहाभूत है, वही नष्ट हो जाए। यह अपसंस्कृति प्रकृति से कुछ ऐसा ही छेड़छाड़ करती है। फिर इसकी रौ में एकदम निरन्तर बढ़ता हुआ आदमी जो केवल गति जानता है, ठहरना नहीं जानता।

मध्यकाल में हमारा भक्ति-आन्दोलन था। यह जो हमारी भक्ति की विचारधारा थी, तर्क पर आधारित न हो, ऐसी नहीं थी। वह अपने लिए किसी संरक्षक की तलाश करती थी। वह अपने लिए माता-पिता की भी तलाश करती थी। वह सर्वशक्तिमान को अपने से निरपेक्ष नहीं रखती थी; यह धारणा थी कि भगवान अवतार लेता है, उतरता है। वह अवतार में उतरकर दीन-दुखियों के पास आता है, वंचितों के पास आता है, असहाय के पास आता है, सामान्य मनुष्य के पास आता है। फिर अवतार लेकर उनका उद्धार करता है। अवतार का मतलब होता है—उतरना और उद्धार का मतलब होता है—उन्हें ऊपर ले जाना। इस महामारी के समय में और इस महान सांस्कृतिक संकट के समय में हमारी जो संस्कृति है, जो हमारी कविता है, क्या यह भी कुछ काम कर सकती है? यह भी हमारी किसी प्रकार सहायता कर सकती है?

मेरे मित्र नरेश सक्सेना अक्सर कहा करते हैं कि संकट के समय कविता काम आएगी। कविता का मतलब यहाँ सिर्फ शब्दों से नहीं है। संस्कृति जो हमारी है, जो विविध रूपों में प्रकट होती है, जो मानवीय करुणा का रूप है, वह मानवीय करुणा जो भक्ति में है, साहित्य में है, संगीत में है, जो सभी कलाओं में फैली हुई है—उसकी विशालता, उसकी व्यापकता किसी काम आती है कि नहीं आती है?

मैंने अभी इसी बीच एक अखबार में पढ़ा था कि जब 'टाइटैनिक' डूब रहा था, आप कल्पना करें कि 'टाइटैनिक' डूब रहा है और उस डूबने के समय में यात्रियों को कुछ लाइफ बोट दी जा रही हैं, नौकाएँ दी जा रही हैं, कि जो बचना चाहें, जो उतरना चाहें, वे इसके प्रयोग से उतरकर बच जाएँ। उसमें कुछ ऐसे गायक थे जो 'टाइटैनिक' के सबसे ऊपरी हिस्से में जा करके एक ईसाई भजन गा रहे थे—'नियरर टू दि माय गॉड' (भगवान, हम तुम्हारे और नजदीक आ रहे हैं)। यह भगवान कौन है? जब आप अपना स्वार्थ छोड़ करके अपने-आपको किसी दूसरे व्यक्ति में, जिसको जरूरत है, उसमें अपने-आप को विलीन कर देते हैं तब एक ऐसी शक्ति मिलती है, एक ऐसा महासुख मिलता है, जो भगवान का पर्याय है। आप कल्पना करें; और यह सिर्फ कल्पना नहीं है, सिर्फ रोमांस नहीं है, बल्कि

ऐसा होता रहता है संसार में; इतिहास में; जब 'टाइटैनिक' डूब रहा हो, जब सब लोग डूब रहे हों, तब अपनी जान बचाना छोड़ करके कुछ लोग गायन कर रहे हों, भजन गा रहे हों! कैसे लोग रहे होंगे? कौन-सा महासुख उनको मिला होगा?

इसी प्रकार, उसी समाचार-पत्र में एक नर्स के बारे में भी एक खबर थी। उसने नाजी कैम्प में शत्रुपक्ष के कुछ सिपाहियों को मुक्त कर दिया और जब उनको मुक्त कर दिया तो नाजी अधिकारियों ने उसको गोली मारने का हुक्म दे दिया। उस नर्स को जब गोली मारी जा रही थी, तब वह भगवान से प्रार्थना कर रही थी—'अबाइड विद मी, अबाइड माई गॉड! भगवान, मुझे छोड़ना मत। मेरा सहारा मत तोड़ना। हमेशा मेरे साथ रहना।'

कविता संकट के समय साथ देकर भजन बन जाती है। मैं कभी-कभी बैठकर सोचता हूँ कि गांधी जी को जब गोली लगी होगी और गांधी जी ने जब 'हे राम!' कहा होगा तो वह कैसी कविता रही होगी? मैं कभी-कभी यह भी सोचता हूँ कि उस 'हे राम!' प्रार्थना ने, भजन ने उनको कौन-सी शक्ति दी होगी? कुछ शक्ति दी होगी! या वह गोली जब उनको बेध रही होगी, उस 'हे राम!' शब्द ने, जिसको कविता, प्रार्थना, भजन कहता हूँ, उनको कुछ शान्ति दी होगी या कुछ आराम दिया होगा? मेरा खयाल है कि दिया होगा और ऐसी कविता की, ऐसी करुणा की जरूरत हर समय रहती है। मैं आपसे अगर यह कहूँ, तो यह समय की जरूरत है। हम महामारी से बच रहे हैं, संकट से बच रहे हैं, बहुत अच्छी बात है। लॉकडाउन है, होना ही चाहिए। बहुत अच्छा हुआ है, हम अपने घर में बन्द हैं। हम अपनी रक्षा कर रहे हैं। अपनी सुरक्षा कर रहे हैं। बीमारी से बचने की कोशिश कर रहे हैं। लेकिन अब हम अपने को बचाते हुए उन प्रवासी श्रमिकों के बारे में भी सोचें, उन मजदूरों के बारे में भी सोचें, उन वर्कर्स के बारे में सोचें, उन मरीजों के बारे में भी सोचें।

यह वह समय है जब आदमी कहने में अजीब लगता है, हिंसक भी बहुत हो गया है। एक ओर इस देश में गांधी जी हैं जिनकी शवयात्रा में शामिल होने पाकिस्तान से फैज अहमद फैज यहाँ आए। उन दिनों फैज अहमद फैज 'पाकिस्तान टाइम्स' के सम्पादक थे। उन्होंने सम्पादकीय में लिखा कि 'दुनिया की तारीख में शहीद होनेवाले बहुत हैं लेकिन दुनिया के इतिहास में गांधी एक ऐसा शहीद है, जो अपनी कौम के लिए नहीं, जिस कौम से झगड़ा हो रहा है, उस कौम के लिए शहीद हुआ है।'

हम कुछ ऐसा काम कर रहे हैं कि विरोधियों का विरोध नहीं कर रहे हैं बल्कि विरोधियों को ही समाप्त कर रहे हैं। और इस तरह विरोधियों को खत्म करके उनके

विरोध को और बढ़ा रहे हैं। इस महामारी से औषधियाँ लड़ेंगी, डॉक्टर लड़ेंगे। कविता भी लड़ेगी। मुझे लगता है कि इस महामारी ने कविता के जिम्मे काम दे दिया है। एक काम यह भी दिया है कि जैसे अपने हथियारों से लैस होकर सब लोग मुकाबला करते हैं, वह भी अपनी शक्ति के साथ मुकाबला करे। यह कोई मामूली शक्ति नहीं होगी। बड़ी शक्ति होगी।

मनुष्य की प्रकृति यह है कि जब दुःख उसका यथार्थ होता है, तब सुख उसका स्वप्न हो जाता है। वह जब सुखी हो जाता है, तब उसे दुःख की भी याद आती है, उसे अपनी ऐश में याद आती है भगवान की। अपनी तैश में भगवान के खौफ को याद रखता है।

ये महामारी, ये बुरे दिन हमारे लिए अच्छे दिनों का स्वप्न भी पालते हैं। इससे लड़ने का जो साधन है, इन खराब दिनों से लड़ने के लिए जो संघर्ष है, उसी को मैक्सिम गोर्की ने भगवान कहा था। भगवान ऐसा है, जो अवतार लेता है। सामान्य लोगों के पास, अपने से जो नीचे हैं, उनके पास भगवान जाता है और फिर उनको ऊपर लाता है, उनका उद्धार करता है। जब आदमी भी यह काम करने लगता है, अपने से कमजोर लोगों के पास जाता है, उनकी मदद करता है, वंचितों के पास जाता है, और अपने साथ लाने की कोशिश करता है, तब वह भी भगवान हो जाता है। नर से नारायण हो जाता है। यह उसका संघर्ष है। मेरा खयाल है कि कविता यह काम करती है।

महात्मा गांधी की जब हत्या की गई थी तो उसके कुछ दिनों पहले भी उनकी प्रार्थनासभा में मदनलाल नाम के एक व्यक्ति ने बम फेंककर उनकी हत्या का प्रयास किया था। उस सभा में उन्होंने जो प्रवचन दिया था, उसे मैंने सुना है क्योंकि बहुत दिनों तक वह प्रवचन आकाशवाणी द्वारा प्रसारित किया जाता रहा था। गांधी जी कुछ बोल रहे हैं और उसी बीच में बम के धमाके की आवाज सुनाई देती है और उसके बाद फिर गांधी जी की आवाज सुनाई देती है—'बैठो-बैठो, कुछ नहीं हुआ है, कुछ नहीं हुआ है, सब ठीक है। बैठिए-बैठिए, शान्त हो जाइए।'

उन दिनों गृहमंत्री सरदार वल्लभभाई पटेल थे। वे गांधी जी के अनन्य भक्त थे। उन्होंने प्रयास किया कि गांधी जी की सुरक्षा के लिए पुलिस का इंतजाम किया जाए, पर गांधी जी ने यह बिलकुल अस्वीकार कर दिया। गांधी जी के आग्रह के

सामने किसी की चलती नहीं थी। इस तरह से कहा जा सकता है कि गांधी जी सम्भवतः मृत्यु से ऊपर थे। यहाँ 'सम्भवतः' शब्द का सीधा अर्थ नहीं लेना है। सिर्फ मन की जटिलताओं को ध्यान में रख मैं यहाँ इस शब्द का प्रयोग कर रहा हूँ। वे मृत्युंजय थे।

याद आता है कि इंदिरा गांधी को अपने अन्तिम दिनों में इस बात की खबर हो गई थी कि उनके विरुद्ध उनकी हत्या का षड्यंत्र हो रहा है। गुप्तचरों ने उन्हें आगाह कर दिया था। और यह भी कहा जाता है कि सोवियत यूनियन की खुफिया एजेंसियों ने भी उन्हें आगाह कर दिया था। यह बड़ा अजीब संयोग है या विडम्बना है कि एक-दो दिन पहले भुवनेश्वर में उन्होंने जो भाषण दिया, उसमें उन्होंने कहा था कि 'मुझे मारने के प्रयास हो रहे हैं लेकिन मेरी जो एक-एक बूँद इस धरती पर गिरेगी, उसमें शक्ति होगी। उसमें से कई इंदिरा गांधी पैदा होगी।'

उन्हें राय दी गई कि चूँकि उनके दोनों अंगरक्षक सिख हैं और इस समय सिख समुदाय के अधिसंख्य लोग उनसे नाराज हैं; अतः उनको इनसे खतरा है और ऐसी स्थिति में इन अंगरक्षकों को हटा देना चाहिए, लेकिन इंदिरा गांधी ने बहुत दृढ़ता से विरोध किया कि 'यह भारत के प्रधानमंत्री के निर्णय का प्रश्न है और मैं इस देश के किसी सम्प्रदाय पर अविश्वास कैसे कर सकती हूँ?'

इंदिरा गांधी में बहुत गुण-दोष होंगे लेकिन कभी-कभी कुछ मूल्यों के लिए उनकी दृढ़ता बहुत व्यावहारिक रही है। मैंने अपनी माँ और पिता की मृत्यु नहीं देखी अर्थात उनके अन्तिम समय में उनके पास नहीं था। यह मेरे व्यक्तिगत जीवन का बहुत बड़ा कलंक है। मेरे पिताजी पहले ही कहा करते थे कि 'तुम्हें तार पर खबर मिलेगी, तब तुम आओगे।' और वही हुआ।

मैंने अपने जीवन में कई परिस्थितियों को देखा और कई बड़े लोगों की मृत्यु के समाचार सुने हैं, उनके बारे में पढ़ा है। उसका मैं साक्षी भी रहा हूँ। वे कई प्रसंग याद आते हैं।

जवाहरलाल नेहरू के बारे में, उनकी मृत्यु के बाद एक संस्मरण फिराक गोरखपुरी ने लिखा था। फिराक गोरखपुरी शायर, कवि तो बहुत बड़े थे ही, वे कांग्रेस आन्दोलन से भी बहुत जुड़े हुए थे। वह कांग्रेस कार्यसमिति के सदस्य थे। मोतीलाल नेहरू के बहुत दिनों तक प्राइवेट सेक्रेटरी थे। उन्होंने लिखा है कि 'जवाहरलाल नेहरू अपने कर्तव्यों के प्रति बहुत निश्चित रहते थे और संकट के समय बहुत मजबूती के साथ खड़े होते थे।'

उसका उदाहरण उन्होंने यह दिया है कि जिस दिन जवाहरलाल नेहरू की मृत्यु हुई, उस दिन जब सवेरे उनकी तबीयत खराब हुई तो स्थिति काफी गम्भीर हो गई। तबीयत ऐसी बिगड़ी थी कि कुछ दिनों पहले ही भुवनेश्वर में भी इस घातक बीमारी का आक्रमण उन पर हो चुका था। अब ऐसे में रोग का, मृत्यु का जब सवेरे-सवेरे आक्रमण हुआ होगा तो वह विह्वल कर देने वाला रहा होगा लेकिन फिराक साहब का कहना था कि 'उस दिन भी जवाहरलाल नेहरू ने उठकर शेव किया और अपना काम वह आराम से करने लगे लेकिन कर नहीं पाए। डॉक्टर उनको देखने आए तो उन्होंने डॉक्टरों से जो कहा, वे शायद उनके अन्तिम वाक्य रहे होंगे या आखिरी का एक वाक्य। वह यह था—'देखिए, आज फिर तकलीफ दी मैंने आप लोगों को।' फिराक साहब ने लिखा है कि 'उनकी जो एक शराफत है, जो विनम्रता है, वह मृत्यु के समय भी उनके साथ बनी रही थी।'

मैं इस बात को इतनी दूर तक नहीं ले जाना चाहता था लेकिन शायद 'अबाइड विद मी' की चर्चा मैंने आपसे की थी। भगवान से प्रार्थना तो ऐसे समय की ही जाती है और बड़ी-बड़ी आत्माओं ने की है लेकिन आखिरी समय में भी यह शराफत और शराफत की जो दृढ़ता बनी रहती है, वह बड़ी मूल्यवान है।

मैंने अन्तिम समय में जिन लोगों को देखा है, उनमें पंडित बालकृष्ण शर्मा 'नवीन' जी इतने शान्त और व्यवस्थित थे कि वह मुझे विस्मित कर देता है। मुझे नवीन जी बड़े सुन्दर लगते थे। एक जो पौरुष-सौन्दर्य होता है, वह उनमें था। पंडित बालकृष्ण शर्मा 'नवीन' कानपुर के थे और मैंने कानपुर से पढ़ाई की है तो कह सकता हूँ कि मैंने उनको नजदीक से देखा है। बहुत अच्छे वक्ता थे, जवाहरलाल नेहरू के लंगोटिया यार थे।

1951 के आसपास चुनाव में जवाहरलाल नेहरू कानपुर में भाषण देने आए थे। वह चुनावी भाषण था फूलबाग में, बहुत बड़ी सभा। आप कल्पना नहीं कर सकते हैं, या कर भी सकते हैं जब कभी जवाहरलाल नेहरू का कहीं भाषण होता था तो कितनी बड़ी भीड़ होती थी। अब उस सभा में जो प्रस्तावित भाषण था यानी नेहरू जी के भाषण से पहले जो भाषण होना था, वह बालकृष्ण शर्मा 'नवीन' जी ने दिया क्योंकि नवीन जी कानपुर के नेता थे।

उस भाषण में, उस सभा में मैं मौजूद था।

नवीन ने यह कहा कि 'जवाहर का मानव बहुत ऊँचा है। जवाहर संसार के बहुत बड़े नेता हैं।' इसके बाद उन्होंने कहा कि 'इस समय संसार में केवल दो

ऐसे नेता हैं जो जवाहर भाई से बड़े नेता हैं।' आप जानते हैं, उन्होंने किनका नाम लिया था? स्टालिन और माओ का।

वही नवीन जी जब बीमार थे, हॉस्पिटल में थे तो मैं अपनी पत्नी को उन्हें दिखाने ले गया था। मैं पत्नी को यह दिखाना चाहता था कि नवीन कितने सुन्दर हैं। नवीन हॉस्पिटल में अपने बेड पर थे। हमने और हमारी पत्नी ने उनके चरण-स्पर्श किये। नवीन मुझे व्यक्तिगत रूप से नहीं जानते थे। उन्होंने इतने शान्त भाव से मुस्कराते हुए मेरी ओर देखा और पत्नी की तरफ कि वह दृश्य मैं भूल नहीं सकता।

ऐसे ही आचार्य हजारी प्रसाद द्विवेदी थे। मैं उनकी शिष्य-मंडली में था। वह अपने अन्तिम समय में काशी में थे। फिर वहाँ से कुछ दिनों बाद दिल्ली लाए गए थे। जब मुझे पता चला कि वे बहुत सख्त बीमार पड़ गए हैं और हॉस्पिटल में हैं तो मैं बेचैन हो गया। मेरा मन किसी चीज में लगता ही नहीं था तो मेरी पत्नी ने कहा और डॉ. नित्यानन्द तिवारी ने भी कहा कि 'आप जाकर देख आइए। जब तक उनको नहीं देखेंगे, तब तक आप परेशान रहेंगे'; तो मैं उनको देखने बनारस गया। वे अर्द्धमूर्च्छित अवस्था में थे। उनको चेतना आती थी, फिर चली जाती थी। आती थी, फिर चली जाती थी। उन्होंने मुझसे पूछा, 'अकेले आए हो?' फिर उन्होंने पुकारा, 'पुतुल!' (पुतुल उनकी बड़ी लड़की का नाम है) और उनसे पूछा कि 'ई चाये पिहलीस?' यही मैंने द्विवेदी जी के अन्तिम शब्द सुने थे कि 'अकेले आए हो?'...'ई चाये पिहलीस?'

पुतुल जी ने मुझसे कहा कि 'इनसे आप कुछ पुरानी बातें कीजिए, जिससे कि इनको कुछ स्मरण हो।' अब क्या पुरानी बात मैं करता? मैंने उनका हाथ पकड़कर हथेली सहलाई और कहा—'पंडित जी! वो 'सन्देश रासक' का प्रूफ आया है।' ('सन्देश रासक' वह पुस्तक है जो द्विवेदी जी के हाथों प्रकाशित हुई थी)। पंडित जी ने कुछ कहा नहीं।

बहुत दिनों के बाद उनकी मृत्यु के उपरान्त पुतुल जी ने मुझसे पूछा—'मास्टर साहब! (क्योंकि मैं द्विवेदी जी के एक पुत्र को ट्यूशन पढ़ाता था तो द्विवेदी जी की सन्तानें मुझे मास्टर साहब कहती थीं) आपने बाबूजी से क्या कह दिया था? वह बेहोशी में बड़बड़ाते थे कि 'वह प्रूफ नहीं देख पाता ठीक से, प्रूफ ठीक से नहीं देख पाता, वह गलती कर देता है।'

हुआ यह था कि 'सन्देश रासक' का जो प्रूफ पहली बार आया था तो पंडित

जी ने मुझसे कहा था कि 'तुम ही इसे देखो' और प्रूफ देखने में गलती हो गई थी और वह गलती प्रकाशित होने के बाद सामने आई थी तब ठीक की गई थी। तो यह था द्विवेदी जी का, उनके जीवन का अन्तिम दृश्य, जो मैंने देखा था।

कभी-कभी कुछ ऐसी बातें होती हैं, जिसमें पश्चात्ताप की भी बातें होती हैं।

राजेन्द्र यादव से उनकी मृत्यु के तीन-चार दिन पहले मैं उनसे मिलने गया था। मृत्यु के तीन-चार दिन पहले तक वह अक्षर प्रकाशन में आते थे। बीमार थे और अस्वस्थ रहते थे पर राजेन्द्र यादव में मन की मजबूती बहुत थी। एक दिन उन्होंने बड़े विस्तार से मुझे बताया था कि ये जो विकलांग हैं (जिन्हें आजकल दिव्यांग कहा जाता है) वे बड़े आग्रही होते हैं। वे बहुत जिद्‌दी होते हैं। उन्होंने उदाहरण देकर बताया था कि जैसे हिन्दुस्तान के मुसलमान या फिर और जो छोटी कौमें हैं या बहुत कम जनसंख्या वाली जाति, जैसे 'यहूदी'। फिर विकलांगों अथवा दिव्यांगों का उदाहरण जिसमें उन्होंने अपने को भी बताया (क्योंकि उनका पैर खराब था), 'मैं बहुत आग्रही हूँ। मैं भी बहुत जिद्‌दी हूँ।'

फिर मैंने भी उनसे कहा था कि 'मैं भी बहुत जिद्‌दी हूँ क्योंकि मेरा कद छोटा है। यह गाँठ है मेरे मन में कि मेरा कद छोटा है; तो शायद इसलिए मैं भी बहुत जिद्‌दी हूँ।'

राजेन्द्र यादव बहुत खुलकर बातें करते थे। बहुत लोगों से खुलकर बातें करते थे। मैं कह सकता हूँ कि मुझसे भी खुलकर बातें करते थे। वैसे ये बातें पहले हो चुकी थीं। यह उनके अन्तिम दिनों की बातें नहीं हैं।

...तो उस दिन जब मैं गया तो उनको भी यह आभास हो गया था कि अब बहुत दिन उन्हें नहीं रहना है। उस वक्त उन्होंने मेरे गाल के ऊपर अपने गाल को रख दिया था और बड़ी देर तक सहलाते रहे और फिर कहने लगे—'पंडित, तुम बहुत पाखंडी हो, बहुत दुष्ट हो।'

मुझे याद आता है कि वह मुझे खूब जाड़े में सुबह छः बजे फोन करते थे। उनकी दिनचर्या कुछ ऐसी थी कि वे बहुत सवेरे उठ जाते थे शायद। सुबह अँधेरे में मुझे फोन करके वह दस मिनट तक अश्लील गालियाँ देते थे, बहुत गंदी गालियाँ देते थे, 'च'कार-'ल'कार वाली कच्ची गालियाँ और उसके बाद मुझसे कहते थे, 'पंडित जी, बहुत अश्लील हैं आप, बहुत अश्लील।'

तो फिर मैं भी जितनी गालियाँ दे पाता था, उनके जितना अश्लील और धाराप्रवाह तो मैं नहीं बोल पाता था पर, मैं भी देता था। खैर, यह उनके छेड़ने का

ढंग था, आत्मीयता प्रकट करने का ढंग था। लेकिन उस दिन उन्होंने बड़े अजीब तरह से कहा—'पंडित, आज तुम समोसा-जलेबी खाओ।'

राजेन्द्र यादव के बारे में कहा जाता है कि उनके घर पर जो आता था, उससे वह कुछ-न-कुछ खा-पी लेते और खुद एक कप चाय पिलाते थे। लेकिन उस दिन उन्होंने कहा कि 'दरियागंज में एक दुकान है, वहाँ का समोसा-जलेबी बहुत मशहूर है।' मैंने कहा—'नहीं-नहीं, देरी हो जाएगी, टैक्सी है बाहर, देरी होगी तो चार घंटे बाद किराया बढ़ जाएगा।' उन्होंने कहा—'नहीं-नहीं, रुको-रुको।' समोसा-जलेबी आने में देर हो गई। फिर मैंने कहा—'नहीं, अब मैं जाऊँगा।' मुझे डर लग रहा था कि राजेन्द्र यादव समोसा-जलेबी खिलाकर बड़ी देर तक उस दिन मुझे रोकना चाहते थे और पता नहीं क्यों, उस दिन ऐसा हुआ कि मैं वहाँ रुक ही नहीं पाया और बड़े जोर से उनका साथ छुड़ाकर भागा लेकिन तभी दरवाजे पर किशन समोसा-जलेबी लेकर आ पहुँचा तो उन्होंने कहा, 'अरे, रुको-रुको, रुको-रुको।' लेकिन मैंने उसके हाथ से ही समोसा-जलेबी लेकर मुँह में भरता हुआ चला गया। बस, उसके दो दिन बाद ही वे चले गए, गुजर गए।

अब बड़ा पश्चात्ताप होता है कि उस दिन क्यों नहीं रुका।

मैं मित्रों और परिचितों की मृत्यु के बारे में बात कर रहा था। दिल्ली विश्वविद्यालय में डॉक्टर देवीशंकर अवस्थी पढ़ाते थे। उनकी जब मृत्यु हुई, तब उस वक्त वह नया-नया स्कूटर लाए थे। जाने क्यों, कई बातें हैं ऐसी, जो बहुत बाद में याद आती हैं। उस वक्त बड़ी कम उम्र थी उनकी, छत्तीस साल के आसपास, वे तभी चले गए। उस वक्त भाभी जी, अवस्थी जी की पत्नी, दिल्ली में थीं नहीं। देवीशंकर अवस्थी की ब्रेन की सर्जरी हो चुकी थी। वह मृत्यु से जूझ रहे थे। उनकी तबीयत का समाचार सुनकर भाभी जी (कमलेश जी) भागी हुई आई थीं। उनको अपने पर इतना आत्मविश्वास था कि मुस्कराते हुए एकदम से अस्पताल के अन्दर आई थीं। उन्होंने अवस्थी जी को देखा तो पूरी तरह से स्थिति बदल गई। वे सन्न और हताश-सी रह गईं।

डॉ. देवीशंकर अवस्थी प्रतिभाशाली आलोचक के रूप में उभर रहे थे। मॉडल टाउन में रहते थे। हम लोगों में पारिवारिक सम्बन्ध था। उनके असमय जाने से हिन्दी साहित्य की गहरी क्षति हुई।

इसी तरह डॉ. सावित्री सिन्हा कैंसर से जूझ रही थीं। उस समय 'आनन्द' फिल्म आई थी। कैंसर जैसी बीमारी पर राजेश खन्ना और अमिताभ की फिल्म थी। वह

फिल्म देखने गई थीं और बड़े सन्तोष से बताती थीं कि मैंने वह फिल्म देखी है। हँसती बहुत थीं। उस वक्त भी यानी अपने अन्तिम समय में वह एक तरफ कैंसर से जूझ रही थीं और दूसरी तरफ खिलखिलाकर हँसती थीं।

उन्हें देखने डॉ. रामविलास शर्मा दिल्ली आए थे। डॉ. रामविलास शर्मा का दिल्ली विश्वविद्यालय में आना-जाना बहुत कम होता था। डॉ. नगेंद्र से उनका याराना था लेकिन डॉ. नगेंद्र उनका विश्वविद्यालय में, कॉलेजों में आना शायद पसन्द नहीं करते थे। उसका कारण प्रकट है। डॉ. रामविलास शर्मा, जो किसी के बारे में सच्ची बातें होती थीं, उसको कहने में चिन्ता नहीं करते थे। आलोचना बहुत खुलकर करते थे।

श्रीमती सिन्हा ने मुझे बताया, जब मैं उन्हें देखने गया, कि डॉ. रामविलास शर्मा ने उन्हें बी.ए. में अंग्रेजी पढ़ाई थी, जब वह लखनऊ में पढ़ती थीं। वहाँ का एक वाकया है कि सावित्री सिन्हा अपने घर से विश्वविद्यालय तक साइकिल से आती थीं और डॉ. रामविलास शर्मा भी साइकिल से ही पढ़ाने आते थे। एक बार वे आते समय साइकिल से गिर पड़ीं। उसी वक्त डॉ. रामविलास शर्मा भी संयोग से आ रहे थे तो उन्होंने उन्हें उठाया, उनकी साइकिल उन्हें पकड़ाई और वहाँ कुछ नहीं कहा लेकिन क्लास में डाँटा और कहा कि 'साइकिल ठीक से चलाया करो। अगर तुमने साइकिल ठीक से नहीं चलाई और मैंने आगे तुम्हें कभी फिर साइकिल से गिरते हुए देखा तो इसी क्लास में खिड़की से बाहर फेंक दूँगा।'

यह वाकया श्रीमती सिन्हा ने मुझे अपनी घोर बीमारी के दौरान बताया। उनका आशय यह था कि मैं तो उनको निमंत्रित करना चाहती हूँ, कई बार कोशिश भी की है कि लोग उनको सुनें, पर शायद डॉ. साहब इसे बहुत पसन्द नहीं करते, इसलिए मुझे वही करना होता है जो डॉक्टर नगेंद्र चाहते हैं।

इस तरह ऐसे लोगों की बहुत-सी बातें हैं जिन लोगों से मैं जुड़ा रहा हूँ। मुक्तिबोध का मरण-दृश्य, निराला की बात। निराला ने तो कविता ही लिखी है 'मरण-दृश्य'—'कहा जो न कहो/नित्य नूतन, प्राण, अपने/गान रच रच दो...विहग के वे पंख बदले, किया जल का मीन...'

उपरोक्त कविता की व्याख्या त्रिलोचन शास्त्री बड़े विस्तार से करते थे, बहुत अच्छे से। त्रिलोचन अपने समय के सबसे बड़े काव्यार्थ मीमांसक थे।

मुक्तिबोध अपने अन्तिम दिनों में मृत्यु के दौरान पीड़ा से बहुत कराहते थे। नेहरू और मुक्तिबोध की मृत्यु एक ही वर्ष में हुई थी। दोनों की मृत्यु के बीच में

बहुत अन्तर नहीं रहा है। मुक्तिबोध को शायद खबर मिल गई थी कि नेहरू बीमार हैं, चेतन अवस्था में उनको यह समाचार मिला होगा। सामान्यत: मूर्च्छा में ही रहते थे। वह बीमारी में भी नेहरू जी का हालचाल पूछते रहते थे कि 'नेहरू की तबीयत कैसी है?' मुक्तिबोध का दर्शन मैंने उसी समय किया, उनकी मृत्यु के समय। मैंने उनके मुँह से उनका काव्यपाठ नहीं सुना है।

जिन व्यक्तियों और महापुरुषों की मृत्यु के बारे में, उनके अन्तिम समय के बारे में, मैंने देखा, बताया, उनमें से थोड़ा-सा अलग तथा थोड़ा ज्यादा वैयक्तिक मुझे याद है—वीरेन डंगवाल। उनकी कविताएँ मुझे बहुत अच्छी लगती हैं। बड़े कवि थे। बहुत सम्भावनाशील कवि थे। बहुत अच्छा लिखते थे। जितना मोहक, जितना आत्मीय—उतना ही खुला हुआ, उतना ही प्रेरक। मैं संकोचवश उनकी बहुत प्रशंसा नहीं कर रहा हूँ। मेरा मन उनकी बहुत प्रशंसा करने को कहता है। ऐसा प्रीतिकर, सखा जैसा, मनुष्यप्रिय व आत्मान्वेषी व्यक्ति नहीं देखा। विशेष रूप से यह सब इसलिए ज्यादा प्रभावित करता है क्योंकि उनके समकालीन जो दूसरे कवि उन्हीं की तरह के या उन्हीं के खेमे के थे, और हैं, उनसे बिलकुल इतर अपने व्यवहार में भिन्न हैं। तेजी वीरेन डंगवाल में कम नहीं थी। वह मूर्तिभंजक कम नहीं थे। कम उग्र नहीं थे लेकिन परम्परा के प्रति वे इतना प्रेम रखते थे, मिलने-जुलने में अपने आत्मीयों, अपने संरक्षकों, अपने बुजुर्गों को इतना आदर देते थे कि पूछिए मत। और वह बहुत सहज होता था। वह आदर नहीं लगता था।

ऐसा लगता था, यह सहज व्यवहार है। यह बहुत बड़ी बात है।

उनसे मेरी पहली भेंट, जब उनको 'शमशेर सम्मान' मिला था, तब हुई थी। जिस समय उनको यह सम्मान मिला था तो सौभाग्यवश मैं भी उस मंच पर था। उस अवसर पर भाषण तो मुझे उनकी कविता के बारे में देना था लेकिन उस समय मन में ऐसा झोंक आया कि ज्यादा बात मैंने हरीश चन्द्र पांडे की कविताओं पर की। उनकी कविताओं पर भी की, पर थोड़ी कम की लेकिन न मेरे मन में ऐसा कुछ आया कि 'मैंने उनकी कविताओं पर कम बात की।' और उनके मन में तो यह बात आने का सवाल ही नहीं उठता था। वह इन बातों से बहुत ऊपर थे। उनकी मुझसे जो बात हुई एक-दो बार, वह योगेन्द्र आहूजा के कारण हुई।

योगेन्द्र आहूजा का घर यहीं पास में दिलशाद गार्डन के पास है। उनके वहाँ खाना बहुत बढ़िया बनता है। योगेन्द्र आहूजा संकट के साथी हैं। उनका मुझ पर बहुत बड़ा एहसान भी है। वह बड़े कहानीकार भी हैं। वर्तमान में जो लिख रहे हैं,

उनमें वह प्रथम पंक्ति के कहानीकार हैं। वही मुझे ले गए वीरेन डंगवाल के पास।

दिलशाद गार्डन में जो डियर पार्क है, उसमें हम जाते हैं। वहाँ एक 'बैठकी मंडल' है, 'बतकही मंडल' है; उसमें हरि नारायण जी हैं, भारतेन्दु मिश्र हैं, जे.के. सिंह हैं, राकेश हैं। बहुत पहले के कई लोग हैं। कभी शिवमूर्ति भी उसमें आते थे। राकेश तिवारी कहानीकार, आलोक पुराणिक, विजय, रमेश आजाद और बाकी सब; हम सब वहाँ इकट्ठे होते हैं। कुछ दिनों से ये सभी वहाँ मेरा जन्मदिन मनाते हैं। 16 फरवरी को।

तो एक बार मैंने देखा कि वीरेन डंगवाल भी आए हुए थे। उस समय वे कैंसरग्रस्त थे लेकिन बातचीत और व्यवहार से पता ही नहीं चलता था कि आदमी बीमार है बल्कि वह बातचीत ऐसी करता था कि बीमारी ठीक हो जाए।

मैं आपसे यह निवेदन करना चाहता हूँ कि जो यह प्रसंग-सन्दर्भ हमने शुरू किया था कि 'क्या कविता संकट के समय साथ देती है?'—मैं उसकी याद दिलाना चाहता हूँ। संकट के समय भगवान साथ देते हैं, सौन्दर्यकार साथ देते हैं। आदमी की दृढ़ता और उसकी मानवीयता साथ देती है। और इसीलिए कविता जो सौन्दर्य, करुणा, मानवीयता सबका सघन रूप है, जरूर साथ देती है और वीरेन डंगवाल उसके प्रतिनिधि थे। उस दिन की बातचीत के बाद मुझे एक बार पता चला कि वीरेन डंगवाल आए हुए हैं तो मैंने योगेन्द्र आहूजा से कहा कि यार, मुलाकात कर ली जाए।

इसके काफी पहले एक बार कोई कवि-गोष्ठी हुई थी जिसमें केदारनाथ सिंह भी थे। उसमें केदारनाथ सिंह ने वीरेन डंगवाल के स्वास्थ्य और उनकी कविताओं पर बहुत अच्छा वक्तव्य दिया था। इधर कुछ दिनों बाद वह तिमारपुर में अपने पुत्र के घर आए हुए थे। वहाँ मैं गया। वहाँ उनकी पत्नी भी थीं। बहुत सहज रूप में मिलीं। बहुत अच्छा परिवार था। योग्य व्यक्ति; सौन्दर्य का, करुणा का एक संसार; उसके योग्य पत्नी उसको सँभालने वाली, उसकी संरक्षिका। तो उनके पास पहुँचकर हम बहुत सारी बातें करने लगे। दुनिया भर की बातें। जैसे आदमी खुले मैदान में पहुँचकर खेल रहा हो!

वहाँ पहुँचकर हम भूल ही गए कि हम बीमार को देखने आए हैं। काफी देर बात हुई। उसके बाद चलने से थोड़ी देर पहले डंगवालजी ने मुझसे कहा—'आज आप आए हैं तो आपके साथ मदिरापान किया जाएगा।' मैंने सोचा कि जब वह कह रहे हैं कि मदिरापान करेंगे तो वे भी मदिरापान करेंगे। उन्होंने कहा 'नहीं, नहीं, मैं कर चुका। बस, आप लोग बैठकर मेरे साथ में कुछ मदिरापान कर लीजिए।'

योगेन्द्र आहूजा, हरि नारायण और मैंने पी। वीरेन डंगवाल के सान्निध्य में, वीरेन डंगवाल की मौजूदगी में, उनकी बातचीत के प्रसंग में मदिरापान करना, फिर कहाँ का कैंसर और कहाँ की बीमारी और कहाँ का रोग—सब पीछे छूट गए। उसी में उनकी कविता का पाठ हुआ। समय समाप्त होने लगा। समय को समाप्त ही होना था। हम लोग समय को रोके हुए थे लेकिन समय आगे बढ़ता जा रहा था।

जब हम सभी चलने को हुए, तो उन्होंने हमसे कहा—'चलिए, हम आपको छोड़ने चलते हैं।' मैंने कहा—'नहीं-नहीं', फिर भी वह आए नीचे। आते हुए चुपचाप बड़ी देर की खामोशी के बाद वीरेन डंगवाल ने कहा—'मरा हूँ हज़ार मरण।'

'हज़ार मरण'—निराला की यह पंक्ति उन्होंने पढ़ी। मैंने यह पंक्ति पहले पढ़ी है। बड़ी प्रभावशाली पंक्ति है। महाकवि की पंक्ति है लेकिन इस पंक्ति का जैसा अर्थ उस दिन खुला, वैसा अर्थ कभी नहीं खुला था। सच बताता हूँ कि उस समय ऐसा लगा कि जीवन में किसी पंक्ति का ऐसा पाठ शायद फिर नहीं सुन पाऊँगा। मैंने आपसे कहा कि यह जो कहा जाता है न कि 'क्या किया जाए? क्या किया जाए?' तो फिर याद आते हैं तुलसीदास। मैं आज भी तुलसीदास की बातें बार-बार याद करता हूँ :

जनम जनम मुनि जतन कराहीं।
अन्त राम कहीं आवत नाहीं॥

यानी अन्त समय में राम का नाम याद आ जाना पूरे जीवन को सार्थक बना देता है। वह मरण को अमरता में बदल देता है। रवीन्द्रनाथ ठाकुर की एक कविता है, जिसका पाठ बालकृष्ण शर्मा 'नवीन' ने रफी अहमद किदवई की मृत्यु के अवसर पर किया :

तुम्हें काल नहीं ले जा सकता था
जब काल तुम्हारे सामने याचना के लिए आया
तब तुमने उसकी झोली में अपना जीवन दान कर दिया।

यह अन्त में भी कविता का याद आ जाना, आपके साथ उसका खड़े हो जाना है।

हमने अभी तुलसीदास की अर्द्धाली 'जनम जनम मुनि जतन कराहीं' की बात की थी। और यह कि आप कुछ भी बात करें, किसी विषय पर बात करें, तुलसीदास याद आ जाते हैं। उनकी कोई भी पंक्ति अपने-आप उसमें सन्दर्भ जोड़ देती है। इस बात को लेकर त्रिलोचन शास्त्री एक विस्मयकारी संस्मरण सुनाते थे। उस संस्मरण का सम्बन्ध निराला से है।

त्रिलोचन शास्त्री बताते थे कि एक बार जब वे निराला से मिलने उनके घर गए, उन्होंने पाया कि उनकी कोठरी अन्दर से बन्द है और कोठरी में से मार-पीट की आवाज के साथ-साथ निराला के कभी हुंकारने और कभी कराहने की आवाज आ रही है। शास्त्री जी बहुत विस्मय में पड़ गए कि क्या बात है? दरवाजे को तोड़ने की, उसको हटाने की कोशिश की, कुछ नहीं हुआ। फिर वे कहते हैं कि किसी तरीके से वे छत पर गए और वहाँ से कूदकर कोठरी के अन्दर पहुँचे। जब वे कोठरी में पहुँचे तो उन्होंने एक विचित्र दृश्य देखा। उन्होंने देखा कि तुलसीदास का एक चित्र टँगा हुआ है और निराला उस चित्र को घूसों से मार रहे हैं और कुछ बड़बड़ा रहे हैं और यह पता नहीं चलता है कि वे क्रोध में हैं कि कराह रहे हैं। कभी-कभी लगता है कि वे रो भी रहे हैं, क्रोध भी कर रहे हैं। त्रिलोचन जी ने चरण-स्पर्श करते हुए निराला से कहा—'महाराज जी, यह क्या हो रहा है? आप क्या कर रहे हैं?' निराला ने कहा कि 'त्रिलोचन, देखो, तुम हमारे-उसके बीच में मत पड़ो। आज मैं इसका निर्णय कर ही लूँगा।' अब त्रिलोचन हतप्रभ हो गए कि 'आखिर महाराज, हुआ क्या है?' निराला ने बताया कि 'कोई भी कविता जब मैं अच्छी लिखता हूँ और यह लगता है कि यह कविता तो है और मैं नई बात कह रहा हूँ तो थोड़े दिनों बाद पता चल जाता है कि ये पहले ही लिख गया है। तो इस तरीके से ये मुझे कुछ आगे बढ़ने का अवसर ही नहीं देता!'

यह घटना त्रिलोचन शास्त्री, जिसे कहते हैं कि पहुँची हुई स्थिति में जाकर, मुद्रा बनाकर, सुनाते थे। अब बहुत-से लोग हैं, वे त्रिलोचन शास्त्री की इस बात पर यकीन नहीं करते हैं। लेकिन मैं त्रिलोचन शास्त्री के बारे में अपने व्यक्तिगत अनुभव से जानता हूँ कि उनकी बातें सुनिए तो पहले लगता कि ये बातें कल्पना से कह रहे हैं लेकिन कुछ समय बाद यकीन हो जाता था कि वे सच कह रहे हैं और वह घटना सत्यापित हो जाती थी। तुलसीदास के बारे में कही गई यह बात, लगभग महाभारत के बारे में भी कही जाती है कि जो यहाँ नहीं है, वह कहीं नहीं है और जो कुछ भी कहीं भी है, वह सब यहाँ है।

यह बात तो तुलसीदास के बारे में हो गई। अब इस प्रसंग में निराला के भी कुछ रूप सामने आते हैं। एक उनकी प्रसिद्ध कविता है जिसका जिक्र पीछे कर चुका हूँ, वह 'मरण-दृश्य', जोकि इस प्रकार है :

कहा जो न, कहो!
नित्य नूतन, प्राण, अपने
गान रच रच दो!
विश्व सीमाहीन;
बाँधती जाती मुझे कर कर
व्यथा से दीन!
कह रही हो दुःख की विधि
यह तुम्हें ला दी नई निधि,
विहग के वे पंख बदले,
किया जल का मीन;
मुक्त अंबर गया अब हो
जलधि जीवन को!

यह एक संयोग है कि शास्त्री जी ही इस कविता की विशद व्याख्या करते थे। इस कविता के साथ-साथ निराला की वह कविता भी याद आती है जो सम्भवतः उनकी अन्तिम कविता है और वह मृत्यु से सम्बन्धित है।

मृत्यु से सम्बन्धित कई कविताएँ लिखी गई होंगी। मेरी जानकारी उतनी नहीं है। एक तो गेटे के बारे में कहा जाता है कि मरते समय वे कह रहे थे कि 'लाइट मोर लाइट' अर्थात 'और भी प्रकाश, और भी प्रकाश।' यह कीट्स की एक छोटी-सी कविता है जो मैंने केदारनाथ सिंह के मुँह से सुनी थी, जिसका भाव यह है कि कविता बहुत तीव्र अनुभूति की चीज है, यश बहुत बड़ी चीज है, लेकिन मृत्यु इन सबसे ज्यादा तीव्र अनुभूति की चीज है। उस कविता का शीर्षक है : 'व्हाई आई लाफ्ड टु नाइट?' (आज रात मैं क्यों हँसा?) वह कीट्स की अन्तिम कविता तो शायद नहीं है लेकिन निश्चित रूप से वह अन्तिम कविताओं में से है।

निराला की जिस कविता का जिक्र अभी मैंने किया, वह यूँ शुरू होती है :

पत्रोत्कंठित जीवन का विष बुझा हुआ है,
आशा का प्रदीप जलता है हृदय कुंज में,

अंधकार पथ एक रश्मि से सुझा हुआ है,
दिक् निर्णय हो ध्रुव से ज्यों नक्षत्र पुंज में।

कवि ने अपनी मृत्यु को इतनी निर्भीक—निर्भीक क्या, कहें—बेहद सधी हुई निगाह से देखा। इतने सन्तुलित और स्थिर चित्त से कवि ने अपनी मृत्यु को देखा है। 'पत्रोत्कंठित जीवन'—निराला की कई कविताओं में 'पत्र' की बात आती है। वह पत्र कभी पत्ते के अर्थ में आता और कभी चिट्ठी—खत—के अर्थ में। यह जो है पत्रोत्कंठित कि जिसे गाँव में, लोक में कहा जाता है कि अब कागज आने वाला है हमारा। निमंत्रण-पत्र आने वाला है। जैसे जाने का हुक्म आ गया है, जाने का आदेश आ गया है, चलना है। लेकिन भाव का सन्तुलन और शब्दों की सघनता जिसे बन्दिश कहते हैं, आप देखिए कि 'विष बुझा हुआ' और 'अंधकार पथ एक रश्मि से सुझा हुआ है'—ऐसा शब्द-सन्धान—पूरी कविता जैसे सघन भाव से कसी हुई भाव को व्यक्त कर रही हो! जैसे कोई राम का अमोघ बाण हो!

जब इतनी ज्यादा किसी महामारी की, मृत्यु की बातें आती हैं, तब कविताओं की याद आती है। रहीम की कविता, और ऐसी बहुत-सी कविताएँ हैं। गालिब के यहाँ तो मौत का बहुत भय है। मीर के यहाँ, बड़े कवियों के यहाँ, बड़े आदमियों के यहाँ मृत्यु—काल और भगवान, ये बार-बार घूमकर आते हैं। निराला की किताब 'कुल्ली भाट' में यह सन्दर्भ आता है कि उनकी पत्नी से उनके गौने के बाद भेंट हुई थी, मुलाकात या जिसे कहें, सुहागरात हुई थी, वह गाँव में नहीं हुई थी। एक पेड़ के नीचे, गाँव के बाहर हुई थी क्योंकि महामारी फैली हुई थी। अब वह महामारी शायद वही महामारी है जिसे 'स्पेन की महामारी' नाम से जाना जाता है जोकि वैश्विक थी और यह कहा जाता है कि उस महामारी से एक करोड़ लोगों की मौत हुई थी...उससे ज्यादा ही कुछ हुई थी। अनिष्ट की दृष्टि से देखें तो वह महामारी इस महामारी (कोरोना) से कम नहीं थी। खुद निराला ने कहा है कि 'जब वह बंगाल से गाँव लौटे तो देखा कि उनके घर के ही कई लोगों की, तीन-चार लोगों की, फटाफट-फटाफट मृत्यु हो चुकी थी।'

मैं उस महामारी के समय नहीं था, मेरा जन्म बाद में हुआ लेकिन उस महामारी के बारे में गाँव में सुनाई बहुत पड़ता था। उसे 'ताऊन' कहते थे। प्लेग को हमारे यहाँ 'ताऊन' कहते थे और उसका लक्षण यह बताते थे कि पहले चूहे की मौत होती थी। जब चूहे की मौत होने लगती थी तो लोग समझने लगते थे कि 'ताऊन'

आ गया और सब लोग गाँव छोड़कर भागने लगते थे। गाँव में बीमारियाँ कई तरह से आती थीं, कई रूपों में आती थीं और उनका मुकाबला कई तरीके से होता रहता था।

बलरामपुर के आसपास की बात मैं कर रहा हूँ। जब मैं बलरामपुर में पढ़ने आया तब की बात है। मैं बलरामपुर में पढ़ता था और तीन-चार महीने बाद मैं गाँव जाता था। मेरी दृष्टि से उन दिनों बलरामपुर में और मेरे गाँव में कोई बहुत बड़ा फर्क नहीं था। यह बात जरूर थी कि बलरामपुर कस्बा था और मेरा गाँव बिलकुल देहात न होकर छोटा-मोटा कस्बा जैसा था। लेकिन बलरामपुर ऐसा कस्बा था जो शहर भी हो सकता था, इसलिए उसे शहर ही कहा जाता था। दोनों में सांस्कृतिक समानता काफी थी क्योंकि दोनों अवध के ही थे।

गाँव से जब मैं बलरामपुर पढ़ने आया तब वहाँ उसे बीमारी तो नहीं कह सकते लेकिन सम्बन्ध स्वास्थ्य से ही था। जिस घटना के बारे में मैं आपसे अब बताने जा रहा हूँ, शायद मैं तब नहीं बता सकता था लेकिन अब बिना हिचक आपको बता सकता हूँ। जब मैं वहाँ पढ़ने गया तब मैं स्पेशल क्लास में था। सिक्स या सेवेंथ क्लास में हम सब विद्यार्थियों का एक टेस्ट हुआ था। एक डॉक्टर साहब आए और उन्होंने स्कूल के सभी विद्यार्थियों का टेस्ट लिया। तो साहब किस चीज का टेस्ट हुआ? अब आप कल्पना करें कि वे लड़के बारह या तेरह साल के लौंडे हैं और उन्हें स्वास्थ्य के नाम पर किसी अलमारी की सहायता से निर्मित घेराबन्दी में खड़ा कर दिया जाता और उनसे अपना गुप्तांग खोलकर दिखाने के लिए कहा जाता। चेक कर लेने के बाद डॉक्टर उसको कहता, 'हाँ, जाओ, ठीक है।'

अब आप अनुमान कर सकते हैं कि पूरे विद्यालय में जब इसकी अफवाह फैली कि ऐसी जाँच हो रही है तो अध्यापक तो नॉर्मल तरीके से थे, उनको कुछ महसूस नहीं होता था लेकिन उन विद्यार्थियों में जो अफवाह फैली कि 'अरे साहब, जाइए...फलाना है, ढिमका है...कोई ये कर देगा, वो कर देगा' और सब लाइन लगा करके खड़े हुए हैं और वहाँ जाने के पहले उन लड़कों के चहरे पर भय और नाना प्रकार के भावों के रंग आ रहे हैं। जिसका नाम बुलाया जाता है, वह बेचारा जैसे फाँसी पर चढ़ने जा रहा हो, वहाँ जाता है और डॉक्टर को दिखाकर बाहर निकल जाता है। अब ऐसा परीक्षण कहीं नहीं होता। यह किस कारण से होता था? मेरे खयाल से स्वास्थ्य की जाँच का ही कोई अंश रहा होगा। लेकिन वैसा परीक्षण उसके बाद विश्वविद्यालय में या अन्यत्र कहीं नहीं हुआ।

इस विषय में एक घटना किरोड़ीमल कॉलेज में मेरे सहयोगी आदरणीय डॉक्टर भोलानाथ तिवारी सुनाते थे कि जब उनकी शादी होने वाली थी तो उनके भावी ससुर ने उनके उस अंग का परीक्षण किया था।

यह है तो बड़ा अजीब लेकिन कम मौकों पर हुआ है और ऐसा समझ में आता है कि जिससे शादी करने जा रहे हैं, उसे पहले आप देख-सुन रहे हैं कि भाई, ठीक-ठाक लड़का है या नहीं। यह किसी बीमारी की बात तो नहीं है लेकिन वर को कोई बीमारी है या नहीं है, या ऐसी कोई कमी तो नहीं है, इसकी जाँच के लिए यह सब किया जाता होगा। उसके पीछे की यह घटना याद आती है तो उसका आतंक और प्रभाव मेरी चेतना पर किसी महामारी से कम नहीं है। इसलिए मैं उसका उल्लेख कर रहा हूँ।

मुझे याद आ रहा है कि उन दिनों बलरामपुर में कौन-कौन-सी बीमारियाँ थीं। तो अब जो कुछ मैं कहने जा रहा हूँ, वह उन बीमारियों से जोड़ना चाहता हूँ। देखिए, कई बीमारियों की चर्चा मैंने की है लेकिन उन दिनों में एक बीमारी बहुत कष्ट देने वाली थी। कष्ट देने वाली ही नहीं, समाज में बहुत हेय बना देने वाली थी और सारे रूप को विकृत कर देने वाली बीमारी थी। वह हमारे 'पूरब' की तरफ बहुत होती थी—'फाइलेरिया'। उसके तीन रूप थे। एक यही है कि वह गर्दन में कंठ के समीप फूल जाता था। उसको घेंघा कहते थे। गर्दन और सीने के बीच में जो जगह है, वह फूलकर गुब्बारे जैसी हो जाती थी। और उसमें सारी की सारी नसें बिलकुल दिखाई पड़ने लगती थीं। आवाज बदल जाती थी, और बहुत विद्रूपता आ जाती थी। आदमी कहीं बैठने-उठने लायक नहीं रह जाता था।

उस समय उसका कोई इलाज भी नहीं था। किसी सुन्दर लड़की को हो गई बीमारी, किसी सुन्दर लड़के को हो गई, पूरा रूप खराब हो गया। बुखार रहता था, गर्दन के पास बड़ा-सा गुब्बारे जैसा फूल जाता था। आदमी उसको झेलता था, इलाज नहीं था, बीमारी नहीं जाती थी। उसको झेलता था। जैसे कुष्ठ रोग को, अंधेपन या लंगड़ेपन को झेलता था, वैसे उसको भी झेलता था लेकिन उसकी जो सामाजिक हेयता थी, वह कोढ़ के समान ही सब कुछ नष्ट कर देनेवाली थी।

कभी-कभी इसमें दोनों तलवे फूल जाते थे। घुटने से लेकर नीचे पैर तक पूरा सूज जाता था। उसको 'फीलपाँव' कहते थे। फीलपाँव मतलब—हाथी का पाँव, आदमी का जो पाँव है, वह हाथी के पाँव जैसा मोटा हो जाता था। उसमें पस पड़ता था। आदमी हमेशा पाँव नीचे लटकाए हुए रखता था। उसे झेलता था। चल नहीं

सकता, बैठ नहीं सकता। देखने में वह जुगुप्सित और बीभत्स लगता था।

तीसरा रोग यह कि जो अंडकोश होता था, वह पूरा फूल जाता था। अंडकोश भी बड़ा कष्ट देता था लेकिन इसका ऑपरेशन हो जाता था। घेंघे और फीलपाँव का ऑपरेशन होते हुए मैंने नहीं देखा है या किसी को ठीक होते हुए नहीं देखा है। अंडकोश वृद्धि वाला रोग जिसको हो जाता था, उसका गाँव में बड़ा मजाक उड़ाया जाता था। खास तौर पर जब वृद्ध को हो गया यह रोग तो अलग ही मुश्किल होती थी। जो नई लड़कियाँ होती थीं, बहुएँ होती थीं, वे बड़े विचित्र तौर से इसका मजाक उड़ाती थीं, और बहुत ही आलंकारिक भाषा का प्रयोग करती थीं। लेकिन उसका इलाज था; ऑपरेशन हो जाता था।

उन दिनों हमारे बलरामपुर के आसपास इसके बारे में एक अंधविश्वास प्रचलित था कि हाथी को अगर समाधि दे दो गाँव में, तो लोगों में यह बीमारी फैल जाती है। उसी समय हमारे गाँव में द्वारिका बनिया एक बार बहुत उदास होकर दार्शनिक मुद्रा में कह रहे थे—क्योंकि उनके मित्र को अंडकोश हो गया था तो कष्ट वह भी पा रहे थे। उन्होंने बड़ी गम्भीरता से कहा—'अरे भैया, ये अंडकोश (गाँव में उसे अंडकोश नहीं कहते थे, उसे तब लोग 'फोता' वगैरह कुछ कहते थे) जो है, यह तो हमारे यहाँ पहले था ही नहीं, अपने जवार में। यह तो रस्तोगी भैया का हाथी मरा और उन्होंने वह हाथी यहीं गाड़ दिया। जब से वह हाथी मरा, तब से यह रोग इधर फैल गया।'

खैर, अब यह लगभग खत्म हो गया है। गाँव में हमने इधर फीलपाँव का, घेंघे का कोई रोगी नहीं देखा है। अंडकोश का रोग भी अब कम हो गया है। मैं फिर कहूँगा आपसे कि जो लोग यह कहते हैं कि 'सत्तर सालों में कुछ नहीं हुआ', उन्हें उन सत्तर सालों का और उसके पहले के जीवन का पता नहीं है और अगर पता है तो बेईमानी कर रहे हैं। पहले रतौंधी हो जाती थी। उचित रूप से दवा न मिलने के कारण। उचित भोजन न मिलने से कुपोषण से आँखों की शक्ति चली जाती थी तो उसमें मैंने देखा कि गाँव के लोग या परिवार के लोग भी बहुत अमानवीय व्यवहार करते थे। कोढ़ हो जाने से या लकवा हो जाने से तो बिलकुल बहिष्कार हो जाता था। हमारे गाँव में एक 'घँवरखा भौजी' थीं। उनका नाम घँवरखा था। उनके एक पैर में लकवा था तो उन्हें घर से अलग एक बेकार-सा हिस्सा खँडहर-सा पड़ा हुआ था, उसी में रखा जाता था। वह उसी में रहती थीं और भीख माँगकर खाती थीं। न उनको कोई खाना देता था, न पानी। देते थे तो ज्यादातर मुसलमान या कुँजड़े। वही

जाकर उनको कुछ खाना-वाना दे आते थे। वह उसी में अपना जूठा-पूठा खाकर पड़ी रहती थीं। एक बार वह जा रही थीं तो उन्होंने मुझे देखा। उनकी धोती गिर गई थी। उन्होंने मुझसे कहा कि 'बाबू, यह जरा पकड़ा दो'। फिर मैंने उसे उठाकर उन्हें दे दिया। मर गई वह कुछ दिन बाद। अब ऐसे दृश्य कम दिखाई पड़ते हैं।

कई बार तो ऐसा मैंने देखा है कि किसी-किसी की पाँच के बजाय छह उँगलियाँ होती थीं। एक उँगली में एक उँगली और हो जाती थी तो उसको छाँगुर कहते थे। हमारे यहाँ एक छाँगुर ठठेर थे। उनके कई लड़के थे। एक दिन ऐसा हुआ कि उनका जो एक लड़का था, वह चाकू लेकर अपना एक अंगूठा चीर रहा था। अब भाई, वह क्यों चीर रहा था अपना अंगूठा? तो वह बहुत दुखी था कि 'हमारे पिताजी की छह उँगलियाँ हैं और हमारी तो पाँच ही हैं' तो वह अपनी पाँच उँगलियों को छह उँगली बनाना चाहता था। (नादान बच्चा था। किसी ने मजाक में उससे कह दिया था कि छह कर लो) खैर! पकड़कर उसको बहुत पीटा गया। फिर समझाया गया कि 'नहीं बेटा, यह कुरूपता है, विरूपता है।' तो इसी तरीके से अन्य कई प्रकार के रोग हैं। उनसे उद्धार पाने का उस समय कोई इलाज, दवाइयाँ या अस्पताल नहीं थे।

आज लोगों की औसत आयु बढ़ गई है। उसका कारण यही है कि लोग अस्पताल जाना सीख गए हैं। गाँव-गाँव में, हर क्षेत्र में अस्पताल और सुविधाएँ उपलब्ध हैं। पूरी तरीके से नहीं हैं, फिर भी काफी हैं।

स्वाधीनता-प्राप्ति के बाद ऐसी अनेक शारीरिक-मानसिक व्याधियों से सभी आदी हैं जो पहले व्याप्त थीं। अभी भी बहुत अंधविश्वास व्याप्त है : अब देखिए, यह कोरोना के बारे में भी बहुत दिनों तक चला कि गोमूत्र से ठीक हो जाता है, इससे ठीक हो जाएगा, उससे ठीक हो जाएगा। अब इस तरह की बहुत सारी बातों के लिए क्या कहा जा सकता है?

बरसात होती और जाड़ा पड़ता तो ये बरसात और जाड़ा कभी-कभी बहुत विचित्र प्रकार की स्थितियाँ लाते थे। जब पहली बरसात होती है तो कहा जाता कि वर्षा ऋतु में पहली बरसात का जल विषाक्त होता है। उस जल में नहाने से शरीर की फुंसी वगैरह तो दूर हो जाते हैं लेकिन कभी-कभी उसका प्रभाव जल में रहनेवाले प्राणियों पर बहुत उल्टा पड़ता है। कई बार यह होता है कि पहली बरसात में तालाब की मछलियाँ मर जाती हैं। मुझे इस विषय में याद आता है कि पहली बार जब मैंने डॉक्टर वासुदेव शरण अग्रवाल के दर्शन किए और उन्हें जब मैंने बताया कि मैं बलरामपुर का हूँ तो उन्होंने कहा—'अच्छा-अच्छा, तुम अवध के हो तो क्या तुम

माँजा का मतलब जानते हो? बताओ, माँजा किसे कहते हैं?' शब्द तो मैंने पहले भी सुना था लेकिन डॉक्टर अग्रवाल के पूछने पर मैं हतप्रभ हो गया और मैं नहीं बता पाया। मैंने कहा, 'नहीं', तो फिर उन्होंने तुलसीदास की अर्द्धाली पढ़ी—'मौजा ममहु मीन कँह व्यापा'—क्या मतलब है इसका? तो मैंने कहा—'हाँ-हाँ, जब पहली बरसात होती है तो मछलियाँ मर जाती हैं, वह माँजा है।'

वर्णन-प्रसंग यह है कि राजा दशरथ को कैकेयी की बात सुनकर जब व्यथा हुई तो 'मौजा मनहु मीन कँह व्यापा'—मछलियों में जैसे माँजा व्याप्त गया हो! पहली बरसात जब होती है विषाक्त जल वाली तो उस जल को माँजा कहते हैं।

मछली को छोड़ दीजिए, एक बार ऐसी बरसात में मैंने देखा कि तालाब के किनारे कई साँप मरे पड़े थे। तालाब में साँप कई तरह के होते हैं। बताया जाता है कि साँप, धान, पान और ब्राह्मण—इनकी कितनी जातियाँ होती हैं, यह किसी को नहीं पता है। कई साँप अधिकतर विषहीन होते हैं। उन्हीं में एक साँप मँझगिदवा है। वह विषहीन होता है। आप यकीन नहीं करेंगे, मैंने देखा है कि मेरे गाँव के तालाब के किनारे कम-से-कम चार-पाँच सौ साँप मरे पड़े थे। पहली बरसात हुई थी और माँजा लग गया था उन साँपों को, तो मर गए थे। यह बीमारी होती थी—ऐसी बीमारी, जो मनुष्यों में हमने नहीं पाया। अभी कुछ दिन पहले ऐसा हुआ था कि घाघरा नदी में कुछ कछुए, घड़ियाल और मछलियाँ सब मर गए थे। यह एक प्रकार का कोई विषाणु या विषाक्त जल ही रहा होगा। हमारे समय में यानी हमारे बचपन में कई ऐसे मर्ज थे, जो स्वतंत्र भारत में पैदा हुए हैं, वे कल्पना भी नहीं कर सकते कि कितने व्यापक और कितने कष्टकर थे। कष्टकर होने के साथ-साथ वे जीवन को अपमान से भर देते थे। पूरा जीवन अपमान सहकर उस आदमी को जीना पड़ता था, सहना पड़ता था। एक अजीब बात थी कि उस रोग से ग्रस्त व्यक्ति को सहानुभूति की जरूरत होती थी किन्तु सहानुभूति और उपचार बहुत कम होता था जबकि उसका अपमान इतने स्वाभाविक ढंग से, सार्वजानिक रूप से किया जाता था कि आज उस स्थिति की कल्पना करना भी बड़ा अजीब लगता है।

मिसाल के लिए, अगर कोई एक आँख का है, तो होता यह था कि बजाय सहानुभूति के वह आदमी, जिसमें विरूपता आती थी, हँसी और उपहास का पात्र बन जाता था। अंधे का तो अपमान भी करते थे और कुछ सहानुभूति भी देते थे कि बेचारा अंधा है। लेकिन जो काना होता था, उसके बारे में नाना प्रकार के अंधविश्वास प्रचलित थे। अनेक प्रकार की मान्यताएँ प्रचलित हो गई थीं। जैसे—अगर तुमने

काने को देख लिया तो कुछ अपसगुन हो जाएगा। दूसरे, सवेरे-सवेरे अगर तुमने काने का मुँह देख लिया तो फिर दिन बहुत बुरा हो जाएगा।

एक थानेदार साहब की एक आँख थोड़ी दबती थी। वे बड़े मजाकिया थे। वे यह कहते थे कि 'भाई, सब लोग किसी दूसरे को देख लो, नहीं तो मुझे देखोगे तो अभी खट से तुम लोगों का सारा दिन बर्बाद हो जाएगा, मैं काना हूँ।' इसके साथ यह भी होता था कि यदि कोई विकलांग दिखलाई पड़ा और अगर कहीं वह गरीब भी हुआ या मान लीजिए, कहीं वह दलित हुआ तो सीधे उसको गाली देते थे। बजाय नाम लेने के कहते कि 'हट साले काने' या 'आन्हर साला' या 'ई साला...।' अब हमारे यहाँ पता नहीं, क्या बात थी कि काने को डिप्टी साहब या कप्तान साहब कहते थे और वह व्यंग्य में ही कहते थे। जैसेकि जब हमारे गाँव से बलरामपुर जाने के लिए नई-नई बस चली तो कंडक्टर को कंडक्टर न कहकर 'कंडेबर' कहते थे। अब यह कंडक्टर का ध्वन्यानुवाद या ध्वनिरूप 'कंडेबर' कैसे हुआ, यह कुछ हमारी समझ में आने वाली बात नहीं है।

ऐसे हमारे टाइम पर, उन दिनों में कोढ़ी बहुत होते थे। भयंकर रोग। हमारा एक साथी बड़ा शरारती था—दर्जा एक या दो में। बहुत अच्छे खाते-पीते घर का था। हम लोगों को तंग करता था और पंडित जी को बड़ा तंग करता था। पंडित जी उसको कुछ कह नहीं पाते थे क्योंकि समृद्ध परिवार का लड़का था। उसकी शादी में हम लोग भी गए थे। लेकिन बाद में उसको कोढ़ हो गया। जब कोढ़ हो गया तो शादी भी टूट गई और घर वाले भी उसे बाहर निकाल दिये थे और अन्त में आजीवन उसको एकांत में डाल दिये थे। उसकी कोई खोज-खबर नहीं लेता था। उसकी थाली किसी तरीके से उसके पास फेंक दी जाती थी। पटक दी जाती थी। न कोई उसके कपड़े साफ करता था और न उसकी थाली कोई पोंछता था, न जूठन कोई माँजता था। वह अकेला पड़ा रहता था। बाद में उसको देखना भी मेरे लिए मुश्किल हो गया था। उसके पास नहीं जाते थे। यह कोढ़ रोग बड़ा व्यापक था। आप चाहे कुछ भी सोचें, लेकिन लोगों में यह अंधविश्वास था और है भी कि यह पूर्वजन्म का फल आदमी भोग रहा है या आदमी अपने पुराने कर्मों का फल पा रहा है। इसने इतने लोगों को अपमानित और पीड़ित किया है कि क्या कहा जाए! जो हमारी कमियाँ हैं—मानसिक और बाह्य बीमारियाँ—उनको दूर करने के उद्यम ने बहुत विरक्त किया है। यह अपने-आपमें इस कदर एक ऐतिहासिक मानसिक बीमारी हमारे देश की रही है कि उसकी कोई सीमा नहीं है। यानी आदमी को कोढ़

है, तो बजाय इसके कि उपचार किया जाए, उसको सहानुभूति दी जाए, यह कहते थे कि साले ने पूर्वजन्म में कोई पाप किया होगा, उसी का फल भोग रहा है। पुनर्जन्म के अंधविश्वास ने हमारे सामान्य जीवन को व्यापक तौर पर कितना रुग्ण, कितना शिथिल और कितना क्रूर बना दिया!

जब स्वतंत्रता-आन्दोलन चला और जब हमारी मानसिकता स्वतंत्र हुई—खास तौर से गांधी जी के नेतृत्व में, तब इस तरीके से उनके उपचार की ओर ध्यान देने की बात की गई।

अब तुलना कीजिए हमारी जाति की, हमारे यहाँ के लोगों की और उन ईसाई मिशनरियों की जिन्होंने कोढ़ियों के इलाज के लिए अस्पताल खोले। अब मैं दिल्ली के दिलशाद गार्डन में जहाँ रहता हूँ, उसी के पास ताहिरपुर में एक कुष्ठ आश्रम है और उसका नाम भी बड़ा अच्छा था—'आनन्द धाम'।

हमारे समय में और भी कई बीमारियाँ कभी-कभी आती थीं—जैसे एक बार खुजली व्यापक हो गई थी। जिसको देखो, वही खुजला रहा है। और वह उस टाइप की खुजली थी जो ज्यादा खुजलाने से पक जाती थी और फोड़ा बन जाता था। पता नहीं, कैसी हवा चली होगी!

यह बात होगी 1938-39 की, जब मैं छह-सात साल का था। मुझे भी खुजली हो गई थी। ज्यादा खुजाने से फफोले पड़ जाते थे, शरीर में पकने लगते थे। मुझे नहीं याद पड़ता कि उसकी कोई दवा भी रही होगी।

इसी तरह से झुनझुनिया मर्ज फैला। यह झुनझुनिया मर्ज ऐसा था कि लोग बैठे-बैठे एकाएक झुनझुनाने लगते थे, काँपने लगते थे। जैसे ही काँपने लगते, वैसे ही लोग कहने लगते कि 'झुनझुनिया देवी आ गई हैं, झुनझुनिया देवी आ गई हैं इनको!' करते क्या थे कि लोग कुएँ पर ले जाते थे और उसको इतना नहलाते थे, इतना नहलाते थे कि पूछिए मत। कल्पना कीजिए कि दस-पाँच आदमी गगरा लिये हुए भर-भरकर नहला रहे हैं और एक घंटा या दो घंटे नहलाइए तो वह रोग उतर जाता था।

हमारे यहाँ एक कसेरिन दाई थीं तो उनको झुनझुनिया आ गई थी। उसमें बड़ी समस्या यह थी कि अगर औरत को झुनझुनिया आ गई तो उसको कुएँ पर नहलाना बड़ा मुश्किल होता था। तब घर के लोग, रिश्तेदार इकट्ठे होकर, फिर उसको पकड़कर, घड़े-वड़े ला करके घर के अन्दर ही नहलाया जाता था।

उन झुनझुनिया देवी के निवारण के लिए एक और अजीब संस्कार चला था।

जैसे बल्ब को ढका जाने वाला शेड होता है, वैसे ही मिट्टी की 'परई' बनती थी। वह परई देवी को खुश करने के लिए पूजी जाती थी।

तब डेंगू उतना नहीं था। जो सबसे ज्यादा महामारी वाले रोग थे, वे हैजा और चेचक थे। हैजा बरसात में पड़ता था या अप्रैल-मई से शुरू हो जाता था। वह पेट का रोग था, संक्रामक था। हमारे यहाँ कहते थे कि मुँह-पेट चलने लगा। इसका यह मतलब कि वोमिटिंग होने लगी, कै होने लगी और दस्त होने लगे। हमको यह सुनाई पड़ता था कि इसमें प्यास बहुत लगती है। लेकिन उस समय कहा यह जाता था कि प्यास लगने पर पानी मत दो, नहीं तो हैजा बढ़ जाएगा। अब जिसको ऐसा कुछ हो जाता अतिसार, शायद इसी हैजे को अतिसार कहते हैं। सम्भवत: बुद्ध की मृत्यु इसी अतिसार से हुई थी। यहाँ मैं इस बारे में बहुत दावे से कुछ नहीं कहता कि बुद्ध को अतिसार हुआ था। मूलत: ये बदहजमी से होता होगा लेकिन संक्रामक होता था और गाँव के गाँव खत्म हो जाते थे इसमें। मुहावरा था कि 'गाँव का गाँव पटरा हो जाएगा।' तो वह मर्ज इतना भयानक था और उसकी त्रासदी इतनी व्यापक थी।

जाहिर है कि जब हैजा था तो उसकी देवी भी होती थी। वे 'हइयादेवी' कहलाती थीं। गाँव में ये जो हइयादेवी थीं, सिर पर आती थीं, किसी के माथे पर आती थीं। जिस औरत पर आतीं, वह भवानी लगने लगती थी। भवानी मतलब—बाल खोलकर, जटा-जूट खोलकर और दोनों हाथ पटकने लगती थी धरती पर और देवी उसके सिर पर चली आती थीं। वह जो बोलती थी, उस समय देवी बोलती थीं। उस समय उस औरत के मुँह से हइयादेवी बोलती थीं।

मैंने देखा है, हइयादेवी बड़े क्रोध में बोलती थीं। 'हम पटरा कै देव रे...हम पटरा कै देव रे...' ऐसे बोलती थीं। तब सब प्रार्थना करते थे। आदमी-औरत, बाल-वृद्ध—सब कहते कि 'देवी, का करें? तरीका बताव आपन...। देवी, हम लोग खड़े हैं। माफ कई दिया हमका अबकी।' तो देवी कहती थीं कि 'हमको ये नहीं चढ़ाया था। पिछले साल हमको भूल गए थे। वही बदला लिया है रे! का समझते हो, हम सबको पटरा कर देंगे।' फिर उनके लिए खान-पियन की व्यवस्था की जाती थी। इतने-इतने लोगों को खाना खिलाया जाता था। इस तरह से देवी को भोग चढ़ाया जाता था।

हर रोग के, हर महामारी के पीछे कोई देवी-देवता की जगह होती थी। इसी तरीके से शीतला देवी थीं। चेचक बहुत बड़े पैमाने पर फैलता था। कहते हैं, बंगला में चेचक को बसन्त रोग कहते हैं। वह बसन्त में होता है।

हमारे बलरामपुर के आसपास तुलसीपुर कस्बा है। वहाँ पाटनदेवी का बहुत बड़ा मेला लगता है। वे पाटेश्वरीदेवी हैं। पाटनदेवी बहुत पुराना पीठ है देवी का। बहुत बड़ा मेला लगता है। आसपास इतना बड़ा मेला कहीं नहीं होगा जितना बड़ा वह मेला लगता है। वहाँ एक रतननाथ बाबाजी आते हैं। उनका सम्बन्ध सिद्ध सम्प्रदाय से भी किसी रूप में है।

कहा जाता था कि जब वहाँ नवमी की पूजा खत्म हो जाती है, चैत में। जब देवी की सेना गुजरने लगती है, तो तमाम रोग फैलते हैं। उन रोगों को कहते हैं कि देवी की सेना फैली हुई है। और तब चेचक का उपचार यही देवी-देवता करते थे। लेकिन पता नहीं, किस तरीके से लोगों ने यह जान लिया था कि जिस घर में चेचक हो जाता—वहाँ कभी बड़े उग्र रूप में होता, कभी मद्धिम रूप में होता। लोग कहते कि शीतला के कई रूप होते हैं तो, वहाँ घर में छौंका हुआ पदार्थ, तेल का पदार्थ या मांस—ये सब बनना बन्द हो जाता था। ये सब जानते कि इसी से फैलता है। यह अनुभवजनित बोध हो गया था।

जब चेचक का टीका लगा तो वह समय था मेरे बचपन का। जब चेचक का टीका लगना शुरू हुआ था तो जो चेचक का टीका लगाने वाला आता था, उससे लोग बचते थे। मान लीजिए कि हमारे गाँव से पहले बेलवा गाँव पड़ता है—बलरामपुर से थोड़ा दूर। जब बलरामपुर में कोई चेचक का टीका लगाने आ गया तो हल्ला मच जाता था कि बलरामपुर में हथचिरवा आ गया है। जितने बच्चे होते थे, उनका बाहर निकलना बन्द हो जाता था कि 'भाई, हथचिरवा पकड़ लेगा।' बहुत दिनों के बाद इस बात का बोध हुआ लोगों को कि चेचक का टीका लगवा लेना चाहिए। सौभाग्य से बचपन में मुझे चेचक का टीका लग गया था। तो ये महामारी के विचित्र रूप उस समय थे।

यह जो कोरोना है—इस कोरोना महामारी के रूप को देखते हुए, इसकी भयावहता को देखते हुए कुछ पुरानी महामारियों की याद आने लगी है। अभी हाल में डेंगू फैल गया था। इसी तरह इन्फ्लूएंजा फैल जाता है। इस कोरोना ने आकर कई रोगों का डर ही लगभग खत्म कर दिया। जैसे इससे पहले कैंसर को लेकर बहुत चर्चा होती थी। जहाँ देखो, कैंसर की बीमारी, कैंसर की बीमारी। अभी पिछले साल तक डेंगू की चर्चा भी खूब होती थी लेकिन अब इन्फ्लूएंजा की, डेंगू की—इन सबकी चर्चा कम हो गई है। बल्कि इसको लेकर, प्रदूषण वगैरह को लेकर, जल की शुद्धि को लेकर कई बातें भी हो रही हैं कि कुछ अच्छा भी हुआ है। लेकिन

इस महामारी ने एक सांस्कृतिक संकट पैदा किया है। डर लगता है सोचने पर कि दुनिया रह जाएगी, आदमी नहीं रह जाएँगे और आदमी ही नहीं रह जाएँगे तो हमारे लिए क्या रह जाएगा? कुछ नहीं रह जाएगा।

यह तो बहुत बड़ी बहस है कि जो सत्य है, वह मनुष्य निरपेक्ष है? मनुष्य सापेक्ष है? बड़ी भारी बहस, बड़ी बातचीत इस विषय पर रवीन्द्रनाथ और आइंस्टीन से हुई है। रवीन्द्रनाथ सत्य को मानव सापेक्ष ही मानते थे, जबकि आइंस्टीन कहते थे कि नहीं, मनुष्य चाहे रहे या न रहे, सत्य है। वे कहते थे कि जैसे पाइथागोरस का सिद्धान्त है, अगर मनुष्य न रहे, तब भी घटित होता रहेगा। मनुष्य के न रहने से वह सिद्धान्त नहीं खत्म हो जाएगा।

यह तो एक बात है। हम यह कहते हैं कि आदमी का महत्त्व किस बात में है? आदमी का महत्त्व आदमी और आदमी के सम्बन्ध से पैदा होने वाली आदमियत में होता है। आदमी का सुरक्षित होना इसलिए ज्यादा महत्त्वपूर्ण है कि आदमी के बचे रहने से आदमियत बची रहेगी। अगर आदमी में आदमियत और इंसानियत नहीं रह जाएगी, करुणा नहीं रह जाएगी तो जिस कविता का जिक्र हमने किया था, वह कवित्त नहीं रह जाएगा, संस्कृति नहीं रह जाएगी तो उसको छोड़ करके आदमी आखिर पशु ही तो है। कहा ही जाता है कि आदमी सामाजिक पशु है। फिर आदमी को पशु रूप में ही रहना होगा, जैसे शेर हैं, बन्दर हैं, घड़ियाल हैं, भालू हैं, चीते हैं, कीड़े-मकोड़े हैं। अगर इसी रूप में आदमी को रहना है तो आदमी का आदमी से सम्बन्ध ही नहीं रह जाएगा। आदमियत से विहीन अगर आदमी है तो फिर क्या कविता की बात और क्या संस्कृति की बात? फिर सामूहिकता और सामाजिकता का क्या होगा? ये सब चिन्ताएँ पहले कल्पित होती थीं। हम लोग कभी-कभी ऐसा कहते थे, मन को बेलगाम दौड़ाते थे, लेकिन अब डर लगने लगा है। अब कम-से-कम भय है कि यह केवल सोचने की बात नहीं है। डर लगने लगता है कि यह हो भी सकता है। मानवविहीन विश्व का मतलब होगा—मानव संस्कृति से विहीन मनुष्य, मनुष्य की सामूहिकता से विहीन। आशा करते हैं, ऐसा नहीं हो—मनुष्य इन सबसे ऊपर उठेगा और मनुष्यता इन सबसे बची रहेगी।

लेकिन प्राचीन कविता में, एक ऐसी कथा है अपभ्रंश काव्य में, जिसमें एक ऐसे नगर का वर्णन है, जहाँ सारा सामान है लेकिन मनुष्य नहीं है। हमने सुना है कि अमरीका में ऐसे रसायन बनाने की तैयारी हो रही है कि जब उस रसायन से आक्रमण किया जाए तो जो सामग्री है, जो मैटेरियल है, उसको क्षति न पहुँचे और

मनुष्य समाप्त हो जाए। ऐसा रसायन बना है या नहीं बना है, अगर बना भी है तो कहीं उसका उपयोग अब तक तो नहीं किया गया है। साहित्य में एक ऐसे दृश्य का चित्रण है, ऐसे नगर का चित्रण है जिसमें सामान सब है लेकिन मनुष्य नहीं है। वह अपभ्रंश का काव्य है जिसका नाम है—'भविसदत्तकहा'। यानी भविष्यदत्त कथा। भविष्यदत्त कथानायक का नाम है।

यह जो कोरोना है, जिस महामारी की बात हम कर रहे हैं, उसने हमारे भौतिक जीवन में जो परिवर्तन किया है, वह है ही लेकिन हमारी मानसिकता में भी बहुत परिवर्तन कर रहा है। हमें इस लायक ही नहीं रख रहा कि हम किसी से—अपने मित्र, पड़ोसी से—कोई आत्मीय व्यवहार कर सकें। ऐसा सुनने में आता है कि शवयात्रा के लिए लोग नहीं मिलते हैं। कल अखबार में पढ़ा कि 78 वर्ष के एक वृद्ध की मृत्यु हो गई है और उसके पुत्र ने भी डर के मारे अग्निदाह करने से मना कर दिया। बताते हैं कि उसके घर के पास के कुछ मुसलमानों ने मिलकर उसका अग्निदाह किया।

मनुष्य से मनुष्य बिलकुल अलग हो गया है और मनुष्य मनुष्यता से अलग हो गया है। इसलिए यह बहुत बड़ा सांस्कृतिक संकट है। सांस्कृतिक संकट में बहुत उथल-पुथल होती है। बहुत अहित होता है। फिर वह ऐसे समय में ऐतिहासिक नायक भी पैदा करता है। ऐसे संकट को किसी युगीन नेता की जरूरत पड़ती है और अगर देश का सौभाग्य होता है तो एक ऐसा नेता सामने भी आता है जो अपने देश को, अपने राष्ट्र को और अपनी जाति को इस संकट से जूझने का, उस पर विजय प्राप्त करने का एक रास्ता बताता है।

दुर्भाग्य से इस समय ऐसा कोई नेता दिखलाई नहीं पड़ता। हालाँकि सत्ता के लिए तमाम तरह की बातें करने वाले, रात को दिन और दिन को रात बताने वाले बहुत दिखलाई पड़ते हैं। कभी-कभी यह देखकर मैं हैरान हो जाता हूँ कि जून के महीने में लॉकडाउन है और बाहर निकलने में बीमारी का खतरा है और ऐसी बीमारी का खतरा है कि यदि आपको वह बीमारी हो गई तो कोई आपकी मदद के लिए नहीं आएगा—उसमें सब्जीवाले सब्जी बेचते हुए दिखलाई पड़ते हैं; कभी-कभी घरों में काम करने वाली औरतें भी दिखलाई पड़ती हैं; पुलिस वाले दिखलाई पड़ते हैं; अस्पतालों में कम संख्या में सही लेकिन डॉक्टर भी दिखलाई पड़ते हैं;

अब थोड़ी ढील हो गई है तो रिक्शे वाले भी दिखलाई पड़ते हैं। लेकिन कोई नेता लोगों से मिलता हुआ दिखलाई नहीं पड़ता। किसी भी पार्टी का ऐसा कोई भी नेता नहीं दिखलाई पड़ता है जो अपनी जान की परवाह न करके लोगों से मिले-जुले या उनको दिलासा दे और यह कहे कि भाई, इतने भयभीत न हो। यदि इतने भयभीत हो गए तो कैसे काम चलेगा?

दूसरी तरफ ऐसी अकल्पनीय स्थितियाँ हैं जिनके बारे में हमने सोचा भी नहीं था। हम उन अभूतपूर्व और असह्य स्थितियों को असहाय होकर देखते रहते हैं, कभी जिन स्थितियों को हम कविता में पढ़ते थे और कहते थे—ओह-हो, ऐसी मारक कविता! इसको कवि ने लिखा कैसे होगा?

याद आती है मुझे रघुवीर सहाय की एक पंक्ति—'गोद में बच्चा लिये बस में चढ़ती औरत और मुझमें दूर तक कुछ खींचता चला गया।' यह कविता एक पंक्ति में इसलिए समाप्त हो जाती है क्योंकि इसके आगे कविता यथार्थ को झेल नहीं सकती क्योंकि वह जो यथार्थ है, उसकी मार्मिकता और उसकी असह्यता को भाषा झेल नहीं सकती, इसलिए कविता वहीं खत्म हो जाती है।

अब आप देखते हैं कि गर्भवती महिला अपने बच्चे को कंधे पर लिये हुए 1500 किमी. की यात्रा धूप में पैदल चलकर पार कर रही है। उनके बारे में क्या कहा जाए? उनको देखकर मन में जो होता है, उसे कैसे व्यक्त किया जाए? कुछ समझ नहीं आता।

मैंने देखा, शायद मुजफ्फरपुर की घटना है कि प्लेटफॉर्म पर एक औरत मर गई थी। उसका एक डेढ़ साल का बच्चा अपनी उस मरी हुई माँ को जगा रहा था। अब जब माँ जग नहीं रही थी तो उस बच्चे की समझ में नहीं आ रहा था कि ऐसा क्यों हो रहा है? वह मरण की धारणा से अपरिचित है। वह जानता ही नहीं है कि मरना क्या होता है, इसलिए वह माँ को जगाता रहता है। जब वह नहीं जागती है तब बच्चा खेलने लगता है। फिर उसका बड़ा भाई आकर उसे किनारे कर देता है।

ऐसा जीवन-दृश्य साहित्य को लगभग व्यर्थ बना देता है या और कुछ, यह हम सब देख रहे हैं, सुन रहे हैं और झेल रहे हैं।

इतनी बड़ी संख्या में श्रमिक यात्रा कर रहे हैं। यात्रा करने में उन्हें गर्मी लगती है, भूख लगती है, प्यास लगती है। न कहीं गर्मी से राहत मिलती है, न कहीं खाने को मिलता है। सरकार की योजना से चलने वाली ट्रेनों में, इस बात की घोषणा कि उन्हें सारी सुविधाएँ दी जा रही हैं, इसके बावजूद श्रमिक भूख और प्यास से मर

जाते हैं। रास्ता चलते हुए थककर रेल की पटरियों पर सो जाते हैं। लोग कहते हैं कि पटरी पर नींद कैसे आती है? इसका जवाब यह है कि यदि आप थकान की ऐसी स्थिति में आएँ, तब न आपको मालूम हो कि वे कैसे सो जाते हैं! हम तो इस बात के आदी हैं कि आज की रात बहुत गर्म हवा चलती है या आज फुटपाथ पर नींद नहीं आएगी। फिल्मों में भी बहुत देखा है ऐसा। लेकिन यह तो नहीं देखा था और न ही ऐसा कभी भोगा था हमने कि अपना घर-बार छोड़कर एकाएक आप अपने गाँव की तरफ जा रहे हैं और इतने थक गए हैं कि रेल की पटरियों पर ही सो गए हैं।

एक बात यह कि गाँव के लोग रेल की पटरियों का उपयोग किस-किस रूप में करते हैं, बहुत-से लोग जानते भी नहीं हैं। ऐसा लग रहा है कि जो शासक-शोषक सत्ता है, उसको इन लोगों की कोई चिन्ता ही नहीं है।

कभी-कभी बड़ा अजीब लगता है कि 'स्टे होम, सेव होम' के दौरान बड़ी-बड़ी हस्तियाँ, बड़े-बड़े पहुँचे हुए लोग बहुत उत्साह से बताते हैं कि हम तो नई-नई रेसिपी सीख रहे हैं। कोई नृत्य करना सीख रहा है। यह सब अपनी जगह पर ठीक है, इसमें कोई गलत बात नहीं है; लेकिन देखने वाला जब दोनों की तुलना करता है तो मन में लगता है कि क्या ये एक ही देश के लोग हैं? और यह कैसी देशभक्ति है कि ये दोनों वर्ग कभी एक दूसरे से टकराते नहीं, कभी मिलते नहीं हैं?

वह जो नृत्य सीख रहा है और अपने बच्चों को तमाम कलाएँ सिखा रहा है और दूसरा उन श्रमिकों का वर्ग, जो भूखे-प्यासे मर रहे हैं। ये दोनों आपस में कभी मिलते नहीं, एक दूसरे का दुःख बाँटते नहीं हैं। बावजूद इसके यह कैसी देश की एकता है? इस तरह के कई सवाल पैदा होते हैं।

इन सवालों के उत्तर तो नहीं मिल रहे हैं लेकिन ऐसा भी नहीं होगा कि इतिहास इनका उत्तर नहीं देगा। किसी-न-किसी रूप में, असह्य स्थितियों की श्रृंखलाओं के बाद भी, बहुत दिनों के बाद भी, सुदूर भविष्य में ही कहीं-न-कहीं इनका उत्तर अवश्य दिया जाएगा।

अक्सर यह कहा जाता है कि मजदूर-आन्दोलन, दुनिया बदलने की बात आदि-आदि यह सब कहने-सुनने की बात है। ऐसा कभी होने वाला नहीं। यह भी कहा जाता है कि जिन लोगों ने समाजवादी सिद्धान्त बनाए थे, मजदूरों के महत्त्व को बताया था, वे सब पुराने लोग थे। एकाएक पता चला कि जहाँ सब कुछ ठीक चल रहा था, वहाँ इतने श्रमिक सारा लॉकडाउन तोड़कर, सारी सोशल डिस्टेंसिंग तोड़कर अपने घर की ओर भूखे, प्यासे, मरते, गिरते-पड़ते चले जा रहे हैं। कविताएँ

नहीं, कहानी नहीं बल्कि महाभारत जैसा या मैं कहूँ, उससे भी ज्यादा एक एपिक को अपने जीवन में झेलते हुए और एपिक रचते हुए। यह कहना कि एक एपिक को हम झेल रहे हैं, यह भी शायद उसके लिए पर्याप्त कथन नहीं है। यह शायद इतिहास में मेहनतकशों की, काम करने वालों की महत्ता का पूर्वाभास है या उनकी आहट है? अगर ये महानगरों में न लौटें तो क्या हमारे कल-कारखाने, हमारे रोजगार दुबारा शुरू हो पाएँगे? तकनीक तो बहुत आगे बढ़ गई है, रोबोट भी बहुत पैदा हो गए हैं, छटनियाँ भी कारखानों और दफ्तरों में बहुत ज्यादा होने लगी हैं लेकिन क्या इन श्रमिकों के बगैर हमारे कल-कारखाने फिर से सक्रिय हो सकते हैं? जीवन इनके बगैर कुछ चल सकता है?

जब कोई मुसीबत आती है और अगर वह मुसीबत भौतिक है, केवल मानसिक संकट नहीं है तो सबसे ज्यादा खराब असह्य स्थितियाँ निम्न मध्यवर्ग की होती हैं। लगभग तीन महीने का जो लॉकडाउन है, उसमें छोटे दुकानदारों, छोले-कुलचे बेचने वाले, चाय और पान की दुकान लगाने वाले, साइकिल बनाने वाले, रिक्शा वाले, सब्जी बेचने वाले, मांस की दुकान वाले, रद्दी बेचने वाले—ये सब घर पर बैठे होंगे। आप कल्पना करें कि इन लोगों की इस समय क्या आर्थिक स्थिति होगी?

मैं तो बलरामपुर के सन्दर्भ में अपने जीवन की कथा कह रहा था। मैं एक अदना-सा आदमी, एक छोटे-से कस्बे को आधार बनाकर कहना शुरू करूँ तो क्या यह जो कोरोना का विश्वव्यापी संकट है जिसका कोई रास्ता नहीं दिखाई पड़ रहा है, क्या उसे भूला जा सकता है? मैंने आपसे कहा कि कभी-कभी यह सुनने में आता है कि आदमी की मृत्यु हो गई और उसका शव नहीं उठाया जा रहा है। बीमारी में किसी का हालचाल लेने की हिम्मत नहीं पड़ती। अकस्मात् हम कितने कायर हो गए हैं! भीड़ में चलने वाले वे देशभक्त, उन्माद में लूट लेने वाले, हिंसा करने वाले लोग कहाँ गए? सब घरों में बैठे हुए हैं। कभी-कभी मन साहित्य की ओर भटक जाता है। पहले माना जाता था कि कायदे से मन वहीं लगना चाहिए। लेकिन साहित्य की बात मन में आती है तो लगता है कि मुख्य बात तो कोरोना है और हम इधर साहित्य की ओर भटक जा रहे हैं। लेकिन इसके बावजूद मन तो भटकता ही है।

आजकल मेरे दिमाग में एक अजीब बात आ रही है, और इससे मैं खुद चकित भी हूँ, हालाँकि इस पर मैंने पहले विचार किया है लेकिन इस समय जिस रूप में

आ रही है, उस रूप में पहले कभी नहीं सोचा था—ग़ालिब और तुलसीदास की, बुढ़ापे की बीमारियाँ और उनकी असह्य यातना की बात। मैं उतनी उर्दू तो नहीं जानता लेकिन उसके प्रति मेरे मन में लगाव बहुत है। ग़ालिब का अपने बुढ़ापे और अपनी बीमारी का बयान—ऐसा लगता है कि वे बहुत परेशान थे। ग़ालिब के यहाँ मरने का बहुत जिक्र है। ऐसा लगता है, जैसे ग़ालिब की मानसिकता मृत्यु से बहुत ग्रस्त हो! मौत के बारे में ग़ालिब के यहाँ बहुत लिखा गया है। शायद वे मौत से डरते बहुत रहे हों! लेकिन एक ओर मौत से डरना और दूसरी ओर मौत आने की उम्मीद पर ही सारी उम्मीदों का निर्भर होना।

मुनहसिर हो जिसकी मरने पर उमीद
नाउमीदी उसकी देखा चाहिए।

या

मरते हैं आरज़ू में मरने की
मौत आती है पर नहीं आती।

जीवन इतना त्रासद हो गया है। बुढ़ापे और बीमारियों ने इतना दुखी कर दिया है कि जीवन से सारे राग को खत्म कर दिया है, सारे सम्बन्धों को छिन्न-विच्छिन्न कर दिया है। शारीरिक यातना इतनी असह्य हो गई है कि मौत सबसे सुखद हो गई है। लिखते हैं कि शरीर के अंगों पर असंख्य फाहे पड़ गए हैं। चमड़ी उधड़ गई है। पेशाब और पाखाना करने के लिए उठने की भी शरीर में ताकत नहीं रह गई है। और यह ग़ालिब के एक-दो खतों में ही नहीं है। 1860 के आसपास और उससे थोड़ा पहले से ही प्राय: जिसको भी खत लिखते हैं, उसमें मुगल-साम्राज्य के पतन का सन्दर्भ है। मुगल-साम्राज्य का ही अन्त नहीं हो रहा था, बल्कि उसकी संस्कृति, उसके स्थापत्य, उसके संगीत, उसकी भाषा का भी ह्रास हो रहा था और उसकी यातना ग़ालिब के शेरों में दिखाई पड़ती है। इससे हम अन्दाजा लगा सकते हैं कि ग़ालिब का अन्तिम समय कितना असह्य रहा होगा।

अब इसी के साथ मुझे तुलसीदास भी याद आते हैं। पता नहीं, मेरे दिमाग का कौन-सा चक्कर है कि अक्सर ग़ालिब और तुलसी साथ-साथ याद आते हैं। यह हिन्दी जाति को और उसकी परम्परा को, सौन्दर्य को चित्रित करने वाला कवि है। उसने अपने जीवन में इतनी यातना और सम्भव है, सुख भी बहुत देखा होगा लेकिन

उसके साथ-साथ और कुछ भी है जोकि इतना सुखद नहीं है, वह भी दिमाग में अक्सर आता रहता है।

तुलसीदास को शारीरिक तकलीफ भी बहुत थी। बाहु की पीड़ा हो गई थी जिसके निराकरण के लिए उन्होंने 'हनुमानबाहुक' लिखा। अब तुलसीदास के राम और तुलसीदास के हनुमान तो सर्वशक्तिमान और सर्वज्ञ हैं। जब बीमारी आती है तो तुलसीदास बहुत आत्मविश्वास के साथ हनुमान से कहते हैं कि यह सब तोड़ताड़ दो। आपके रहते यह बीमारी क्या कर सकती है! और राम के सामने यह बीमारी क्या है!

अब दिक्कत यह है कि बीमारी बढ़ती जाती है। हनुमान और राम के बावजूद बीमारी बढ़ती जाती है। अब तुलसीदास सोचते हैं कि कहीं कोई भूल हो गई होगी मुझसे। मैं तो राम का गुलाम हूँ और हनुमान मेरे साथ हैं। कुछ मुझसे ही गलती हो गई होगी, तभी वे कुछ कर नहीं पा रहे हैं। बताते हैं कि मैं तो भूखा-प्यासा रहता था। राम ने कृपा की और मैं खाने-पीने लायक हो गया। 'तुलसी गोसाईं भये भोंडे दिन भूल गए'—मैंने राम को भुला दिया इसलिए सब कुछ हो रहा है। लेकिन जब बीमारी और बढ़ने लगती है तब 'रोम रोम फूटत निकसत लो न रामराइ को'—जैसे कोई आदमी नमकहरामी करे और उसका नमक पीप के समान शरीर से फूट-फूटकर बहे, वैसे ही मेरे शरीर से राम का नमक फूट-फूटकर निकल रहा है।

मेरे एक डॉक्टर मित्र ने बताया कि फोड़े में से जो पस निकलता है, वह नमकीन होता है। आप कल्पना करिए कि तुलसीदास अपने हनुमान से कहते हैं कि तुम बूढ़े हो गए हो। बहुत लोगों को पालते-पालते तुम बूढ़े हो गए हो। अब दिक्कत यह है कि तुलसीदास की आस्था भी अटूट है और बीमारी भी अटूट है। इतनी ज्यादा वेदना सही है कि मन छटपटाता है।

ग़ालिब के साथ यह समस्या नहीं थी। ग़ालिब तो पहले से ही जानते थे—'हमको मालूम है जन्नत की हकीकत'। खुदा के सहारे वे पहले से नहीं थे। उनको खुदा पर वैसे ही बहुत भरोसा नहीं था लेकिन तुलसी को था। राम से कहो आप कि 'हाय रामराय कहूँ ऐसो हूँ भई है।' यह मुहावरा कि 'कहूँ ऐसो हूँ भई है'—इसका अर्थ तो अवधी बोलने वाला ही जानता है।

पैंसठ वर्ष के ठाकुर जमींदार साहब थे। उनके घर पर एक दलित हलवाहा था जिसकी लड़की जब बड़ी हुई तो ठाकुर साहब उससे इश्क लड़ाने लगे। जब उसने हल्ला मचाया और जब उसका बाप गया तो जमींदार साहब उसे पिटवाने

लगे तब वह कहता था कि 'हाय, बाबू कहूँ ऐसो होत?' अर्थात कहीं ऐसा भी होता है? कहने का तात्पर्य यह कि मेरी बेटी जो सोलह साल की है और आप पैंसठ के होकर उसके साथ ऐसी हरकत कर रहे हैं और जब मैं रोकने आता हूँ तो उलटे मुझे ही पिटवाते हैं—'कहूँ ऐसो भी होत है?' तो इसी तरह तुलसीदास भी कहते हैं।

कहते हैं कि राम, ऐसा लगता है, जैसे यह तुम्हारे बस की भी बात नहीं है। इसलिए इससे अच्छा है कि मैं ही यह सोच लूँ कि मैंने ही ऐसा कोई कर्म किया था जिससे यह बीमारी ठीक नहीं हो रही है। अब ऐसा तो नहीं कह सकते कि तुलसीदास का राम के प्रति मोहभंग हो गया है, क्योंकि ऐसा कहने से कई लोगों को बुरा लग सकता है लेकिन यह जरूर है कि वे भयंकर रूप से विचलित जरूर हुए थे। लेकिन निराला इतने विचलित नहीं थे।

मैंने निराला के अन्तिम दिनों की एक कविता का उल्लेख किया था। वह सम्भवतः उनकी अन्तिम कविता है। 'निराला रचनावली' के सम्पादक डॉ. नन्दकिशोर नवल ने उसका सम्भावित रचनाकाल अगस्त-अक्टूबर, 1961 ई. दिया है। 'रचनावली' के अन्त में प्रकाशित किया गया है। इस कविता की पर्याप्त चर्चा हुई है और अभी होगी भी लेकिन आश्चर्यचकित करने वाली बात यह है कि तुलसीदास और ग़ालिब से बिलकुल भिन्न, उनसे विपरीत निराला का मानसिक सन्तुलन और उनके काव्य-शिल्प का सन्तुलन इतना समुचित है, इतना विवेकपूर्ण है कि लगता है कि निराला मानसिक रूप से भले ही विक्षिप्त हो गए थे लेकिन उनका जो काव्य-विवेक है, अक्षत था। और यही नहीं कि अक्षत था बल्कि उन दिनों की उनकी कविताओं को देखकर यही कहेंगे कि वह उच्चतर भावभूमि पर स्थित था। उनका व्यावहारिक नागरिक जीवन एक तरह से बिलकुल असन्तुलित था परन्तु उनका जो कवि-जीवन है, वह पूर्णरूप से अक्षत, भाव-समृद्ध और शिल्प-समृद्ध था। जिसे काव्य-विवेक और काव्य-शिल्प कहते हैं, उसे उनके अन्तिम दिनों में भी कोई खरोच नहीं आई है।

दूसरी बात यह कि तुलसीदास या फिर ग़ालिब के बुढ़ापे के दिनों की, रोग के दिनों की या अन्तिम दिनों की कविताओं में वे 'कविता' की बात नहीं करते और वे काफी विचलित हैं। ग़ालिब के बारे में तो आप यह स्पष्टतः कह सकते हैं कि उन्होंने खुदा पर, जन्नत पर या फिर जो धार्मिक मामले हैं, प्रतिष्ठान हैं, उन पर आजीवन आक्रमण किया है। इस तरह से वह खड़ी बोली के पहले मॉडर्न कवि के रूप में दिखाई पड़ते हैं :

हम भी क्या याद करेंगे कि खुदा रखते थे

मैंने कहीं पढ़ा है या सुना है या फिर हो सकता है कि किसी फिल्म में देखा हो कि जब उनका बच्चा खुदा को प्यारा हो जाता है, उस वक्त उनकी बेगम कहती हैं कि 'खुदा को यही मंजूर था', तो ग़ालिब कहते हैं कि 'बेगम, तुम्हारे खुदा को कुछ अच्छी बातें भी मंजूर हैं? नन्ही-सी जान और सैकड़ों मन की मिट्टी पड़ी हो कि करवट भी नहीं ले सकता।'

तो खुदा से, जन्नत से या फिर इस तरह की दूसरी चीजों से ग़ालिब का मोहभंग शुरू से ही था; परन्तु तुलसी के साथ ऐसा नहीं था। तुलसी अन्त तक राम और हनुमान के भरोसे थे। बल्कि अपनी कविता के बारे में उनका यह कहना था कि 'यह कविता राम का गुणगान करने में समर्थ नहीं है।'

तुलसीदास कविता को एक असमर्थ साधन मानते थे। राम इतने बड़े हैं, राम की भक्ति इतनी बड़ी है, हनुमान इतने बड़े हैं कि उनके आगे कविता कहाँ? आखिर में तुलसीदास अपनी बीमारी से इतने विचलित होते हैं कि पूछिए मत और उसका जिक्र मैं ऊपर कर चुका हूँ।

इन दोनों कवियों को देखते हुए निराला के बारे में लगता है कि—उनके अन्तिम दिनों में, जबकि वह मानसिक रूप से विक्षिप्त कहे और समझे जाते हैं, दो निराला हैं। एक निराला तो वह हैं जो दुनियादार हैं ही नहीं बिलकुल। दुनिया के नियमों से, उसकी पाबन्दी से बिलकुल दूर, स्वतंत्र हैं और दूसरे निराला वह हैं, जिस रूप में उन्हें विकसित कहा और समझा जाता है, जो कवि हैं, जो कविता के प्रति, शिल्प के प्रति, काव्य की जो कारीगरी है, तकनीक है, शब्दों का प्रयोग है, वर्णानुप्रास है, बन्दिश है, उसमें बहुत सजग हैं। जिस कविता की बात की जा रही है, उस कविता में निराला जीवन को इस विवेकपूर्ण दृष्टि से देख रहे हैं, जैसे वह जीवन से बिलकुल दूर, अलग होकर अपने जीवन को, अपनी मृत्यु को, अपने अन्तिम समय को, कवि नागरिक के रूप में देख रहे हों!

निराला का जीवन कैसा था?

'धिक जीवन जो पाता ही आया विरोध'—ऐसा था। इसके पहले भी वे लिख चुके हैं :

मैं अकेला देखता हूँ
आ रही मेरे दिवस की सांध्य वेला।

मेरे कहने का मतलब यह नहीं कि अन्तिम दिनों में तुलसीदास या ग़ालिब कविता-रचना में शिल्प का ध्यान कम रखते थे। वे इस विषय में निराला से बीस हैं।

सांध्य वेला आ रही है और मैं उसे देख रहा हूँ बिलकुल गैर-रोमांटिक तरीके से। लेकिन यहाँ मृत्यु को आते हुए देखना एक बात है और मृत्यु आ गई है, उस स्थिति में आकर मृत्यु पर लिखना अलग बात है। बहुत बड़े-बड़े लोग आक़बत के डर से या रोग की चिन्ता से कातर हो उठते हैं। निराला की इस कविता में और उनकी अधिसंख्य अन्तिम कविताओं में आत्मकरुणा नाम की चीज ही कहीं नहीं है, जैसे कोई आदमी अपने से बिलकुल अलग करके अपने-आपको देख रहा हो और इतना शान्त हो गया हो!

पत्रोत्कंठित जीवन का विष बुझा हुआ है।

'पत्रोत्कंठित' यानी आप जानते हैं कि पत्र आने वाला है। पत्र की उत्कंठा है। 'उत्कंठा'—जब किसी चीज को गर्दन उठाकर देखते हैं कि वह आ रहा है या नहीं आ रहा है। यह पत्र मृत्युपत्र है जिसको अवधी में कहते हैं कि 'भई! कागद आ गया है उनका।' 'जीवन का विष बुझा हुआ है'—यह प्रयोग देखिए उनका। आग बुझी है। 'विष बुझा रहना'—यह प्रयोग देखिए। पत्रोत्कंठित जीवन का विष बुझा हुआ है और आशा का प्रदीप जलता है हृदय-कुंज में। हृदय-कुंज में आशा का दीपक जल रहा है। मृत्यु आ रही है। मृत्यु का स्पर्श हो रहा है। और 'धिक जीवन जो पाता 'ही' आया विरोध'। और 'दुख ही जीवन की कथा रही'। ऐसे व्यक्ति के अन्त समय में हृदय में आशा का प्रदीप जल रहा है। तीसरी पंक्ति है—'अंधकार पथ एक्र रश्मि से सुझा हुआ है'। देखिए, शायद ही इस क्रिया का प्रयोग किसी ने इस अर्थ में किया होगा। अंधकार तो है मृत्यु में, लेकिन बड़ी बात यह है कि वह अंधकार-पथ एक रश्मि से सुझा हुआ है। जैसे अंधकार में जब कुछ नहीं दिखाई पड़ता, तब केवल ध्रुव से दिशाओं का निर्णय करता है।

अंधकार-पथ पर चलने वाले निराला को दिशा दिखाई दे रही है। मृत्यु के समय भी निराला दिशाहीन नहीं हैं। मरते समय उन्हें कहाँ जाना है, क्या करना है? कौन-सा पथ उनका है?—यह सब कुछ जैसे निराला को पता हो!

अंधकार में भी एक किरण है, एक रश्मि है, एक रास्ता है—इस पूरे प्रसंग में, इस पूरी कविता में ध्य।न देने की बात यह है कि कहीं किसी सर्वशक्तिमान का सहारा नहीं है। किसी भगवान, किसी ब्रह्म या फिर अपने से बड़े किसी लोकोत्तर

शक्ति का सम्बल नहीं है निराला के पास। निराला के पास अपना घोर आत्मसंघर्ष और जीवनानुभव है। मृत्यु का वरण करते हुए निराला का अंधकार एक प्रकाश को लिये हुए है अपने साथ। उनका जीवन-संघर्ष और उनका जीवन-अनुभव एक रास्ता भी दिखा रहा है। एक प्रकाश भी दिखा रहा है। इस दृष्टि से अगर आप विचार करें तो निराला का व्यक्तित्व अप्रतिम दिखाई पड़ता है। उनका पूरा संघर्ष उनके काम आता है।

और मैंने शुरू में आपसे कहा था कि क्या कविता संकट के समय काम आती है? जैसे टाइटैनिक जहाज के डूबते वक्त उसके 'गायकों का वाद्य वृंद', गांधी जी के लिए 'हे राम!', वैसे निराला के लिए 'राम की शक्ति-पूजा' के राम का सहारा यहाँ नहीं है। निराला के काम आते हैं उनके जीवन-संघर्ष और उनके अनुभव को आजीवन अभिव्यक्त करने वाली उनकी कविता। वह कविता अपनी सारी भंगिमाओं, सारे शिल्प और सारी लीलाओं के साथ आती है। जैसे कोई नायिका सारे हाव-भाव के साथ आपके सामने हो, वैसे ही। यह निराला की कविता है जो केवल कविता ही नहीं है। निराला के लिए एक जीवन विश्वास है, जो मौजूद है। बाद में निराला सिद्ध योगियों जैसे असाधारण मानव हो जाते हैं, जैसे फूल में फल आ जाता है। लेकिन निराला इससे भी अलग हैं। उनके जीवन के फूल में फल आया कि नहीं आया, या वैसे ही बिना किसी फल के गिर पड़ा है? या फल के साथ गिरा उसका कोई विशेष मतलब नहीं है? भीष्म का जीवन महान तप का जीवन रहा और अन्त में उनको शरशय्या मिली, तो निराला अपने को ही कह रहे हैं :

ताक रहा है भीष्म शरों की कठिन सेज पर।

जो सिद्ध योगियों जैसा रहा और साधारण मानव रहा, उसके लिए कोई अन्तर नहीं है। चाहे वह साधारण मानव जैसा रहा हो, तब भी ठीक है। सिद्ध योगियों जैसा रहा हो, तब भी ठीक है। वह ताक रहा है, किसको ताक रहा है? जैसे निराला ताक रहे हैं अपनी मृत्यु को जीवन की सिद्धियों से बिलकुल परे होकर। भीष्म शरशय्या पर हैं पर शरशय्या की पीड़ा से बिलकुल अलग होकर किसी और चीज को देख रहे हैं। निराला पूरा एक कविता का भवन निर्मित करते हैं, छह ऋतुओं का रूपक बिम्ब विवरण देकर। तुलसीदास से उन्होंने वर्णानुप्रास की शक्ति जो सीखी थी। वर्षा में जो मूर्धन्य ष है, उसके ऊपर रेफ है। तो वर्षा उसी तरीके से कर्षित है, आम आमोदित है, वसन्त बौरा है। बिलकुल जैसे निराला की शैली है सघन दबा-दबा

करके, कसकर कोई चीज कहीं रखी जाती है, ठीक वैसे ही। वे शब्द जितने ही ज्यादा अल्प होते हैं, उतना ही ज्यादा उनमें अर्थ-गौरव भरा होता है। और यह सब जो तकनीक है, शिल्प है, भंगिमाएँ हैं, कविता के जेस्चर्स हैं, छंद के जो रणित-गणित हैं; रस, राग, गंध, अलंकार, ध्वनि, गति-यति हैं—यहाँ सब भरा हुआ है उनके काव्य-जीवन में। इसे उन्होंने कितनी निरन्तरता और कितनी तीव्रता में बरता है अपनी कविताओं में! कितना है यह सब, लेकिन वे उस सबसे विरत हैं। इन सबको वह कहीं दूर से देख रहे हैं।

एक शृंगार का भाव तो है, उसमें लज्जा तो है परन्तु उसमें शर्म नहीं है, वह सुखद है। लेकिन वह उन क्रीड़ाओं की अन्तिम परिणति है। उस लास्य में, उस क्रिया-कलाप में जो तीव्रता थी, जो शिद्दत थी, जो उन्माद था, उससे रहित, उससे अलग हो गई है। जैसे भीष्म अपने कठिन युद्ध से अलग होकर सोच रहा है, जैसे सिद्ध योगी और साधारण मानव में कोई अन्तर नहीं रह गया है, वैसे ही वे जो सारी क्रीड़ाएँ हैं—काव्य क्रीड़ाएँ हैं या और भी क्रीड़ाएँ हैं, वे व्रीड़ा में परिणत हो रही हैं। उस उन्माद, उस तीव्रता से अलग होकर विवेक और सन्तुलन में आ गई हैं, जैसे उन पर दृष्टिपात हो रहा हो और उनका विष बुझ गया है।

डॉ. रामविलास शर्मा ने विस्तृत रूप में बताया है कि निराला प्राय: युद्ध का रूपक बाँधते हैं। चाहे वह 'राम की शक्ति-पूजा' हो, चाहे 'सरोज-स्मृति' हो, चाहे 'तुलसीदास' हो। उनके अपने जीवन में भी उन पर बहुत मार पड़ी है, बड़ा संघर्ष किया है उन्होंने लेकिन 'मल्ल मल्ल की मारें मूर्च्छित हुईं'। निराला साहित्य के संकलनकार और मर्मज्ञ डॉ. नवल ने कहा कि नहीं, 'भल्ल' शब्द है। यहाँ पर 'मल्ल' नहीं, 'भल्ल' है। पर मुझे लगता है कि 'मल्ल' शब्द ही होना चाहिए, 'भल्ल' नहीं होना चाहिए। क्यों? क्योंकि निराला और तुलसीदास के लिए निर्णायक होता है अनुप्रास। और अर्थ भी उपयुक्त है। 'मल्ल मल्ल की मारें मूर्च्छित हुईं' में तीन 'म' हैं।

कठिन से कठिन मार्मिक अवसर पर तुलसीदास और उन्हीं की तरह निराला भी अनुप्रास बन्द छोड़ नहीं पाते हैं। तुलसीदास वाला अनुप्रास 'तुम नीके निज नैन निहारे' में यहाँ से लेकर वहाँ तक 'न', 'न' है। तुलसीदास का जो अनुप्रास प्रेम है, उससे उनके पाठशोध में बड़ी सहायता मिलती है। अगर आपको यह निर्णय करना हो कि 'बायस पलिहै अति अनुरागा' में 'बायस' पाठ है या 'पायस' पाठ है, तो आप यहाँ आँख मूँदकर 'पायस' पाठ कर सकते हैं। क्योंकि अगर तुलसीदास

'बायस' लिखेंगे तो फिर 'प', 'प' नहीं लिखेंगे। तो उसी प्रकार यहाँ भी 'मल्ल मल्ल की मारें मूर्च्छित' हो गई हैं। निशाने उनके चूक गए हैं। निशाने चूक गए और निराला बच गए हैं। अब आखिरी रूप याद कीजिए—'मल्ल' याद आया, 'युद्ध' याद आया तो अपना सीना याद आया। और सीना किस रूप में याद आया? कि—'झूल चुकी है खाल, ढाल की तरह तनी हुई थी'।

अब याद आएगा आपको कि 'कुल्ली भाट' में निराला ने जहाँ अपने सीने, कमर और जाँघों का बयान किया है, वही खाल अब झूल गई है लेकिन कभी ढाल की तरह तनी थी। निराला इन दोनों के साथ आते हैं और इन दोनों से अपने को अलग भी करते हैं। आखिर में 'पुनः सवेरा एक और फेरा है जी का'। यह 'अंधकार पथ एक रश्मि से सुझा हुआ था' और इसमें एक 'कल शारद कल्यकी'। शारद कल्यकी का अर्थ शरदकालीन प्रातःकाल का सवेरा भी है तो इस अंधकार पथ में एक रश्मि भी सब चीजों को सुझा रही है। और इन सबसे विरक्त और अलग होकर भी भविष्य है निराला का। भविष्यहीनता निराला की मृत्यु में भी नहीं है—'अभी न होगा मेरा अन्त।'

एक जीवन है मृत्यु में भी, वह जीवन की आकांक्षा है। वह कवि का जीवन है, काव्य का जीवन है। वह लोगों द्वारा स्मृत किये जाने का जीवन है। वह अपनी कविता और व्यक्तित्व की कालजयिता का सवेरा है। मुझे बहुत स्पष्ट नहीं है। यही लगता है कि जो कठिन जीवन-संघर्ष है, वह उनके 'जीवन का विष' ही नहीं बुझाता, वह आत्म-करुणा से ही उनको विलग नहीं रखता बल्कि मृत्यु के बाद भी उनके कवि जीवन के बने रहने का एक संकेत और सन्देश देता है। निराला पत्रोत्कंठित जीवन में भी, मृत्यु की प्रतीक्षा करते समय भी, किसी इष्ट या सर्व शक्तिमान सत्ता को नहीं याद करते—तुलसी और ग़ालिब से भिन्न कविता की बात यानी कविता पर इतना विश्वास?

जीवन की सफलता और अफलता के सन्दर्भ में भीष्म का 'ताकना' क्या भीष्म के अविवाहित या अफल जीवन का संकेत है? गुरुवर आचार्य द्विवेदी से पूछता...

हम बात कर रहे थे कि ये जो महानगरों से अपने गाँव घर की ओर श्रमिक जा रहे हैं और जिस रूप में जा रहे हैं, जिन स्थितियों में जा रहे हैं, वह श्रम की यात्रा तो है ही, इसके साथ ही हमारे देश के इतिहास के एक दौर का यात्रा-दृश्य भी है। जो हम हैं, समाज के विभिन्न घटकों के बीच जो हमारे सम्बन्ध हैं, इन सम्बन्धों की जीती-जागती तसवीर हैं श्रमिकों की यह यात्रा और उसकी परिस्थितियाँ। खुद महानगरों की स्थिति से जब इनकी आप तुलना करते हैं तो एक अन्तर साफ दिखलाई पड़ता है कि ये जो मजदूर हैं, श्रमिक हैं, ये अभावग्रस्त हैं, साथ ही इनके खर्चा-पानी का स्रोत नगरों में सूख गया है, इसलिए ये महानगरों से अपने घरों की ओर जा रहे हैं। गाँव, जिसको ये अपना अन्तिम शरण मानते हैं, अपनी धरती मानते हैं, अपनी माँ मानते हैं। संकट के समय जिस तरह बच्चा अपनी माँ को याद करता है, उसी तरह ये अपने गाँव को याद करते हैं। इस तरह से ऐसे बिना सम्बल, बिना पाथेय के सामूहिक यात्रा की परम्परा भी हमारे देश में रही है। ये अभावग्रस्त हैं इस समय लेकिन समूह में हैं और अपने को इतना असहाय महसूस नहीं करते। आप इनकी स्थितियाँ देखकर विचलित हो जाते हैं लेकिन आप यह देखते हैं कि ये खुद निराश-हताश कम दिखलाई पड़ते हैं। ज्यादातर ये चलते हुए दिखलाई पड़ते हैं, मगन दिखलाई पड़ते हैं। जब परेशान भी होते हैं तो परेशान होकर पड़ जाते हैं।

लेकिन महानगरों की स्थिति बिलकुल दूसरी है। महानगरों में जो मध्यवर्ग है, वह बेहद भयभीत है। वह इतना व्यक्तित्वविहीन और इतना आत्महीन हो गया है कि उसकी अपनी निजता गायब हो गई है। अजीब बात है कि यह जो निजता गायब हुई है, यह जो आत्मविहीन हुआ है, वह इसलिए हुआ है क्योंकि उसकी परस्पर सम्बन्धता गायब हो गई है। क्योंकि उसका जो आत्म था, वह इस परस्पर सम्बन्धता से ही रूपायित होता था।

मुक्तिबोध ने अपनी कविताओं में इसे बहुत अच्छी तरह व्यक्त किया है। बहुत दिनों तक नये कवि, हिन्दी आलोचक, विचारक निजता और सामूहिकता में जैसे कुछ परस्पर विरोध देखते रहे हैं। लेकिन बहुत दिनों के बाद यह धीरे-धीरे खुला कि जो निजता है, वह शक्ल ग्रहण करती है परस्पर सम्बन्धता से। और इस कोरोना संकट ने, जो है तो स्वास्थ्य की समस्या लेकिन यह स्वास्थ्य-समस्या ऐसी बीमारी है जिसने बीमारी के साथ-साथ एक महान सांस्कृतिक-आध्यात्मिक संकट पैदा कर दिया है। व्यक्ति आत्मविहीन हो गया है। वह यात्रा करने वाला जो श्रमिक है, वह

आत्मविहीन नहीं है, वह लोगों के साथ में है। लेकिन यहाँ ऐसी स्थिति है कि जो पड़ोस का आदमी है, उस पर व्यक्ति नजर रखता है कि कहीं उसे बीमारी तो नहीं? पहले भी नजर रखी जाती थी लेकिन नजर इस तरह नहीं रखी जाती थी। उसमें देखा जाता था कि अगर कोई बीमार पड़ गया है, किसी प्रकार के संकट में पड़ गया है तो हम दौड़कर उसकी सहायता करें। ऐसा न हो कि हमारे पड़ोस का आदमी बीमार हो और उसकी कोई सहायता करने वाला न हो। तब जब आदमी बीमार है, वृद्ध है, तो आसपास के लोग उसकी सहायता करते थे। और उसकी सहायता करने में अपनी इंसानियत और अपने होने की सार्थकता का अनुभव करते थे।

अब ऐसी स्थिति है कि हम नजर इसलिए रखते हैं कि कोई अगर बीमार पड़ गया है तो अपने-आपको उससे दूर रखते हैं, उसके प्रति नफरत तो नहीं कह सकते, एक प्रकार का हेय भाव अपने भीतर विकसित कर लेते हैं। उसके प्रति जो हमारे मन में एक स्वाभाविक उदारता रही है मनुष्यता की, हमारे इतिहास की, हमारी परम्परा की, उससे बिलकुल अलग हम यह समझने लगे हैं कि पीड़ित व्यक्ति से दूर रहना चाहिए।

एक बहुत बीभत्स रूप सामने आया है कि अगर कोई कोरोना से मर गया तो उसका शवदाह नहीं करते। लोग शव नहीं दफनाने देते—अपने क्षेत्र में। मृत व्यक्ति तो मुक्त हो जाता है। असहाय वे हो गए हैं जो जीवित हैं। वे इतने भयभीत हो गए हैं कि अपने मृत दिवंगत भाई के लिए उनके पास आँसू भी नहीं बचे हैं। इसलिए नहीं बचे हैं कि वे खूब रोए हैं बल्कि उनके पास हैं ही नहीं। व्यक्ति इन दिनों अधिकांशतः अश्रुविहीन हो गया है, करुणाविहीन हो गया है। ये जो श्रमिक जा रहे हैं, उनकी जैसी स्थिति हो गई है, वैसी स्थिति महानगरों में रहने वाले लोगों की नहीं है। इसके बहुत-से कारण हैं। ये शहर के मध्यवर्ग की पीढ़ी शापग्रस्त है, अपराधबोध से ग्रस्त है। हम लोग अपने वृद्ध माँ-बाप को, अपने परिजनों को, अपने मित्रों को गाँव में छोड़कर नौकरी पाने के लिए, सुख-सुविधा के लिए, नगर में आ गए हैं तो यह कोई अपराध नहीं हो सकता। गाँव में रहते तो न ही उनका भला कर पाते और न ही अपना। गाँव से नगर में आ गए और जिन्दगी कुछ बेहतर हो गई तो यह अच्छी बात है। यह अपराध कैसे हो सकता है? हाँ, अपराध यह तब बिलकुल न होता अगर हम अपना सम्बन्ध गाँव से लगातार बनाए रखते। आप अपने आर्थिक सम्बन्धों को, अपने रागात्मक सम्बन्धों को अपने गाँव से खारिज न कर देते। हुआ यह कि नगर में गाँव से बेहतर कुछ सुख-सुविधाएँ मिलीं। वह

सुख-सुविधाएँ आपकी आमदनी में से गाँव और परिवार के लिए कुछ छोड़ती ही नहीं थीं। और यह न हुआ कि इन सुख-सुविधाओं से बचकर हम अपनी आय को गाँव में या अपने परिवार के लोगों में बाँटकर अपनी भागीदारी रखें। यह मुश्किल था। यह कहने में आसान है लेकिन बहुत मुश्किल काम था। गाँव में रहकर आप गाँव के लिए बहुत कुछ कर सकते थे लेकिन गाँव से नगर में आकर आप गाँव वालों की उसी तरह परवाह करें, जैसे आप गाँव में रहकर वहाँ के लोगों की परवाह कर सकते थे, यह मुश्किल था। संयुक्त परिवार टूट गया। आपने एक छोटी-सी कोशिश करके एक मकान बनवा लिया। आप पढ़े-लिखे थे। काफी रुपये-पैसे वगैरह लेकर आपने शादी भी कर ली। आपके बच्चे भी हुए। अब आपके परिवार की जो इकाई है, वह आपके गाँव के परिवार से अलग हो गई। यह व्यक्ति की जो नियति है, उसे स्वतंत्र भारत के इतिहास ने हमारी पीढ़ी के व्यक्ति को दी है।

जो माँ-बाप से विहीन पपी या कुत्तों से सुशोभित घर है, यह घर प्रतीक है स्वतंत्र भारत की अपराधग्रस्त-शापग्रस्त हमारी पीढ़ी का। इसलिए जो श्रमिक नगर छोड़कर गाँव की ओर जा रहे हैं, वे इस तथाकथित पाप और अभिशाप से ग्रस्त नहीं हैं। हम ग्रस्त हैं इसलिए मनुष्यता से जुड़ने की हमारी आदत ही छूट गई है। यह एक बहुत बड़ा अन्तर है जो दिखलाई पड़ रहा है। जितना ज्यादा हम अपने में सिकुड़ते जाते हैं, उतना ही ज्यादा हम असहाय हो जाते हैं। पहले जो संकट आते थे, उसमें आदमी जोर लगाकर उबरने की कोशिश करता था। आशा है कि हम भी उबरेंगे। लेकिन अभी उबरने का आभास कम मिल रहा है। अब यह जो श्रमिकों की यात्रा है, उसका एक और बड़ा भयावह रूप है—गाँव की स्थिति अब वही नहीं रह गई है, जैसा हम छोड़कर आए थे। गाँव की स्थिति बहुत बदली है। यदि आप सुधार शब्द का बहुत ढीला प्रयोग करना चाहें तो कह सकते हैं कि गाँव में सुधार हुए हैं।

वर्ण-व्यवस्था के जो सम्बन्ध थे, उनमें परिवर्तन हो पाया है। कृषि सम्बन्धों में बहुत परिवर्तन हुआ है। कई परिवर्तन प्रगतिशील हैं। दलित-चेतना और नारी-चेतना का असर वहाँ भी हुआ है। वहाँ दलितों की स्थिति और माँ-बहनों की स्थिति, घर की औरतों की स्थिति अब उतनी भयावह नहीं है जितनी पहले थी। उनमें सुधार हुआ है। शिक्षा का प्रसार वहाँ भी हुआ है और हो रहा है। सबसे बड़ी बात यह कि जमीन के भाव बहुत बढ़ गए हैं। छोटी जमीन वाले यानी होरी जैसी स्थिति वाले व्यक्ति की भी यदि जमीन बची हुई है तो उससे उसे बहुत पैसा मिल सकता है। जो अपनी जमीन बेचकर ऐश उड़ाने वाले हैं, वे अपनी जमीन बेच रहे हैं और कई

स्थितियों में देखा है कि वहाँ के दलित वर्ग के लोग, अल्पसंख्यक या पिछड़े वर्ग के लोग बाहर जाकर कमाते हैं। वे वहाँ आकर अपनी कमाई से उनकी जमीन खरीदते हैं। इस स्थिति में एक वह है जो यहाँ से नगरों में रहने के लिए चला आया और जिसे शापग्रस्त हमने कहा है। दूसरा गाँव में रह गया, वह आदमी है और जिसके पास जमीन है, उसकी पहचान सुख-सुविधाओं से हो गई है। लेकिन वह यह भी समझ गया है कि यह जमीन बहुत कीमती है और पेड़ बहुत कीमती हैं। अब आम और अमरूद पहले जैसे सबको वितरित कर देने वाली चीज नहीं हैं। अब तालाब भी आमदनी का स्रोत है। अब यह पशु-पक्षी भी हमारी आय के स्रोत हैं। गाँव के लोगों में यह पहचान हो गई है कि चीजों से पैसा कैसे पैदा किया जाता है और आप कमाने वाले आदमी हों तो अच्छा पैसा पैदा कर सकते हैं। जब अच्छा पैसा कमा सकते हैं तो सुख-सुविधाएँ भी आप उठा सकते हैं। और जिस आत्महीनता की बात हमने की थी, वह गाँव के लोगों में बिलकुल नहीं है, ऐसा भी हम नहीं कह सकते। वहाँ के निवासी उतने निरीह नहीं रह गए हैं। ऐसी स्थिति में ऐसी खबरें भी मिली हैं, और ऐसी खबरों की कोई कमी भी नहीं है कि नगर से जाने वाला श्रमिक जब गाँव पहुँचता है तो उस गाँव में देखता है कि जो उसकी जमीन थी, जिस जमीन की देखरेख उसका भाई करता था और उसका लाभ उठाता था, उससे जब बिना रुपये-पैसे के भागकर बहुत दिनों के बाद गाँव पहुँचने वाला व्यक्ति कहता है कि भाई, कुछ जमीन हमारी भी इसमें है, हमें दे दो, तो ऐसी स्थति में उसका कत्ल तक कर दिया जाता है। गाँव में जमीन के लिए हत्याएँ बहुत होती हैं।

आत्महीन-सम्बन्धहीन पीढ़ी अब गाँव में भी पैदा हो गई है। यह अधिक भयप्रद है।

सामने की सड़क निर्जन है। यहाँ पहले सड़क पार करने के लिए दस-पंद्रह मिनट तक इंतजार करना पड़ता था। शोर का प्रदूषण था। इम्तिहान के दिनों में परीक्षा देने वाले बच्चे तैयारी नहीं कर पाते थे। अब लोग घरों में हैं। कभी-कभी इक्का-दुक्का स्कूटर से आता-जाता कोई दिखलाई पड़ता है। उससे सुनसान सन्नाटे का एहसास और गहरा हो जाता है।

सामने वाले फ्लैट में कोई सुनगुन नहीं है। एक छोटी-सी बच्ची है, तीन-चार साल की। पहले रोती, चीखती, शोर करती थी। आवाज आती थी। लड़की अब

भी है, उसके माँ-बाप हैं लेकिन चीं तक सुनाई नहीं पड़ती। बच्ची इतना चुप कैसे होगी? उसे क्या लग रहा होगा?

कुत्ते, पता नहीं, कहाँ चले गए! बन्दरों के मारे बुरा हाल था। पता नहीं, कैसे ये मंगल का दिन जान लेते थे कि इस दिन पूजा चढ़ती है! मंगल को आते, खाते-पीते। पूजा चढ़नी बन्द हुई लॉकडाउन में, तब भी कुछ दिन तक आए। खाने को नहीं मिलता तो छत पर चढ़कर गुस्से में चीजों को इधर-उधर फेंकते, तोड़ते। प्यास में पानी नहीं मिलता तो नल की टोटी तोड़ डालते। अब समझ गए हैं कि इस सबसे कुछ नहीं मिलने वाला है। अब पता नहीं, वे कहाँ चले गए! क्या श्रमिक प्रवासियों की तरह उनका भी कोई गाँव है? जंगल वे बहुत पहले छोड़ आए हैं; और जंगल अब हैं ही कहाँ?

चाय की दुकान बन्द है, कुलचे-छोले की रेहड़ी गायब है। आदमी ही नहीं है तो दुकान किसके लिए खुलेगी? बिहार, यूपी, छत्तीसगढ़ के सैकड़ों व्यक्ति यहीं चौराहे पर काम करते थे। विभिन्न दुकानों पर काम करते थे या खुद छोटी दुकान चलाते थे। रिक्शा चलाते थे, मजदूरी करते थे। औरतें थीं जो घरों में पोंछा-बर्तन करती थीं, खाना बनाती थीं। जिस घर में सिर्फ बुड्ढे-बुढ़िया हों—बच्चे बाहर कहीं अमरीका या दूसरी जगह हों—उनके यहाँ काम करती थीं। अब सब घर बैठी हैं।

पुलिस चौकी कहती है कि सब लोग घर में रहें, बाहर न निकलें। मास्क पहनें। संक्रमित होने से बचें और दूसरों को बचाएँ। कुत्तों और बन्दरों के खाने के बारे में कौन सोचता है? मजदूरी करके या छोटी कमाई करके पेट भरने वालों के पेट के बारे में कौन सोचता है?

सुबह होने पर सबसे पहले छोटे-छोटे लड़के-लड़कियाँ, कभी-कभी औरतें भी दिखलाई पड़ती थीं जो पूरा दिन कूड़ा बीनती थीं। वे बड़ी-सी थैली में कूड़ा-कबाड़ा-तिनका, टूटा-फूटा प्लास्टिक का बर्तन, लकड़ी, लोहा, बंच्चों के टूटे खिलौने, चप्पल-जूता उठा-उठाकर थैली में भर लेती थीं। इसका कुछ करती थीं जिससे उनकी रोजी-रोटी चलती थी। अब वे कहीं दिखाई नहीं पड़तीं। उनके बारे में कौन सोचता होगा?

फिर घर में अखबार फेंकने वाले हॉकर होते थे। अब ज्यादातर लोग संक्रमण के डर से अखबार नहीं पढ़ते। बच्चों को स्कूल ले जाने के लिए, छुट्टी होने पर

घर वापस लाने के लिए, बसों की कोलाहल होती सवेरे-सवेरे और तीसरे पहर।

सड़क पर सवेरे-सवेरे हाफ पैंट, वर्दी पहने हँसते हुए या उनींदे, ज़िद करते हुए; हँसी, झगड़ा करते हुए गोल-मटोल, लुढ़कते-दौड़ते बच्चे नहीं दिखलाई पड़ते हैं। वे घर में दुबके बैठे होंगे। सहपाठियों को याद कर रहे होंगे, उदास होंगे और कभी-कभी खुश भी कि पढ़ाई से छुट्टी मिली।

सड़कों पर महामारी, मौत का भय व्याप्त है। श्मशान घाट और कब्रगाह में पहले की सड़कों जैसी भीड़ है। अस्पताल के बाहर मरीज़ों की भीड़ है। मृत मरीज़ पड़े हैं। ऑक्सीजन, वेंटिलेटर की कमी है। ऑक्सीजन न मिलने से अस्पताल में दम तोड़ते हुए मरीजों का दृश्य। बेबस डॉक्टर। कई डॉक्टर तो फूट-फूटकर रोते हुए देखे गए। सेवा करते हुए इतने डॉक्टरों की मौतें!

यह दुःस्वप्न है या सचमुच हो रहा है? यह आभासी है, अख़बारी है या घटमान वास्तविक? वास्तविकता इतनी अकल्पनीय है?

मरना-जीना तो जीवनक्रम है। यह तो स्वाभाविक, सनातन है, किन्तु इस बीच जिन लोगों के जिस तरह से न रह जाने की घटनाएँ हुईं, वे अभूतपूर्व थीं। बहुत असहनीय को सहना पड़ा।

राजीव कटारा 'कादंबिनी' का सम्पादक था। उसके सम्पादन में निकले अंक उसकी योग्यता के प्रमाण हैं। दिल्ली विश्वविद्यालय से हिन्दी में एम.ए. किया हुआ मेरा छात्र। कुछ शिष्य ऐसे होते हैं जिनका सम्मान गुरु करते हैं। कम उम्र में ही उसने बहुत कुछ देख लिया था और सोच लिया था। परम स्वाभिमानी, अवसर आने पर हेकड़ी—और उसकी सारी अकड़ उसको अधिक निर्दोष और सक्षम बनाती थी।

राजीव कटारा और उसके मित्र दीपक मेरे प्रिय शिष्य थे। दीपक और राजीव, दोनों सचमुच समानधर्मा थे। दिलशाद गार्डन में मेरे घर से हाक टेरने की दूरी पर उसका घर था। पत्नी थी—उसके योग्य, कर्मठ और गृहस्थिन। कोविड के दिनों में जब कोई किसी के घर नहीं आता-जाता था, वह दो-तीन बार आया। दुनिया भर की बातें, हँसी, गप्प, कॉफी, पकौड़ी। जैसे सब कुछ नॉर्मल है! 'कादंबिनी' से रिटायर हो चुका था। नई जगह की तलाश रही होगी। मुझसे इस विषय में कोई बात नहीं हुई। एक हफ्ते से कम समय में ही एक दिन 'हिन्दुस्तान' में पढ़ा—'राजीव कटारा का निधन'। उसका निधन कैसे हो सकता था? हफ्ते भर पहले वह हँस रहा था, योजनाएँ बना रहा था। कभी मेरा लिखा ले जाता था। देखकर, मेरे लिखे को बेहतर रूप से छापता था। उसकी पत्नी, बच्चे को क्या सान्त्वना दूँ?

1958 ई. में दो आने में मिलने वाली 'कवि' पत्रिका के सम्पादक, स्वामी, प्रूफरीडर, हॉकर, प्रकाशक विष्णुचन्द्र शर्मा उस समय विद्यार्थी थे। कविता करते थे। सी.पी.आई. के सदस्य थे। काशी नागरी प्रचारिणी सभा के संस्थापकों में से एक रामनारायण मिश्र के दौहित्र थे। उसी सभा में 150 रुपये महीने की नौकरी करते थे। कभी कोई स्थायी नौकरी नहीं की। 'जनयुग' में कुछ दिन काम किया। पटरी नहीं बैठी; नौकरी छोड़ दी। पता नहीं, कहाँ से खर्चा चलाते थे! 'कवि' एक फॉर्म की पत्रिका थी। कालान्तर में लघु पत्रिकाओं की मॉडल 'सर्वनाम' निकाला। बिना विज्ञापन के निकलने वाली हिन्दी की सम्भवत: एकमात्र पत्रिका। अपनी शर्तों पर जिए। मुझसे दो-तीन वर्ष उम्र में छोटे थे। लेकिन मेरी चिन्ता ऐसे करते थे मानो मेरे अभिभावक हैं! अभिभावक मेरे थे—साहित्यिक अभिभावक। कभी-कभी नाराज हो जाते। प्रेमिका की तरह फिर अपने-आप मान जाते।

एक दिन महेश दर्पण ने बताया, बीमार पड़े। अस्पताल ले जा रहे थे, रास्ते में ही मर गए।

विष्णुचन्द्र के समानधर्मा विजेंद्र, 'ओर' के सम्पादक, लगभग उनके साथ ही गए। हिन्दी कथा साहित्य में आजीवन सर्जक साहित्यकार और प्रेरक व्यक्तित्व रमेश उपाध्याय अन्तिम दिनों तक आशा और उल्लास का सन्देश देते रहे। विश्वास ही नहीं होता, रमेश उपाध्याय भी मर सकते हैं।

हिन्दी और उर्दू के सेतु, उर्दू साहित्य के सर्वमान्य आलोचक विद्वान शमीम हनफी भी नहीं रहे।

मंगलेश को सबसे पहले सातवें दशक के शुरू में मैंने विष्णुचन्द्र शर्मा के साथ ही देखा था। विष्णु ही उन्हें लेकर मेरे घर आए थे। बोले—'यह मंगलेश हैं; बहुत अच्छी कविता करते हैं।'

मंगलेश हमारे समय के नक्षत्र कवियों में से थे। दुर्लभ योग्यता और प्रतिबद्ध सम्पादक। 'जनसत्ता' दैनिक को प्रथम श्रेणी का विश्वसनीय साहित्यिक पत्र उन्होंने बनाया था। 'मुझे कोरोना वायरस नहीं है' कहते-कहते चले गए।

मेरे साथी 'डॉ. रामविलास शर्मा रचनावली' के सम्पादन का काम कर रहे डॉक्टर कृष्णदत्त शर्मा ऑक्सीजन की कमी से सहसा निकल गए। पता नहीं, कौन जी रहा है, कौन मर गया है! जो मर गए हैं, वे जीवित लगते हैं और जो बचे हुए हैं, वे मृत। इतना निकट बीता हुआ समय, इतनी दूर का अजनबी—अब कभी न आने वाला लगता है।

मैं 90 पार कर चुका हूँ, मेरी पत्नी 82 की हैं। लड़कियाँ अपने घरों में हैं। हम दोनों एक सहायिका के सहारे रहते हैं। आज से करीब चार महीने पहले पता चला कि पत्नी का ऑक्सीजन 80 है। मैं इसका मतलब नहीं जानता था। डॉ. रत्नेश से पूछा तो उन्होंने कहा, फौरन अस्पताल ले जाइए। कौन ले जाए? बड़े दामाद की छोटी लड़की और उसका भाई विधान अपनी नानी को लेकर चले। वह चल नहीं पातीं और सीढ़ियाँ भी उतर नहीं पातीं। वेद प्रकाश अलीगढ़ में हैं। नीरज ने सुना तो सब मिलकर उन्हें पास के जैन अस्पताल में ले गए। थोड़ी देर बाद अस्पताल से फोन आया कि मरीज की हालत गम्भीर है। इन्हें किसी और अस्पताल में ले जाइए जहाँ वेंटिलेटर की सुविधा हो। अब मेरी पत्नी को ऑटो में बिठाकर एक अस्पताल से दूसरे अस्पताल ले जाते। ऑटो वाला कहे—हम हर अस्पताल का अलग-अलग नये तौर पर किराया लेंगे। आखिरकार एक अस्पताल में भर्ती होने की बात हुई। ऐन भर्ती के पहले उसने मना कर दिया। पत्नी का ऑक्सीजन गिरता जा रहा था। मैं अकेला घर में, फोन करता हूँ—क्या हो रहा है? साथ वाले क्या बताएँ कि क्या हो रहा है!

ठीक उसी समय सुरेंद्र शर्मा का फोन आया—वही सुरेंद्र शर्मा हास्य कवि, समर्थ गद्य लेखक, जादूगर, वक्ता, मेरे शुभचिन्तक। मेरे पास नहीं, किसी और व्यक्ति के पास, जो मरीज को लिये इधर-उधर दौड़ने में लगा था। 'फौरन गंगाराम अस्पताल ले जाइए, इंतजाम हो गया है।' हुआ यह कि विनय विश्वास ने सुरेंद्र को सूचित किया, स्थिति बताई तो उन्होंने इंतजाम करने का भार अपने ऊपर ले लिया। गंगाराम में भर्ती हो गईं। पन्द्रह दिन वे वहीं रहीं। नीरज, वेद प्रकाश, अनिल राय, विशाल वहाँ मँडराते रहे। अन्दर तो जाने की आज्ञा नहीं थी। पत्नी आईं। वे बहरी भी हो चली हैं। मुस्कराकर बोलीं—'अब हमारे बिछड़ने का समय आ गया है।' अब घर में हम दोनों हैं। उनकी निरन्तर चौबीस घंटे चौकसी के लिए एक नर्स लड़की है। खाना बनाने वाली लॉकडाउन में आती नहीं। झाड़ू-पोंछा-बर्तन करने वाली भी नहीं आती।

उसी नर्स लड़की ने कहा, 'अंकल, घबराइए मत, मैं सब कर दूँगी।' वह ऑक्सीजन देखती है, दवाई देती है, ब्लड प्रेशर देखती है, नेबुलाइजर लगाती है, खाना बनाती है, झाड़ू-पोंछा करती है, बर्तन धोती है। मुँह नहीं बनाती है।

क्या कहूँ, क्या आभार प्रकट करूँ विद्यार्थियों, सुरेंद्र शर्मा और नर्स लड़की का। उन्होंने जो सहायता की और कर रहे हैं, उसके लिए कोई शब्द नहीं है, सिर्फ

एहसास है। आदमियत बची है। साथ दे रही है।

और हम दोनों बुड्ढे, लगभग 65 वर्षों के साथी, इंतजार कर रहे हैं बिछड़ने के क्षण का।

मैंने अपनी परेशानी का बयान किया। लेकिन मजदूरों, निम्न मध्यवर्गीय, छोटे कारोबारियों, एक ही सन्तान वाले के घर में आमदनी का स्रोत व्यक्ति मर जाता होगा तो उनका मातम कैसा होता होगा? गरीब आदमी का मातम!

उनके मातम में सन्नाटा नहीं होता। पेट, कर्ज और जरूरी चीजों के अभाव की पुकार मातम में शामिल होती है। अजीब बात है—मातम के कितने रूप होते हैं! होंगे!

आदमी के लिए आदमी कितना जरूरी होता है! अकेले हम पहले भी होते थे, ज्यादातर कल्पना में या नई कविता में। दिवंगत मित्र अजित कुमार के काव्य संकलन का नाम था 'अकेले कंठ की पुकार'। लेकिन जरा-सी बात हो तो स्कूटर पर सवार फौरन हालचाल लेने पहुँच जाते थे। दुख या सुख, संकट के दिनों में मित्रों की भीड़ उमड़ आती थी। अस्पताल में देखने वालों की, शवयात्रा में शामिल होने वालों की, शादी-ब्याह में शामिल होने वालों की; जो न आए, उसकी और जो न बुलाए, उसकी शिकायत होती थी। अब कहीं कोई किसी के पास आने-जाने की सोचता ही नहीं। हर किसी से दूर रहना, दूरी रखना ही सबसे बड़ा कर्तव्य हो गया है। कब तक के लिए? कोई नहीं जानता। दूर-दूर तक कोई आहट नहीं, आवाज नहीं।

और ऐसे में कोई जवाब माँगे उन लोगों से, जिन्होंने देश को सँभालने का ठेका ले रखा है, जो कह रहे थे—जो कभी नहीं हुआ, वह होगा—तो वही हो रहा है। इस महादुष्काल में भी इनका इतना सत्तालोभ, इतना अहंकार, इतना आडंबर, पाखंड। सब अपनी नीयत और अक्षमता को ढकने के लिए। भारत का प्रधानमंत्री विरोधी पार्टी की महिला मुख्यमंत्री की नकल उतारे सार्वजनिक तौर पर, विशाल मंच पर। ऐसे में प्रथम प्रधानमंत्री जवाहरलाल नेहरू की याद अगर आए तो भारत का नागरिक क्या करे? या ध्यान आए कि ऐसे में गांधी होते तो क्या करते? जयप्रकाश, डाँगे, लोहिया, अम्बेडकर होते तो क्या करते?

आवाज वहीं से आ रही है, मामूली लोगों के बीच से।

उनके बीच से, जो अकेले नहीं हैं। मरीजों की सेवा करते हुए शहीद होने वाले डॉक्टरों, नर्सों से, सिक्खों के गुरुद्वारों से। भोजन का लंगर था, अब उन्होंने

ऑक्सीजन का लंगर लगाया है। संकीर्णतावाद, साम्प्रदायिकता की आँधी में जब खानपान, पोशाक, विवाह, तलाक, टोपी, तहमद को पहचानकर हिंसा की जाती है, जब दूसरे धर्म वाले को देश से निकालने की योजनाएँ बनाई जा रही हों, तब ऐसी भी खबरें आती हैं कि लावारिस हिन्दू की लाश को मुसलमानों ने थामकर चिता दाह किया।

जैसा सिक्ख कर रहे हैं, वैसा इस देश के बहुसंख्यक धर्मावलम्बी क्यों नहीं कर रहे हैं? मन्दिरों में ऑक्सीजन लंगर क्यों नहीं खुल रहे हैं? ऑक्सीजन लंगर न खुले, लंगर ही खुल जाए। क्या इस समय धार्मिक भेदभाव भूलकर सभी लोगों की समान सेवा का काम करने से हिन्दू धर्म की प्रतिष्ठा नहीं बढ़ेगी? आपके पास कोई बहुत बड़ी शक्ति है। उस शक्ति का सदुपयोग-दुरुपयोग आपके हाथ में है। आप शक्ति का उपयोग गलत ढंग से करेंगे तो आप अपना ही नहीं, उस परम शक्ति के तेज को भी कम करेंगे। 'जय श्रीराम' को नारा बनाया गया। उसका इस्तेमाल बंगाल के चुनाव में भी किया गया; आप चुनाव बुरी तरह हारे। श्रीराम की प्रतिष्ठा, दुर्जेयता पर आँच आई कि नहीं?

आयुर्वेद, योगासन, प्राणायाम, गोमूत्र, गोबर की उपयोगिता का बोध नया नहीं है। उनकी उपयोगिता हमें परंपरा से प्राप्त हुई है। यह संकीर्ण सोच नहीं है। लेकिन एलोपैथी वैज्ञानिक प्रक्रिया से विकसित और सर्वस्वीकृत चिकित्सा व्यवस्था है। इसका विरोध करने के लिए आयुर्वेद आदि का इस्तेमाल क्या अपराध नहीं है?

जवाहरलाल नेहरू ने कहा था—'देश में वैज्ञानिक मानसिकता, साइंटिफिक टेंपर का प्रसार होना चाहिए।' देश में अनेक मतों को मानने वालों की संख्या बहुत बड़ी है। उनकी उपेक्षा करके, उनको अलग रखकर या उनको असन्तुष्ट करके क्या आप विकास कर सकते हैं? और कोरोना से ही नहीं, किसी भी रोग या किसी सामान्य वैचारिक विकलांगता से आप मुक्त हो सकते हैं? गांधी, नेहरू, जयप्रकाश का रास्ता केवल मूल्य आधारित ही नहीं, मानवतावादी ही नहीं बल्कि वह सर्वाधिक व्यावहारिक और उपयोगी भी है। उस आस्था में उपयोग और सौन्दर्य, दोनों हैं।